教育部人文社会科学研究一般项目资助

企业社会责任成本 与企业效益的关系研究

基于浙江省中小企业的实证分析

熊明华◎著

ZHEJIANG UNIVERSITY PRESS
浙江大学出版社

图书在版编目(CIP)数据

企业社会责任成本与企业效益的关系研究:基于浙江省中小企业的实证分析 / 熊明华著. —杭州:浙江大学出版社,2016.12
ISBN 978-7-308-16210-4

Ⅰ.①企… Ⅱ.①熊… Ⅲ.①中小企业－企业发展－研究－浙江 Ⅳ.①F279.243

中国版本图书馆 CIP 数据核字(2016)第 214737 号

企业社会责任成本与企业效益的关系研究

——基于浙江省中小企业的实证分析

熊明华 著

责任编辑	杨利军　沈巧华	
责任校对	丁沛岚	
封面设计	项梦怡	
出版发行	浙江大学出版社	
	(杭州市天目山路 148 号　邮政编码 310007)	
	(网址:http://www.zjupress.com)	
排　　版	浙江时代出版服务有限公司	
印　　刷	浙江印刷集团有限公司	
开　　本	710mm×1000mm　1/16	
印　　张	15.5	
字　　数	262 千	
版 印 次	2016 年 12 月第 1 版　2016 年 12 月第 1 次印刷	
书　　号	ISBN 978-7-308-16210-4	
定　　价	48.00 元	

前　　言

　　企业社会责任成本是指企业承担社会责任所发生的费用支出,以及从事营利性经营活动而消耗的并未记入自身成本费用的社会资源或给社会带来的损失。从微观层面分析,企业社会责任成本主要是其在承担社会责任时所发生的费用支出,包括对利益相关者承担经济责任、法律责任、伦理责任等所发生的成本。短期内承担社会责任将增加企业负担,影响企业效益,已经成为不争的事实和共识。

　　浙江省是中小企业大省,2013 年全省规模以上中小工业企业占全省规模以上工业企业的 98.50％,工业总产值占全省规模以上工业企业总产值的 73.43％,工业增加值占全省规模以上工业企业增加值的 73.19％;全省规模以上中小企业出口交货值占全省规模以上企业出口交货值的 72.17％;全省规模以上中小微工业企业及个体工业生产经营户就业贡献率达到了91.01％。在发展的同时,浙江省中小企业也面临着要素制约日趋严重、宏观政策调控加码、国际经济环境恶化和竞争加剧、内部管理绩效低下等问题。本书以浙江省中小企业为研究对象,调查企业履行社会责任的状况,研究社会责任成本对企业效益的影响,分析政府、非政府组织、企业等应采取的有效方法和应对措施,对了解以浙江省为代表的我国中小企业的实际经营状况、履行社会责任的现状、存在的难点和困境,以及寻找突破的方法和途径,具有十分重要的现实意义和参考价值。

　　本书共分七章。第一章对企业社会责任、企业对社会责任的认知和实践、企业社会责任成本及其与企业效益的关系等相关理论文献进行了梳理,为接下来的研究提供了很好的理论支持和思想指导。第二章分析了浙江省中小企业发展的国际、国内环境,从中小企业规模分布、行业分布、地区分布,中小企业的经营状况和存在的问题等几个方面,来分析浙江省中小企业整体的发展变化态势。第三章在详细介绍相关企业社会责任标准内容的基础上,总结了浙江省中小企业履行社会责任的发展历程;并通过对浙江省312家中小企业的调查,分析了这些企业对社会责任的认知状况,以及企业在推进社会责任实践方面所做的工作;根据调查结果,从道德、经济和制度三个层面阐述了促进浙江省中小企业履行社会责任的内在和外在动机。第四章对《中华人民共和国劳动合同法》(以下简称《劳动合同法》)主要条款的变动情况进行了解读,分析了《劳动合同法》实施后对企业可能产生的影响,并在对浙江省中小企业897名员工展开企业承担员工社会责任调查的基础上,从地域、企业性质等层面对调查结果进行了分析。第五章从理论上分析了企业社会责任成本的构成及影响因素,以及企业履行社会责任对人力资源成本的影响。第六章在确定企业人力资源成本、企业效益及其计量方法的基础上,应用本量利模型,结合对浙江省中小企业的调查,分析浙江省中小企业社会责任成本与企业效益之间的关系,以及企业效益对社会责任成本的敏感性。第七章总结了本书得出的六个方面的结论,并结合前面几部分的研究,从道德动机、经济动机和制度动机三个层面分析了促进浙江省中小企业履行社会责任的对策和建议。

本书是教育部人文社会科学研究一般项目的研究成果,由于作者出国访学等原因,出版日期稍有变动。在此,要感谢浙江大学出版社工作人员的辛勤付出,对编写过程中参考的相关文献作者及数据提供者一并致以诚挚的谢意!

由于水平有限,书中难免存在不足之处,恳请广大读者批评指正。

作　者
2015 年 10 月

目　　录

第一章　研究文献回顾与述评 ……………………………… （1）

　　第一节　企业社会责任的含义及研究历史 ………………… （2）

　　第二节　企业社会责任认知和实践的研究 ………………… （18）

　　第三节　企业社会责任成本的研究 ………………………… （24）

　　第四节　企业社会责任成本与企业绩效关系的研究 ……… （29）

第二章　浙江省中小企业的发展 ……………………………… （39）

　　第一节　浙江省中小企业发展背景 ………………………… （39）

　　第二节　浙江省中小企业规模及分布状况 ………………… （50）

　　第三节　浙江省中小企业发展的困境 ……………………… （55）

第三章　浙江省中小企业社会责任的认知及实践 …………… （66）

　　第一节　全球主要的社会责任标准和守则 ………………… （66）

　　第二节　浙江省中小企业社会责任的认知和实践分析 …… （81）

　　第三节　浙江省中小企业社会责任实践的动机分析 ……… （92）

第四章　浙江省中小企业承担员工社会责任的调查 ………… （104）

　　第一节　《劳动合同法》主要条款的解读 ………………… （104）

　　第二节　实施《劳动合同法》对浙江省中小企业影响的理论分析

　　　　　　……………………………………………………… （111）

　　第三节　浙江省中小企业承担员工社会责任的实证分析 … （119）

第五章 企业社会责任与人力资源成本的理论分析 …………… （134）

    第一节 企业社会责任成本的构成及影响因素 ………… （134）

    第二节 人力资源成本影响因素分析 ………………… （146）

    第三节 企业社会责任对人力资源成本的影响 ………… （159）

第六章 浙江省中小企业社会责任成本与企业效益的关系研究 …… （166）

    第一节 中小企业社会责任成本构成及计量方法 ……… （166）

    第二节 本量利分析法的应用 ………………………… （171）

    第三节 浙江省中小企业社会责任成本与企业效益的关系 … （177）

    第四节 实证研究及敏感性分析 ……………………… （184）

第七章 结论与建议 ……………………………………… （190）

    第一节 研究结论 …………………………………… （190）

    第二节 道德动机层面的建议 ………………………… （193）

    第三节 经济动机层面的建议 ………………………… （198）

    第四节 制度动机层面的建议 ………………………… （203）

参考文献 ………………………………………………… （212）

索 引 …………………………………………………… （239）

后 记 …………………………………………………… （242）

第一章　研究文献回顾与述评

　　企业社会责任(Corporate Social Responsibility,CSR)是20世纪初以来出现于西方国家诸多学科领域的一个重要关键词,是建构企业与社会和谐发展、共生互动的一种基本思想。企业社会责任理论蕴涵的内容丰富,但观点分歧较多,至今未能形成相对一致的认识。目前国际上普遍认同的企业社会责任理念是指:企业在创造利润、对股东利益负责的同时,还要承担对员工、对社会和环境的社会责任,包括遵守商业道德、维护生产安全、保障职业健康、保护员工的合法权益、节约资源等。

　　广义的企业社会责任成本是指企业为履行社会责任这一目的已经发生或将要发生的合法合规、必不可少的支出(不包括偿还债务、返还投资、利润分配)。而狭义的企业社会责任成本是指企业运行过程中,因为承担相应的社会责任而造成的经营经济责任成本,即经济属性意义上的合法合规、必要的支出。无论是广义的还是狭义的企业社会责任成本,其发生的目的决定了其含义应当建立在企业社会责任含义的基础上。

　　企业效益又称企业经济效益,是指企业的生产总值与生产成本之间的比例关系,通常用各类会计指标来衡量。企业社会责任与企业效益之间存在怎样的相关关系,国内外学者众说纷纭。但单纯从成本计量的角度看,企业承担社会责任的成本导致了企业总成本的增加。

第一节　企业社会责任的含义及研究历史

企业社会责任这一概念由英国学者 Oliver Sheldon 于 1923 年首先提出,1953 年 Howard Bowen 发表了著作《商人的社会责任》之后,掀起了各界人士关于企业社会责任的现代讨论。目前,企业社会责任已成为经济学、管理学、社会学、法学等学科共同研究的热点问题,具有较高的学术价值和实践意义。

一、国外研究述评

(一)关于企业有无社会责任问题的研究

关于企业是否应该承担社会责任的问题争论已久,从 20 世纪 30 年代的"贝利-多德"论战到 20 世纪 50 年代的"贝利-曼恩"论战,至今仍未完全停止。20 世纪 70 年代经济学诺贝尔奖获得者 Milton Friedman 和 F. A. Hayek 对企业社会责任的说法进行了系统批判,他们认为企业社会责任有悖于自由,认为"在自由社会,存在且仅存在一项企业社会责任,这就是在遵守游戏规则的前提下使用其资源和从事旨在增加利润的各种活动"。与之相反,诺贝尔经济学奖获得者 Herbert A. Simon 研究了效率原则与价值原则(社会责任原则)的对立统一运动,认为企业的经济活动只是基于事实的判断,而企业的社会责任则是从道德价值推演获得的企业目的。Davis(1960)指出,从伦理的角度看,企业的社会能力越大,应该承担的社会责任就越多,不能提供社会责任的企业,最终将失去他们已经获得的社会能力,他把这称为"责任铁律"。另外,以管理学大师 Peter F. Drucker 和弗吉尼亚大学教授 Freeman 为代表的学者,也积极倡导和支持企业社会责任的观点,认为企业就是为服务社会和企业运作的直接获益者而存在的。

企业有无社会责任之争由来已久。但随着企业扩展,在过分追求经济利益的同时也引发了众多负面效应的膨胀,这一现实为企业应承担相应社会责任的观点提供了更多的支持,也得到更广泛的认可。

(二)关于企业社会责任内涵和本质的研究

较早的关于企业的社会责任的定义是 Howard Bowen 给出的,他认为企业的社会责任是"企业根据社会的价值观念和目标来决策和行动的职责"。此后,学者们从不同角度对企业社会责任的内涵进行了研究,提出的定义多达 30 余种。具体如表 1-1 所示。

表 1-1 关于企业社会责任的代表性定义

代表人物	企业社会责任定义
Bowen(1953)	企业根据社会的价值观念和目标来决策和行动的职责
Drucker(1954,1973)	必须考虑每个商业行为对社会的影响,积极遵守法律,不做危害消费者、员工和社会的事,即便这些事并非为法律所禁止
Davis(1960)	企业的决策和行动被认为是合理的,至少部分超越其经济和技术的利益
Milton Friedman(1962)	企业的唯一责任是在一定的规则范围内追求股东利益最大化
Mc Guire(1963)	企业除履行经济和法律责任之外的关心社会福利的义务
Eilbirt 和 Parket(1973)	理解企业社会责任的最好的方法是把它看成一个好邻居,一方面,企业不应该做损害邻居的事情;另一方面,它应该自愿承担帮助解决邻里问题的义务
Eells 和 Walton(1974)	社会责任代表了一种对超越了纯粹经济目标的社会需要的关心,一种对企业在支持和改进社会秩序方面的广泛的关心
Kenneth Dayton(1975)	企业不仅应该实现股东利益最大化,而且应该服务社会
Carroll(1976)	某一特定时期社会期望企业履行的经济、法律、伦理和自由决定的责任
Micheal Novak(1983)	企业除获取经济利益之外,还应提升人类的合作与尊严,保护对人类社会至关重要的自由的道德生态环境
Freeman(1984)	企业负有的满足多方面的利益相关者的利益要求的责任
Smith(1988)	"企业社会责任",只不过是一种宣传工具而已,这一语词从未对企业的行为标准做出过描述,仅仅是充当企业、管理者及消费者团体之间相互斗争的武器罢了
Anderson(1989) Chewning(1990)	企业和社会都采取适当的法律、道德伦理和慈善行为以保护和改善企业和社会作为一个整体的福利;作为一个社会机构,企业应该与家庭、教育系统、宗教组织以及别的社会机构合作,以改善社会生活和满足社会需要
Bowie(1995)	企业的生存和繁荣离不开社会的资源,企业的税赋根本不足以偿还这些资源,企业应该协助解决社会问题
Donaldson(1995)	企业的发展前景有赖于企业管理层对利益相关者的利益要求的回应质量,企业对于社会负有包括经济责任、法律责任、道德责任和慈善责任在内的多项责任
Business for Social Responsibility(1997)	企业的经济活动符合或者高于法律、伦理、环境和社会期望的标准

续表

代表人物	企业社会责任定义
World Business Council for Sustainable Development (2000)	企业持续承诺的企业行为符合伦理要求、为经济发展做贡献，致力于改善员工及其家庭，以及社区和社会整体的生活质量的责任
European Commission (2000)	企业社会责任不仅意味着企业行为符合法律规定，而且要积极改善环境、人力资本和利益相关者的利益
Mohr,Webb,Harris(2005)	企业承诺承担最小化或者消除对社会有害的影响，最大化对社会长远的有利的影响的责任
Guylaine Vallee(2005)	企业决策过程中考虑除股东之外的其他利益群体如员工、消费者、供应商、社区或者社会整体的利益
J. Schrempf(2012)	覆盖企业全产业链和消费(包括社会)环节所必须承担的责任

从表 1-1 中各个时期有关企业社会责任的不同的定义可以看出，企业社会责任的内涵随历史发展而变化，不同历史时代，人们对企业社会责任期望不同，甚至处于同一时代，人们所站角度不同，知识背景不同，对企业与社会的关系的理解也不同，至今也无法达成共识。

但目前对企业社会责任的研究，美国佐治亚大学教授 Archie B. Carroll (1978)最具影响力。为反映各类社会责任的层次递进关系，他还提出了企业社会责任的金字塔模型，如图 1-1 所示。

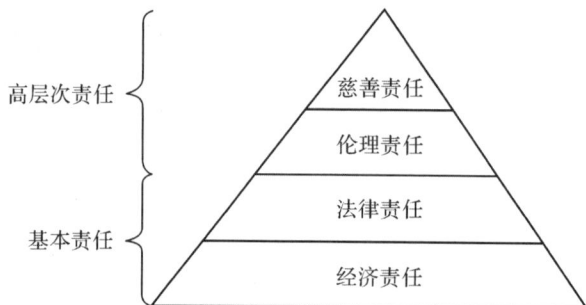

图 1-1　Carroll 的企业社会责任金字塔模型

目前，企业"应该对谁承担什么样的社会责任"的问题已成为研究的重点。美国的 Archie B. Carroll(1991)认为"完整的企业社会责任，是企业的经济责任、法律责任、伦理责任和慈善责任之和"；学者 James Brummer (1983)把企业责任划分为企业经济责任、企业法律责任、企业道德责任和企业社会责任四种；而基于利益相关者理论，如学者 Freeman(1984)、Clarkson

(1995)等从企业生产经营活动所影响的人群出发考虑企业的社会责任问题。另外,美国经济发展委员会于 1971 年发表的报告中将企业的社会责任行为分为纯自愿行为和非自愿行为两大类,列举了关于企业社会责任的 58 种行为,涉及 10 个领域;KLD 公司开发的企业社会责任水平排行榜,提出了包括社区关系、员工关系、妇女和少数民族的待遇、环境、产品、军事合同、核能以及南非问题在内的企业社会责任的 8 个维度。Richard Welford(2004)从企业的内部、外部、义务和社会公民 4 个方面提出了 20 条企业社会责任内容。J. Schrempf(2012)则认为企业应对整个供应链和消费行为,包括社会各方负责。

尽管在不同历史时期,从不同角度出发,对企业社会责任的概念界定不尽相同,但基本没有超越 Archie B. Carrol 提出的企业社会责任金字塔模型。另外,在企业社会责任内涵的研究中,更有实践价值的是关于在不同发展阶段、不同国情下企业社会责任内容的层次、内涵及相互关系的研究。

(三)关于企业社会责任的动力机制的研究

关于企业社会责任的推动力问题,国外专家基于利益相关者理论,从企业、政府及社会等不同视角进行了较为广泛的研究。如 George A. Steiner、John F. Steiner(1980)在《企业、政府与社会》一书中指出,当企业采取行动引起重大的社会问题时,其结果常常是产生了新的政府管制;Anita Fernandez 和 Robert Young(2003)认为,在理性经济人假设的前提下,《公司判决指南》对企业从事社会责任的活动提供了潜在的激发力;Tim Kitchin(2003)认为,只有当企业社会责任与企业的核心目标结合在一起,将企业社会责任成功转化到内在的商业运作过程中,企业社会责任才会得以实现;Sen 和 Bhattacharya(2001)分析了消费者的内在响应、外在响应对企业社会责任的影响,指出消费者对企业社会责任活动的意识与消费者对公司的了解具有显著一致性。

Mark S. Schwartz(2003)提出了用三个相交圆模型来描述企业社会责任的动因,如图 1-2 所示,认为企业承担社会责任的动因可以归结为经济、制度、道德三个方面,并指出同时满足经济、道德、制度的动因的状态是理想状态。这个模型对企业社会责任的划分是较为全面的,但现实中企业纯粹出于道德动因承担社会责任的十分少见,而纯粹出于制度动因承担社会责任则往往是对制度的被动适应。

E. Joseph(2002)和 A. Calveras(2007)研究发现,从成本效益的角度出

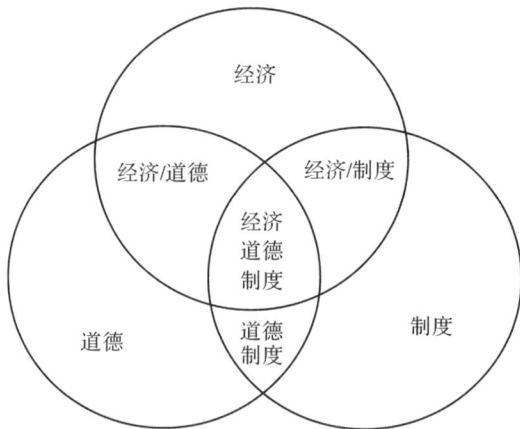

图 1-2　企业社会责任的动因

发,只有当所得超过付出,承担社会责任才是企业值得选择的策略。或者说,只有当外在压力转换成内在经济动因时,企业才会从不自觉地适应转变到自觉地改变使社会责任真正得到体现。因此,经济动因才是最根本的内在动因。L. Zhang(2012)认为,企业家个人的价值观是决定企业承担社会责任最主要的影响因素。

(四)关于增进企业社会责任的制度问题研究

国外制度经济学家认为,企业社会责任包括法律义务和道德义务,法律义务是一种正式制度安排,道德义务则是一种非正式制度安排。这两种制度安排共同构成了企业社会责任的完整内容。制定严格的法律法规是保障企业履行社会责任的有效手段。最近几年兴起的企业社会责任标准化的研究和实践,在增进企业社会责任的制度建设方面取得了积极进展。

1995 年,由当时的联合国秘书长安南提出,并于 2000 年启动的联合国"全球契约(Global Compact)"使得各企业与联合国各机构、国际劳工组织、非政府组织以及其他有关各方结成合作伙伴关系,建立了一个更加广泛和平等的世界市场。其目的是促进世界级企业认识自己对经济、环境和社会发展所应承担的责任,推进全球化朝积极的方向发展。

全球契约是在经济全球化的背景下提出的,强调的是企业的社会责任。世界经济全球化,要求企业将自己视为企业公民,要求企业的每一个员工接受社会伦理、道德、社会观念和哲学的约束,建立全新的企业文化,从而提高企业的社会地位,赢得社会的广泛支持和认同。参与全球契约计划的企业形式各异,代表了不同的行业和地区,但是却有两个共同的特征:它们都是带头人,致力于以一种负责的方式来推动全球经济的发展。这种方式注意了兼顾范围广泛的相关者,包括员工、投资者、顾客、舆论团体、商业伙伴和社区的利益。

参与全球契约的企业领导们一致认为:仅在几年前,许多人认为全球化是一种不可避免和无法阻挡的经济趋势。全球契约的创立就是为了帮助企业制定新的发展战略及实施措施,改良现存的全球化模式,以使全人类而非极少数人获益。全球契约的内容包含三大原则、九项内容。

人权原则:①企业应尊重和维护国际公认的各项人权;②绝不参与任何漠视与践踏人权的行为。劳工原则:①企业应该维护结社自由,承认劳资集体谈判的权利;②彻底消除各种形式的强制性劳动;③消除童工;④杜绝任何在用工与行业方面的歧视行为。环境原则:①企业应对环境挑战未雨绸缪;②主动增加对环保所承担的责任;③鼓励无害环境技术的发展与推广。

概括地说,全球契约要求企业肩负以下四个方面的责任:一是经济责任,指企业要为社会创造财富,提供物质产品和服务,满足社会的需要,做到不制假售假,不坑害消费者;二是文化责任,主要指企业要为员工提供符合人权要求和生存发展的劳动环境和条件,做到以人为本、尊重员工,不侵害员工权益;三是教育责任,主要指企业负有对员工进行培训教育的义务,使之提高社会道德意识和自身素质,做到在企业发展的同时,让员工也有发展的机会;四是环境责任,指企业应在生产方式和生产组织上要符合环保要求,承担保护环境的责任,做到不随意排放废弃物,不污染环境。

SA 8000 是国际社会责任组织(Social Accountability International,SAI)发布的核心标准,是世界上最早的可以据以审核的社会责任标准之一,是根据《国际劳工组织公约》《世界人权宣言》和《儿童权利公约》制定的全球首个道德规范国际标准,于 1997 年 10 月首次发布。其宗旨是确保供应商所提供的产品皆符合社会责任标准的要求,即 SA 8000 标准要求。它主要关注的是人,而不是产品和环境。

ISO 26000 是国际标准化组织(International Standard Organization,ISO)制定的编号为 26000 的社会责任指南标准,标准侧重于各种组织生产实践活动中的社会责任问题,主要从社会责任范围、理解社会责任、社会责任原则、认识社会责任与利益相关者参与、社会责任核心主题指南、社会责任融入组织指南等方面展开描述,统一社会各界对社会责任的认识,为组织履行社会责任提供一个可参考的指南性标准,提供一个将社会责任融入组织实践的指导原则。ISO 26000 不是一个可认证标准,它只提供了社会责任融入组织的可操作性建议和工具,由组织自愿选择是否参考执行。

(五)利益相关者理论及企业社会责任研究

利益相关者理论的核心内容是"企业实际上是由各种利益相关者相互联结组成的经济机构",它以企业形式通过内在约束和外在约束来规范其中的个人和群体的活动行为。它颠覆了以往企业"股东为大"的传统观点,并且逐渐应用于不同领域的研究,包括企业社会责任方面的研究。

利益相关者理论由美国弗吉尼亚大学的爱德华·弗里曼(R. Edward Freeman)(1984)在其所著的《战略管理:利益相关者方法》一书中正式提出,并被学术界和企业界广泛接受。弗里曼认为,利益相关者是指在一个企业的过去、现在和未来的行动中,拥有权利或者有权提出要求的个人和群体。这些权利或者要求可以是与企业交易的结果,也可以是法定的或道德的、个人的或集体的。有相似的权利或者主张的利益相关者可以归为一类,如员工、股东、消费者等,当地社区、政府部门、环保主义者等也可以纳入利益相关者的范畴。

Clarkson(1995)提出了两种有代表性的利益相关者分类方法:一是根据相关群体在企业经营活动中承担的风险种类,可以将利益相关者分为自愿利益相关者(voluntary stakeholders)和非自愿利益相关者(involuntary stakeholders);前者是指在企业中主动进行物质资本或人力资本投资的个人或群体,他们自愿承担企业经营活动给自己带来的风险;后者是指由于企业活动而被动地承担了风险的个人或群体。二是根据相关者群体与企业联系的紧密性,可以将利益相关者分为主要利益相关者(primary stakeholders)和次要利益相关者(secondary stakeholders)。没有主要利益相关者的持续参与,企业就无法作为延续体生存,主要利益相关者包括股东、员工、顾客、供应商和提供基础设施和市场的政府和社会。企业的生存和发展取决于为每一个利益相关者群体创造财富、价值的管理能力,企业与主要利益相关者群体有高度的相互依赖性。次要相关利益者是那些影响企业或被企业影响的个体或团体,他们不参与企业的交易,并对企业的生存没有根本的影响。企业的生存虽不依赖于次要利益相关者,但处理不善也会对企业造成破坏,比如媒体和众多的特殊利益集团。

Mitchell、Agle 和 Wood(1997)提出从合理性(legitimacy)、影响力(power)和紧急性(urgency)对利益相关者进行分类。合理性指的是企业所认为的某一利益相关者对某种权益要求的正当性和适切度。由于所有者、消费者和员工对企业有着明确、正式和直接的关系，所以也就意味着他们的要求所包含的合理性成分较大，与企业关系较为疏远的利益相关者如社会团体、竞争者等，他们的要求被视为具有一定效力的合理性。影响力指的是生成某种结果的才干或者能力。紧急性指的是利益相关者需要企业对他们的要求给予关注或回应的急切程度。

Clarkson(1995)提供了一种研究企业社会责任的利益相关者理论框架，明确指出了企业社会责任是一种企业与利益相关者关系作用的结果，可被利益相关者具体化为多种实施对象。Wheeler和Sillanpaa(1997)则提出了主次利益相关者分类方式。主要的社会利益相关者有：股东和投资者、普通雇员和管理者、顾客、当地社区、供应商和其他合作企业。次要的社会利益相关者有：政府和监管机构、市政机构、社会压力群体、媒体和学术评论者、贸易团体、竞争者。

（六）消费者视角下的企业社会责任研究

Mitchell(1997)、Schuler和Cording(2006)指出，对企业而言，在履行社会责任过程中，消费者被认为是企业最为重要的利益相关者，其对社会责任的看法和反应无疑对促进企业积极承担社会责任有着至关重要的影响。

Ross等(1997)研究了消费者对公益事业营销的反应后发现，49％的研究对象称其购买产品的主要原因是企业对公益事业的支持，54％的人表示未来他们很可能因为一个新品牌的公益事业推广举措而尝试该品牌。Handelman和Arnold(1999)研究表明，企业社会责任水平（对家庭、社区及国家的贡献）对被试者对该零售商的支持程度有显著的影响。Folkes和Kamins(1999)则研究发现，当企业采用不道德的雇佣政策时，无论产品本身质量如何，消费者对企业的印象都是负面的。

Sen和Bhattacharya(2001)的研究表明，企业社会责任对消费者的作用主要体现在三个方面：①企业社会责任对消费者的常规消费行为有影响，使消费者超越经济（价格）以及其他一些"理性"（如产品属性）的考虑；②企业社会责任有"溢出效应"，影响非常规的消费，如会提高消费者对新产品的评价；③企业社会责任是企业陷入危机（如有害产品等）时的保险。Klein和Dawar(2004)研究了企业社会责任的溢出效应在企业陷入有害产品危机时的作用。结果表明，企业社会责任在企业发生产品危机时是有效的"缓和剂"，能很好地影响责任源（内部责任或外部责任）、持续性、可控性这三个因子,从而降低消费者对企业谴责的程度,进一步影响消费者对品牌的评价。Dowling(2004)基于消费者视角对企业社会责任的研究表明,企业社会责任促进了企业与利益相关者之间的良好关系。这是因为企业社会责任加快了"识别"的过程,通过这个过程,利益相关者感受到其个人的价值观与企业价值观的融合。在利益相关者中对企业影响较大的消费者来说,其对企业声誉具有很大的影响。

关于消费者对企业社会责任的期望问题,众多学者认为,理解消费者对企业社会责任的期望对成功开展企业社会责任研究至关重要。Mohr 等(2005)在对社会责任消费行为的定性研究中指出,消费者对企业社会责任有相当高的期望,企业忽略消费者的这些期望将承担产品抵制的风险。例如,在汶川地震中一些众所周知的跨国企业几乎没有采取行动,因此招致很多网民对跨国品牌的抵制,而捐款积极的国产品牌却获得了消费者的支持。

消费者在评价产品、服务和企业时,会将他们的期望与主观判断的产品、服务和企业的表现进行比较。根据 Oliver(1980)提出的期望一致性模型,满意经由消费者感知的产品绩效与其期望的比较产生。当感知绩效超过消费者的期望(正向的不一致),消费者产生满意;当感知绩效低于消费者的期望(负向的不一致),消费者产生不满意。

Oliver(1980)认为期望包括对事件发生可能性的估计和对事件本身的评价。Schmidt 等(1996)将期望定义为未来某个阶段关于产品属性和绩效的信念。认为消费者对企业社会责任的期望是消费者对企业是否承担社会责任和承担多少社会责任的估计。而期望一致性则是指消费者获得的绩效与其期望之间差距的估计。由于消费者在属性水平上估计产品绩效是否如其所愿,因此期望一致性模型认为期望一致性对满意度有直接效应。企业社会责任的期望一致性也直接正向影响消费者对企业的评价。当期望一致性高时,即感知企业社会责任超过消费者的期望,消费者会产生满意,消费者会对企业做出更为正面的评价;而当期望一致性低时,即感知企业社会责任低于消费者的期望,消费者会产生不满意,对企业做出负面的评价。同时,由于人们对事物的感知会受期望的同化,期望会影响消费者对企业社会责任的感知。社会判断理论(Social Judgment Theory)可以解释这种过程。社会判断理论认为信念会系统地扭曲人们的感知,并且当结果不明确时,这种信念扭曲感知的效果最强。例如,Hoch 和 Ha(1986)发现,当消费者缺乏产品经验时,感知的产品绩效会趋同于消费者的期望。因为消费者感知的企业社会责任越强,消费者对企业的评价越高,那么期望会通过感知企业社会责任间接影响消费者对企业的评价。但是期望与期望一致性呈负相关关系。期望越高,期望一致性越低,即消费者获得的绩效与其期望的差距越大,甚至低于期望。由于期望一致性会正向影响消费者的满意与评价,期望又可能通过对期望一致性的负面作用而间接影响消费者对企业的评价。因此,期望对企业的评价会产生两种相反的效应,正如 Yi(1990)所说,"虽然提高产品的期望会强化感知的产品绩效,但也可能增加期望与产品感知绩效的差距"。消费者对企业社会责任的期望一方面强化了其对企业社会责任的感知,另一方面又扩大了消费者期望与感知企业社会责任之间的差距。消费者对企业社会责任的期望一方面影响了消费者对企业社会责任的感知,另一方面也影响了期望的一致性。因此,在理解消费者对企业社会责任的反应时,不能忽略期望的作用。只有企业的社会责任行为符合以及超过了消费者的期望,消费者才会认为企业具有社会责任,才会对企业做出肯定的评价,企业也才有机会从企业社会责任中获得消费者的回报。

整体而言,西方学术界从消费者视角研究企业社会责任大致可以划分为以下四个阶段:将企业社会责任引入消费者研究领域的初始阶段,在有限领域研究企业社会责任的成长阶段,开展实证研究的蓬勃发展阶段以及企业社会责任与消费者互动的阶段(周延风等,2007),如表 1-2 所示。

表 1-2　基于消费者视角对企业社会责任研究的发展历程

阶段	研究内容
企业社会责任引入消费者研究领域的初始阶段(1960—1980 年)	一般概念陈述 企业社会责任对企业财务回报的影响 企业社会责任影响销售人事决策 社会意识消费者调研 基于模型的概念和理论陈述 描述性研究
在有限领域研究企业社会责任的成长阶段(1981—1990 年)	慈善行为 企业环保主义 社区介入 企业捐赠 公司对家庭、社会和国家的承诺

续表

阶段	研究内容
开展实证研究的蓬勃发展阶段（1991—2000年）	消费者对产品的反应 公司能力的认知 非营利性组织的捐赠 顾客满意 对公司的态度
企业社会责任与消费者互动的阶段（2001至今）	公司声誉 顾客忠诚 消费者参与 互动模式的选择

二、国内研究综述

国内对企业社会责任的研究起步较晚，20世纪90年代我国学术界开始重视对企业社会责任的研究，1990年袁家方主编的《企业社会责任》起到了重要的奠基作用，而后逐渐掀起了企业社会责任研究的热潮。

（一）关于企业社会责任的界定

袁家方（1990）认为，企业社会责任是企业在争取自身的生存与发展的同时，面对的社会需要和各种社会问题，是为维护国家、社会和人类的根本利益而必须承担的义务。刘俊海（1999）认为，所谓企业社会责任是指企业不能仅仅以最大限度地为股东们营利或赚钱作为自己唯一的存在目的，还应当最大限度地争取股东利益之外的其他所有社会利益，这种社会利益包括雇员利益、消费者利益、债权人利益、中小竞争者利益、当地社区利益、环境利益、社会弱者利益及整个社会公共利益等内容。

卢代富（2002）认为，所谓企业社会责任，指企业在谋求股东利益最大化之外所负有的维护和增进社会利益的义务，它具有以下显著特点：①企业社会责任是一种关系责任或积极责任；②企业社会责任以企业的非股东利益相关者为企业义务的相对方；③企业社会责任是企业的法律义务和道德义务，或者是正式制度安排和非正式制度安排的统一体；④企业社会责任是对传统的股东利润最大化原则的修正和补充。屈晓华（2003）认为，企业通过企业制度和企业行为所体现的对员工、商务伙伴、客户（消费者）、社区、国家履行的各种积极义务和责任，是企业对市场和相关利益者群体的一种良性反应，也是企业经营目标的综合指标。贾生华等（2002）、李丽（2003）认为，企业在履行其囊括显性契约与隐性契约在内的综合性社会契约时，必须考虑利益相关者的合理利益要求。林军(2004)认为,企业社会责任是从整个社会出发考虑整个企业对社会的影响及社会对企业行为的期望与要求的。

高尚全(2005)认为,企业对社会的责任有两类:第一类是基础责任,就是立足于企业的发展产生的责任;第二类责任是企业在承担基础责任的过程中,必然产生的外部性问题,应通过制度来实现责任的最优分担。惠宁和霍丽(2005)认为,企业社会责任就是指企业在为股东谋取最大利润的同时,要充分考虑利益相关者的利益。刘长喜(2005)认为,企业社会责任是指企业对包括股东在内的利益相关者的综合性社会契约责任,这种社会综合性契约责任包括企业经济责任、企业法律责任、企业伦理责任和企业慈善责任。李立清等(2005)认为,企业责任反映企业以三种不同的主体形式出现所必须承担的责任,第一是企业经济责任,第二是企业法律责任,第三是企业社会责任,企业社会责任是企业除经济责任、法律责任之外的"第三种责任"。

黎友焕(2007)则认为,企业社会责任是一定的社会历史条件下企业对社会发展及其他成员的生存与发展应负的责任。而王茂林(2013)结合我国经济社会的发展状况,给出了社会责任的新的定义,其升华了"环境责任"的内容,增加了履行"政治责任"的内容。他认为,我国企业应尽的社会责任除了为出资者创造合理利润、积极促进企业利润和社会财富协同增长外,还要切实履行环境责任,按照科学发展观和循环经济的要求,大力推动技术创新和产业发展方式转变;同时,企业要切实履行政治责任,为员工创造安全的生产条件,提高工资、改善福利待遇,依法保护其合法权益,全力营造各利益主体间的和谐氛围;企业还要积极服务社会、回报社会,主动为国家和政府排忧解难。

(二)关于企业社会责任缺失的原因及对策研究

国内学者如黄文彦和蓝海林(2006)、陈幼其(2006)以及吴福顺(2006)认为,社会责任立法的相对落后、政府执行力和监督力度的不足、企业生存环境的变化、利益相关者维权意识的淡薄、员工主体地位的逐渐沦丧、履行社会责任的激励不足等因素是企业社会责任缺失的原因。

国内专家学者大多认为应强化政府的职能,加强舆论的宣传,培养企业自身的观念和意识。如卢代富(2006)认为要从改革传统的以股东为本位的公司内部治理结构和营造与企业社会责任相适应的公司运作外部市场环境两方面入手;吉林大学的李文祥(2005)和山东大学的陈留彬等(2006)认为应发挥行业协会的作用,鼓励利益相关者参与公司的治理;李立清(2006)以湖南省为例,从员工权益、人权保障、社会责任管理、商业道德和社会公益行为等五大要素出发,建立了一个中国企业社会责任评估指标体系;另外,莫仲宁(2009)、付建龙(2012)、刁宇凡(2013)等则对企业承担社会责任的方式和途径进行了研究。

(三)基于利益相关者和消费者视角的研究

近年来,国内对企业社会责任活动与利益相关者,尤其是消费者响应的研究逐渐成为企业社会责任领域研究的热点。我国学者陈宏辉(2004)利用文献法把我国企业的利益相关者界定为十类,以企业界的经理人员为调查对象,从主动性、重要性和紧急性三个维度对这十类利益相关者进行统计分析。研究发现,股东、管理人员和员工是企业的核心利益相关者,供应商、消费者、债权人、分销商和政府是企业的蛰伏利益相关者,而特殊利益团体和社区则是企业的边缘利益相关者。

同时,有一些媒体和研究机构进行了有关公众对企业社会责任认知与态度的调查:2004年《中国经营报》对公众进行了企业社会责任状况调查;2006年4月,光华传媒、北京数字100市场咨询公司和搜狐财经频道共同进行了网上调查。但这些调查都以一般公众为对象,都没有把对象界定为消费者。2005年,中国社会调查所进行了电话调查,询问调查对象未来是否愿意购买提及的产品。但该调查仅针对产品安全,不涉及企业社会责任其他方面,而且只是笼统地询问被调查者今后愿不愿意买,并没有反映产品价格对这种意愿的影响。另外,企业社会责任行为与消费者响应之间的复杂关系,既受到消费者个人特性,如消费者是否支持企业社会责任行为的影响,也受到产品自身特征,如价格信号的影响。不同类型的消费者,对企业社会责任行为的响应并不完全相同。对于高支持度的消费者,当企业积极承担社会责任时,其购买意向与产品质量感知都显著高于低支持度的消费者。

国内有学者对不同特征(如学历、收入水平)的消费者对企业社会责任的认知差异进行了调研(郭红玲,2006),但尚缺乏从消费者信任、消费者支持以及社会责任消费行为等角度探讨不同类型的消费者对企业社会责任行为的响应有何不同。周延风等(2007)在关于消费者个人特征和价格信号的调节研究中,从捐助慈善事业、保护环境以及善待员工三个社会责任领域,对企业承担社会责任行为与我国消费者响应的关系进行了实证研究。结果表明,这三个领域的企业社会责任行为对消费者购买意向和产品质量感均有显著影响。同时,当企业积极保护周边环境或者给予员工人性化关怀时,消费者对其产品质量也更加信任与放心。这说明随着消费者对企业承担社会责任期望的增加,消费者也倾向于信任与购买那些积极承担社会责任的企业的产品,这是企业界应该重视的一个趋势。

周祖城、张漪杰(2007)认为消费者的购买意向及是否愿意为有社会责任感的企业多支付一定价格,不仅取决于企业是否有责任感,而且取决于该企业的社会责任在行业内的相对水平。虽然已有研究表明,消费者会抵制不负责任的企业的产品或要求其降低产品的价格,但不愿意为负责任的企业产品支付更高的价格。但其研究发现,当消费者在比较社会责任处于行业落后水平的企业产品和社会责任处于行业领先水平的企业产品时,有着为领先水平企业产品支付更高价格的显著意愿。此外,当企业之间的企业社会责任水平差别越大,而且这种差别被消费者感知后,消费者选择有责任感的企业产品的可能性会显著增加。

常亚平、阎俊和方琪(2008)研究指出,消费者的态度受到价格的显著影响,但不同的消费者对履行了社会责任的企业的产品有不同的可接受溢价范围。马龙龙(2010)通过实证分析得出结论:企业社会责任行为是消费者购买决策的重要影响因素之一;消费者的购买决策对企业社会责任行为的响应是有条件的,受到消费者类型的影响;消费者响应企业社会责任行为的动机来自利益驱使和价值认同。

田虹、袁海霞(2013)运用 Bootstrap 法,基于归因理论与启发-系统式模型对企业社会责任匹配性、社会事业亲和力、利他性归因与消费者品牌态度之间的关系进行了研究。结果发现,社会事业亲和力调节了功能匹配与形象匹配对利他性归因的影响,社会事业亲和力与形象匹配的强强联合更容易引起消费者的质疑,而功能匹配则相反;社会事业亲和力调节了社会责任匹配性通过利他性归因的中介作用对消费者品牌态度产生的影响,社会事业亲和力较高时,功能匹配条件下的中介作用更显著,而形象匹配则相反。

企业社会责任已经成为我国学术界研究的一个热点问题,其学术价值和实践意义已得到学术界和社会各界的肯定和重视,国内外学者前期已经对企业社会责任的多个方面进行了深入的探讨和研究。但由于中西方社会结构和企业制度等方面的差异,我国的企业社会责任具有其特殊性,而在不同地区,由于文化背景、经济基础、企业发展阶段的不同,企业社会责任的现状和存在的问题也不相同,缺乏相关的实证研究来揭示我国企业社会责任的演进规律和特征。在上述问题的基础上,对我国企业社会责任的内容层次体系、内涵及相互关系的研究也有待加强。对于企业社会责任的缺失原因的分析,大多为定性分析,缺乏以实证研究为基础的系统性研究。对如何推进企业承担社会责任的对策研究,大多停留在理论探讨层面,在企业承担社会责任的方式、企业承担社会责任的内驱力量的形成、有效的激励机制和监管机制的建立等方面缺乏具有操作性、针对性的研究。

（四）关于企业社会责任的评价研究和制度化实践

国内有关企业社会责任评价的研究,大多用构建分层评价指标体系,通过打分量化的方式进行。陈迅和韩亚琴(2006)根据 Freeman 的利益相关者理论,按照股东、员工和消费者三个社会责任维度建立了测评量表。其衡量标准是企业和社会责任的关系密切程度。刘长喜(2005)则以经济责任、法律责任、伦理责任和慈善责任为基础,从企业社会责任操作对象即股东、员工、顾客、商业伙伴、社区、环境等利益相关者角度建立了社会责任评价体系。通过评价把这些责任划分为两个层次,即自律层次的企业社会责任与他律层次的企业社会责任。张文贤(2006)参考 SA 8000 认证标准的设计体系,采用平衡计分卡的方法将企业社会责任的评价指标分为财务指标、市场指标、文化指标和公益指标四大类,按照这个体系测评了企业的社会责任行为表现。郑海东(2007)提出了"企业社会责任三维度分类模型",他从经营者态度、企业上年度绩效、政府响应三个角度分析对于企业履行社会责任的影响程度,并依据三维度分类模型对企业社会责任的行为表现进行评价和打分。谭杰、杨立社(2010)把企业利益相关者分为内部直接利益相关者、外部直接利益相关者、外部间接利益相关者三种,并从股东、员工、消费者、供应商、竞争企业、社区、政府、环保这八个方面构建了企业社会责任的评价体系。

朱永明(2013)以已有的企业社会责任评价主要观点为基础,建立双重约束下的企业社会责任动因分析框架和评价指标体系,以可持续发展观的若干维度为目标层,以全球价值链所涉及的企业内部价值活动和外部价值活动为准则层,设计了企业社会责任评价的指标体系,该体系共包含测量指标 81 个。并根据汽车行业的特点,从 81 个指标中选取 9 类指标中的 38 个二级指标进行系统的定量分析,分别运用模糊综合评价和灰色评价方法进行评价运算。最后,通过建立企业社会责任工程体系,从企业内部建设以及外部建设出发,归纳了双重约束下企业社会责任履行的策略体系。

2006 年 9 月 25 日,深圳证券交易所发布了《深圳证券交易所上市公司社会责任指引》(以下简称《指引》),《指引》要求各上市公司要从以下五个方面承担社会责任。一是股东和债权人权益保护;二是员工权益保护;三是供应商、客户和消费者权益保护;四是环境保护与可持续发展;五是公共关系和社会公益事业。概括地说,《指引》是在原来全球契约和 SA 8000 重视劳动者权益问题和同时关注环境保护的基础上,增加了关注其他利益相关者的利益保护。

深圳证券交易所发布的《指引》拉开了我国企业执行社会责任的序幕。2007 年 12 月 12 日,深圳证券信息有限公司召开新闻发布会称,决定与天津泰达股份有限公司联合推出国内资本市场第一个社会责任型指数——泰达环保指数,该指数于 2008 年正式发布。从 2008 年年初开始,相继有南方航空、实达电脑和燕京惠泉啤酒等十多家上市公司公布了公司的企业社会责任制度。

为了全面贯彻党的十七大精神,深入落实科学发展观,推动中央企业在建设中国特色社会主义事业的过程中,认真履行好社会责任,实现企业与社会、环境的全面协调可持续发展,国务院国有资产监督管理委员会于 2007 年 12 月 29 日印发了《关于中央企业履行社会责任的指导意见》,指导各中央企业执行企业社会责任。该指导意见包含八个方面的内容。

(1)坚持依法经营诚实守信。模范遵守法律法规和社会公德、商业道德以及行业规则,及时足额纳税,维护投资者和债权人权益,保护知识产权,忠实履行合同,恪守商业信用,反对不正当竞争,杜绝商业活动中的腐败行为。

(2)不断提高持续盈利能力。完善公司治理,科学民主决策。优化发展战略,突出做强主业,缩短管理链条,合理配置资源。强化企业管理,提高管控能力,降低经营成本,加强风险防范,提高投入产出水平,增强市场竞争能力。

(3)切实提高产品质量和服务水平。保证产品和服务的安全性,改善产品性能,完善服务体系,努力为社会提供优质、安全、健康的产品和服务,最大限度地满足消费者的需求。保护消费者权益,妥善处理消费者提出的投诉和建议,努力为消费者创造更大的价值,取得广大消费者的信赖与认同。

(4)加强资源节约和环境保护。认真落实节能减排责任,带头完成节能减排任务。发展节能产业,开发节能产品,发展循环经济,提高资源综合利用效率。增加环保投入,改进工艺流程,降低污染物排放,实施清洁生产,坚持走低投入、低消耗、低排放和高效率的发展道路。

(5)推进自主创新和技术进步。建立和完善技术创新机制,加大研究开发投入,提高自主创新能力。加快高新技术开发和传统产业改造,着力突破产业和行业关键技术,增加技术创新储备。强化知识产权意识,实施知识产权战略,实现技术创新与知识产权的良性互动,形成一批拥有自主知识产权的核心技术和知名品牌,发挥对产业升级、结构优化的带动作用。

(6)保障生产安全。严格落实安全生产责任制,加大安全生产投入,严防安全事故发生。建立健全应急管理体系,不断提高应急管理水平和应对突发事件的能力。为员工提供安全、健康、卫生的工作条件和生活环境,保障员工职业健康,预防和减少职业病和其他疾病对员工的危害。

(7)维护员工合法权益。依法与员工签订并履行劳动合同,坚持按劳分配、同工同酬,建立工资正常增长机制,按时足额缴纳社会保险。尊重员工人格,公平对待员工,杜绝性别、民族、宗教、年龄等各种歧视。加强职业教育培训,创造平等发展机会。加强职代会制度建设,深化厂务公开,推进民主管理。关心员工生活,切实为员工排忧解难。

(8)参与社会公益事业。积极参与社区建设,鼓励员工志愿服务社会。热心参与慈善、捐助等社会公益事业,关心支持教育、文化、卫生等公共福利事业。在发生重大自然灾害和突发事件的情况下,积极提供财力、物力和人力等方面的支持和援助。

此后,我国中央企业根据上述指导意见,纷纷发布企业社会责任报告,使我国企业社会责任的制度化建设迈上了一个新的台阶。

第二节　企业社会责任认知和实践的研究

理性行为理论指出,认知对行为有影响,人的认知程度会影响人的行为特征。对企业而言,经营者的社会责任意识越强,对社会责任的态度越积极,越能促使其在决策制定时考虑该因素。企业管理者的社会责任认知对企业社会责任实践具有正向的影响,有强烈社会责任取向的管理者认为社会责任实践很重要,在企业日常行为中会采用更加负责的方式。

一、企业社会责任认知的研究

企业社会责任认知是企业管理者对企业社会责任的相关概念、内容以及企业推行社会责任对企业的影响的了解程度等。随着社会责任概念的深入,企业对社会责任的认知和了解程度也在不断变化。

　　Suchman(1995)指出,企业想要得到社会的认同,就必须尝试与已有的社会规范、价值观、理念等保持一致。他还把合法性分为实用主义、认知和道德三种类型。在认知的合法性方面,企业强调自己的行为应该符合它们所认知的社会期望。Brickson(2007)提出将身份定位作为企业社会责任认知的一个构建维度,由所属不同组织参与者的共同看法构成,从而推动动机和行为。他认为,告诉大家如何与企业利益相关者打交道,为什么要与他们打交道是最应该做的事情。身份定位能够帮助企业管理者思考他们与其主要客户的关系,包括利益相关者和整个社会。为了具体说明组织会采用哪种身份定位,又将它分为三种类型:个人主义、关系主义、集体主义。个人主义强调个人自由和私利性,把自己和其他人区分开,将自己描述成"商业最佳"或者"在行业中领先"。相反地,关系主义将他们自己设想成利益相关者的合作伙伴,经常通过将自己描述成"对顾客承诺"或者"我们渴望成为被信任的伙伴"来表达情感。集体主义也将自己看作一个更大组织的成员,不仅仅把自己看作商业性利益相关者,而且把自己看作是一个与更大环境相关的个体。企业对自己身份定位的不同认知,影响企业与利益相关者建立关系以及从事活动的类型。

　　Keith M. Hmieleski 和 Andrew C. Corbett(2008)则在研究企业家的冲突认知时指出,在企业家认知研究领域中,企业家在开展新的业务机会时,趋向于使用与过去同样的或相似的模式。Nicola H. J. Swan(2008)在如何从社会企业家那里学习企业社会责任的研究中提到,商业企业如何才能实现自己的社会责任,在发展中国家的社区中,实现其业务目标。研究表明,企业家的管理实践能力能够提高信任、信誉和核心竞争力,以及独特的能力,最终协调一致创造企业的竞争优势。然而,只有这些并不足够。具有高层次企业社会责任的公司必须处于领先地位,他们必须表现出对文化问题的敏感性,保持与社区的双向沟通,获得社区的认同。这都必须从战略和业务两个层面展开,并持续采取行动,以期达到最终的目标。企业家对社会责任的认知受到很多因素影响。

　　Kunal Basu 和 Guido Palazzo(2009)从组织意识决策角度提出了一个过程模型,来解释管理者在面对主要利益相关者以及整个社会时,是如何思考和行动的。为确定引导企业社会责任有关的活动的内在取向,他们提出从认知、语义、行动三个维度分析企业社会责任。他们认为,企业社会责任的认知层面主要是指企业的一个思考过程。企业在这个过程中需要考虑两个方面的问题,一个是身份定位,还有一个就是合法性。S. S. Khanka(2009)在研究企业绩效的影响因素中指出,企业家的来源、教育程度、背景环境等都能或多或少地对企业绩效产生影响。

国内对企业社会责任认知的研究多是从企业管理者的价值观、态度等方面展开。刘显法等(2007)通过对72家炼油和钢铁企业的员工和总经理的调查发现,企业领导者的价值观通过企业节能行为影响企业节能绩效。领导者的价值观直接影响其领导行为和管理决策,对企业经营管理产生重要影响。曹家彦(2009)和张玉爽(2011)等也对企业社会责任认知与企业行为之间的关系进行了探讨。通过向企业管理者发放问卷的形式,收集数据,并进行数据分析,得出企业家社会责任认知对企业社会责任行为有正向影响,即高的企业家社会责任认知有高的企业社会责任行为。

二、企业社会责任行为的研究

企业社会责任行为是社会责任认知的结果。当企业对社会责任采取不同的态度时,就会相应地产生不同类型的企业社会责任行为。不同的企业社会责任行为是站在企业的角度,从企业自身来观察和研究企业社会责任问题后产生的。

Ackerman(1976)研究认为,回应社会要求远不只是决定做什么,当人们已经决定了做什么之后,还有怎样去做的问题,还有管理上的任务,而管理上的任务并不琐碎。

Steveb L. Wartick 和 Philip L. Cochran(1985)根据聚焦在企业社会责任概念的三大挑战,研究了企业社会绩效的模型。他们将经济责任、公众责任、社会响应和社会问题管理作为模型研究的四个维度,提出了 RDAP 模型。Clarkson(1995)在他们的基础上,对 RDAP 模型进行了修改。他认为企业并不是慈善机构,不需要处理社会问题,应该把精力放在处理利益相关者问题上。该模式认为企业需要根据自身的战略目标和内外部环境,选择以下四种行动战略来开展社会责任活动:反应式、防御式、适应式和前瞻式。这些行为所对应的特征分别是:拒绝承担社会责任,在尽量少的情况下履行社会责任,将社会责任全部履行,预测责任并提前采取行动。

Sethi(1979)从更广泛的社会层次上指出"企业社会责任是将企业行为提升到与目前流行的社会规范、价值和目标相一致的层次上",同时,他提出了企业社会责任行为的一个三维模型,其中的三个维度分别是社会义务、社会责任、社会响应。社会义务指对市场动力或者法律限制做出回应的企业行为,传统经济和法律是企业合法的必要不充分条件;社会责任是指将企业行为提高到与当时的社会规范、社会价值观、社会期望绩效一致的水平；社会响应不仅仅指企业应当如何面对和处理社会压力，还包括在变化的社会环境中担当什么角色，是企业行为对社会需要的适应性。社会义务本质上的概念是限制，而社会责任本质上的概念是说明，这是两者的区别。

Isabelle Maignan 和 Ferrell(2004)提出，社会责任的主动性应该是以显示符合双方的组织和利益相关者的规范而采取行动的积极行为。他们还讨论了在管理过程中所需的监视、满足，甚至超越利益相关者的规范，最后的分析结果解释了如何才能使企业的社会责任主动性获得利益相关者的支持。为了将具体的社会责任描述成评价行为，他们将评价方法分为三类，分别是专家评价、管理者调查和单维或多维问题指标。

使用专业机构数据库测量企业社会责任行为也是评价企业社会责任行为的方法之一。其中最具权威的专业机构就是美国的 KLD 公司，它是一家专门研究企业社会责任的投资咨询公司。KLD 指数法是 KLD 公司以各公司年报、社会责任报告、代理声明，以及其他杂志期刊发表的相关文章为基础，基于公平、公正、独立原则，对各公司企业社会责任进行评价。目前主要有九类关键指标，前五类与利益相关者相关，分别是社区、员工多样性、员工关系、生态环境和产品指标，后四类是军事、原子能、非美国问题及其他相关指标。该九项指标分别从优势、劣势两方面描述相关问题，并进行评价。KLD 指数法信息来源广泛，测量维度多样，是目前应用最为广泛的测量方式。

Ron Bird 等(2007)在讨论"如何在营销中为企业社会责任行为赋值"时，在 KLD 评价方法的基础上，采用了五种评判标准，分别是社会关系、差异性、员工关系、环境和商品。在这五种评判标准的基础上，对企业进行评分，得出企业社会责任行为的分值。

我国学者曾杨(2011)提出了关于认知水平和行为表现的相关假设，认为企业员工的个人特征会对其认知水平产生一定影响，而企业特征会对企业社会责任的行为表现产生一定影响，同时整个企业员工的总体认识水平也会对企业履行社会责任的行为有正向影响。并将层次责任理论和利益相关者理论整合，得出实证测量指标以及三部分问卷体系，依此对陕西省部分企业进行了问卷调查。得出的结论为：个人特征对企业社会责任认知水平的影响不太显著；企业特征中的所有制性质和企业规模对企业社会责任行为表现的影响比较显著；企业社会责任的认知水平对其行为表现有正向的显著影响。

三、企业社会责任认知与社会责任实践关系的研究

企业管理者对企业社会责任的认识程度,必然会对企业采取的社会责任行为产生影响,进而影响企业的绩效。尤其是企业家,作为企业的领导者,企业战略决策的制定者,企业前进方向的领军人物,他们对企业的未来发展起着十分关键的作用。

国内外学者在这方面做了大量研究。1975 年,美国学者 Fishbein 和 Ajzen(1975)提出理性行为理论(Theory of Reasoned Action,TRA),这一理论关注基于认知所形成的态度过程,用于分析态度如何影响个体行为。该理论认为,根据人的行为意向,可以合理推断个体行为,同时这种行为意向又是由个体对这种行为的主观态度决定的。Engel 等(1995)提出了一个行为意向与行为之间关系的模型,他认为态度影响行为意向的产生,而行为意向是预测人行为的一个准确的衡量指标。Robbins(1996)指出领导者的价值观会直接影响本人的领导决策和领导行为,领导者往往使用自己倾向的行为风格对团队实施领导控制,对企业的管理产生重大影响。Oliver(1997年)提出了"认知—态度—意图"的逻辑框架图,揭示人们从接受到认知,到形成自我态度,进而产生活动意图的过程。该模型在实证研究中得到了多次检验。结合该研究,企业家对社会责任的认知情况,产生了他们面对社会责任时所采取的态度,进而形成一种行为意图。对于该逻辑框架,研究者通过灵活的应用,已经在很多领域进行了研究。针对人在不同方面的认知,研究不同领域内人的行为反应过程。Oliver 等(2010)将企业社会责任区分为社会责任、经济责任和环境责任,结果发现西欧国家和中东欧国家参与者都认为环境责任最重要,但西欧国家接下来的顺序是社会责任和经济责任,中东欧国家却不同。此外,工作经历和年代差异对社会责任和环境责任态度的影响大于对经济责任的影响。

晁罡等(2008)通过实证研究发现,企业领导者对企业社会表现有正向作用,对企业绩效也有正向作用。刘显法等(2007)在研究企业领导者价值观与节能绩效的关系时,证实了领导者的观点会影响他们在决策过程中的判断。具有不同价值观的领导者,在领导风格上也具有差异性,这种差异性影响了他们对企业节能绩效措施的态度,进而产生了不同的领导行为。

从企业经营者的角度来看,他们普遍认同"优秀企业家一定具有强烈的社会责任感",高度认同履行经济、法律、伦理、公益四个方面社会责任的重要意义。同时,相当多的企业经营者比较关注履行社会责任的成本(中国企

业家调查系统,2007 年)。同时,该调查还指出,虽然中国企业家对企业社会责任重要性的认可程度越来越高,也呈现出用更加具有战略性的眼光来看待的发展趋势,但企业履行社会责任仍存在较大的问题。企业践行的方式较为狭窄和单一,整体上对于公共责任投入了较多人力物力,法律责任和伦理责任方面存在欠缺的现象较为突出;企业的责任管理落后于其责任行动,倾向于通过企业文化和高管领导力等隐性制度来保障实施,而较少利用显性制度措施如伦理守则和培训。

张涛、孙红艳、张佑泽(2011)对山东部分国有企业的社会责任实施情况及财务绩效进行定性与定量分析,采用问卷调查、深度访问、案例分析的方法。研究发现,在企业重组过程中,有强烈社会责任感的管理者认为社会责任实践很重要,在重组过程中,也会采用一种更负责任的方式。而且,通过对企业重组前后销售收入的变化分析,得出企业社会责任行为与公司绩效呈正相关关系。张玉爽(2011)研究指出企业家社会责任认知对企业社会责任行为和企业绩效均有正向影响,其中企业家社会责任认知分别对企业绩效的三个维度,即经济绩效、社会绩效和环境绩效具有正向影响。沈蓓蕾(2013)通过问卷调查,也得出了相同的结论。

四、中小企业社会责任实践与绩效的研究

在对企业社会责任与企业绩效关系相关文献的回顾过程中发现,大部分文献的研究对象是大中型企业,尤其是一些上市公司,因其数据容易获取,更成为一些实证研究的热门企业。目前对于中小企业的研究主要停留在规范性分析上,相关的实证分析较少。陆凤林和徐立青(2007)从理论上论述了中小企业社会责任与成本和收益的关系,认为企业社会责任的投入收益大于成本,即证明了中小企业承担社会责任是可以提高公司绩效的。

尹军(2007)选取了浙江省 50 家中小企业作为抽样样本,也说明了不同的企业生命周期阶段社会责任情况是有差异的,但都有利于企业绩效的提升。同时,他还验证了不同企业规模、不同类型行业的中小企业社会责任与企业绩效之间的关系。张亚博(2008)和龙晓枫(2008)结合利益相关者理论和社会资本理论,建立了一个企业社会责任与企业价值关系的模型,表明企业社会责任履行状况与企业价值有显著的正相关关系。

何朝晖(2009)将企业社会责任分为经济责任、法律责任和道德公益责任三个方面,分析了中小企业创建期、发展期、成熟期的企业社会责任与成长性之间的关系。研究表明,在中小企业发展的三个阶段,无论是经济责任、法律责任,还是道德公益责任,都有利于中小企业的成长。谢守祥等(2009)以长三角地区中小企业为样本,研究公司社会责任与财务业绩及利益相关者业绩的关系,结果表明,财务业绩正向影响公司社会责任,公司承担社会责任的程度取决于其对利益相关者的定位和战略。刘彩华等(2011)从信息披露的角度分析,认为中小企业社会责任的信息披露有利于驱动财务绩效。

第三节　企业社会责任成本的研究

企业社会责任成本是企业为履行社会责任这一目的而已经发生或将要发生的合法合规、必不可少的支出(不包括偿还债务、返还投资、利润分配),企业社会责任成本发生的目的决定了其含义应当建立在企业社会责任含义的基础上。

一、国外相关研究

1819年,法国籍瑞士经济学家西斯蒙首次提出"社会成本"的概念,即企业应保证员工的安全,避免就业间断,并有效解决员工的疾病问题,负担由于废物流失等行为所造成的社会成本。其观点可以被认为是"社会成本"的思想萌芽。

英国著名的经济学家阿瑟·赛西尔·庇古在其1920年出版的《福利经济学》中针对社会责任成本问题提出了"外部效应"是其原因所在。"外部效应"是指一定生产者(或消费者)的行为直接影响另一生产者(或消费者)的成本。他指出,当"外部效应"存在时,即使在完全竞争的条件下,社会资源的配置也不可能是最优的。美国经济学家科斯提出的社会成本理论,对福利经济学解决外部问题的简单方法做出了判断,认为外在问题是相互影响的,不能通过简单的工厂搬迁或征税解决问题,认为应界定双方的产权与义务,通过市场交易降低费用以达到资源的最优配置。

制度经济学的主要代表人物、经济学家卡普在1950年出版的《私人企业社会成本》中,试图以实物和价值指标对环境污染、自然资源的耗竭、水土流失、森林破坏、失业、种族歧视和不良广告所造成的种种社会危害而导致的社会成本进行计量。他认为,如果把环境恶化看作"无意的外部影响",那就等于把环境问题缩小到无足轻重的地位。

1923 年,美国经济学家约翰·莫里斯·克拉克在其著作 *Studies in the Economic of Overhead Costs* 中,分析了社会成本与个别成本产生冲突的主要原因,他建议采用"社会成本簿记"形式,记录企业个别成本行为所导致的社会经济损失,将社会成本纳入会计核算体系。

1965 年,美国会计学家戴维·F. 林诺维斯(1965)率先提出了"社会责任会计"的概念,揭开了社会责任会计研究的序幕。随后,在美国等主要发达国家出现了一门新兴会计学——社会责任会计学,社会责任成本也就成为其重要组成部分。

自 20 世纪 70 年代后,一些社会成本研究组织相继成立,如美国会计学会成立的组织行为与环境影响委员会、社会成本计量委员会、社会成本委员会等,这些组织为推动开展有关社会成本概念、社会成本的计量、社会成本的补偿与控制等问题的深入研究做出了重要贡献。

二、国内研究综述

国内文献除了探讨企业社会责任成本的含义外,多数研究直接对企业社会责任成本的构成进行了分类。

林万祥等(2002)认为,企业社会责任成本是企业履行社会责任的经济性体现,主要指企业在从事营利性经营活动过程中所消耗的但未计入企业成本费用的社会资源或给社会带来的损失。长期以来,由于受观念、法规、计量等多种因素的限制,企业并未将这部分成本"内部化",未能将其作为企业成本的构成要素计入企业的真实成本之中。其后果是:社会资源的消耗难以实现足额补偿,企业补偿不到位,造成企业成本的扭曲。因此,企业应当履行社会责任,分摊社会责任成本,加速企业外部成本的"内部化"。

田钊平(2004)则认为,社会责任成本主要包括四个方面的内容。

(1)保护和改善生态环境的支出。企业发展应以保护和改善生态环境为前提,切不可以牺牲环境为代价去换取暂时的发展。可以说,环境污染及生态环境破坏不单单已经对我们当代人造成了巨大的损害,还会对我们后代子孙的生存和发展环境产生巨大的恶劣影响。基于这种情况,企业在生产经营活动中不应当危害维持地球生命的自然系统要素(如水、大气、土壤、生物等),而应把不利影响降低到该要素可以承受的限度内。例如,某些企业的生产过程中,可能会伴随产生较多的碳氢化合物、硫氧化合物等,这些物质不但会严重破坏大气质量,影响人体健康和农牧业生产,而且会引发酸雨和温室效应等更具危害性的后果。对于会产生这些附属物的企业,无论是从道义上还是从法律上讲，人们都有理由要求他们采取切实有效的措施将这种排放量降低到法律规定的范围内。

（2）改善员工工作和生活条件的支出。企业的发展应与员工工作和生活条件的改善同步进行。企业员工既是企业目前开展生产活动的生力军，又是企业维持经营所需的后备员工的生产者和抚养人。因此，企业为了自身的持续经营，理所当然要为员工提供供养自己和家人所需的条件和待遇。这就要求企业必须对员工负起改善工作条件和生活待遇的责任，具体包括：员工劳动保护，即企业必须采取强有力的措施，确保员工不因工作而使身心受到伤害甚至摧残；工作环境美化，即企业有责任改进和美化员工的工作环境；福利待遇的提高，即企业根据自身的生产经营成果相应地不断提高员工的工资、奖金额度，并改善其文体活动条件；为员工创造接受培训和再教育的机会，从而提高员工的业务文化素质，为企业的持续发展注入新的活力。

（3）积极参与公益活动和社会福利活动的支出。参加公益活动和社会福利活动包含的内容非常丰富，如为公共交通、医疗保健、市政建设、文化教育事业提供人、财、物的支持，为社会弱势群体（如失业者、妇女、儿童、残疾人）提供各种便利和帮助，对灾区的捐献和赞助等。所有这些都是企业实现可持续发展所需要的，但不是强制的。因此，企业应立足于长远，着眼于大局，在力所能及的范围内做一个对社会负责任的"主人"。

（4）提供满意产品或诚信服务的支出。企业秉持诚信的原则，为顾客提供满意的产品或服务，这本是市场经济条件下企业应共同遵守的游戏规则，但事实上，纵观国内外许多企业，他们为了尽可能地降低生产经营成本，追求高额的眼前利益，不惜偷工减料、坑蒙拐骗、做虚假广告……这一切不但使顾客蒙受了巨大的经济损失，甚至还危及人们的生命财产安全。因此，企业必须把好产品和服务的质量关，不做虚假广告，努力做好产品的社会咨询和售后服务工作，使顾客得到满意的产品和满意的服务。

陈煦江（2006）认为，企业的社会责任成本有广义和狭义之分。广义的企业社会责任成本以多元责任论为理论基础，其具体类别和内容取决于企业社会责任的不同领域和不同层次。广义地看，企业社会责任内容主要包括生产经营活动、利益相关者合法权益维护活动、生态环境保护与治理活动、企业内部制度建设活动四大种类。而企业社会责任行为的层次性又决定了企业落实社会责任成本的层次性。狭义的企业社会责任成本是指企业生产经营过程中发生的产品生产成本、经营业务成本、期间费用及其他必要支出。企业应根据《中华人民共和国会计法》（简称《会计法》）、《企业会计准则》、《企业财务通则》等法规的要求保证其支出的合理性、合法性和经济性。

刘红霞(2008)认为,社会责任成本可涉及以下几方面内容:一是社会人力资源成本,是指企业为发展人力资源所发生的耗费与支出,包括对员工的招募录用费用、劳动报酬、集体福利、教育培训支出、员工社会统筹保障金等。二是自然资源耗用成本,是指在我国境内的企业,因其对资源的开采和使用而向资源所有者支付的资源使用费。换言之,是企业因开采和使用稀缺的自然资源,应足额支付维持自然资源再生费用的成本。三是土地使用成本,这是对企业因使用土地而应支付的成本,特别应包括企业因过度使用土地而使土地退化、质量下降计量的成本。四是环境支出成本,是指企业本着对环境负责的原则,为防止环境污染而发生的各种费用和为了改善环境、恢复环境的数量或质量而发生的各种支出。五是社区公益,是指企业为社区及公共事务、公益事业和社会福利事业所发生的各项耗费和支出。六是外部经济成本,是指企业从事经营活动而消耗的并未记入自身成本费用中的社会资源或给社会带来的损失,企业应充分计量这种消极外部效应,并加以内部成本化。七是其他责任成本,包括企业对政府、股东、供应商、债权人以及顾客等承担的责任成本。

孙静(2009)认为,根据履行社会责任内容的不同可以将社会责任初步划分为四类,即社会经济责任成本、社会法律责任成本、社会生态责任成本和社会伦理责任成本。

(1)社会经济责任成本。企业社会经济责任成本主要是指企业为履行传统的、基本的经济责任而付出的成本。包括:①企业对投资者的经济责任,主要是指为保证企业出资人或投资者在获利的同时使注入资本保值增值的责任;②对债权人的经济责任,主要是指在债权人产权存在于企业的前提下,企业所承担的保证债权人产权得以实现的法定义务;③企业对政府的经济责任,指企业在生产经营过程中对政府及社会所做出的法定或自愿的责任及贡献,可以分为社会经济指标和经济信誉指标;④对经营者的经济责任,指企业在经营过程中对经营者经营目标产生影响的责任及贡献。在成本管理中主要体现为以下指标:总资产报酬率、社会贡献率、科技进步贡献率、百元销售收入成本费用等。

(2)社会法律责任成本。法律责任成本指企业按照有关法律法规的规定,照章纳税和承担政府规定的其他责任义务成本,并包括接受政府的干预和监督,不得逃税、偷税、漏税和非法避税以及在员工的福利、安全、教育等方面承担义务成本。在成本管理中主要体现为以下指标:小时工资率、工资支付率、法定福利支付率、社保提取率、社保支付率、资产纳税率、税款上缴率。

(3)社会生态责任成本。社会生态责任成本指企业一方面按照有关法律的规定,合理利用资源、减少对环境的污染;另一方面要承担治理由公司所造成的资源浪费和环境污染而产生的相关成本。在成本管理中主要体现为以下指标:单位收入材料消耗量、材料报废率、单位收入耗能量、单位收入耗水量、单位收入排废量、环保投资率、环境治理投资、环保投资率。

(4)社会伦理责任成本。社会伦理责任成本指企业在树立自身社会形象、维护社会稳定、支持社会慈善事业和其他公益事业等方面的社会责任成本。包括:①员工工作方面,在成本管理中主要体现为员工人均年教育经费、单位员工利润、单位员工利润增长率、员工工资增长率、就业贡献率、员工劳动生产率、退伍军人用工率;②企业形象,在成本管理中主要体现为企业各类捐款、捐赠收入比率、计划整体完成率。

苗雨君(2010)则认为,社会责任成本的发生具有显性与隐性之分。社会责任显性成本可以分为三大类:一是社会责任基础成本,包括责任制度成本、基础规范成本、执行成本以及必要的人身安全与人员培训成本等;二是社会责任维持成本或社会责任跟进成本,包括监督成本、检查成本(含惩罚成本)以及为相应的环境变化而对社会责任进行调查与研究的成本等;三是社会责任效用成本,即为寻求社会效用最大化或责任影响最大化而进行的后续的必要支出,如为完成既定管理目标而发生的国内外交流支出等。社会责任的隐性成本是指难以看到的、难以估计的成本。

社会责任隐性成本可以分为两大类:一是道德成本,指针对环境与制度变化去选择违反社会道德的消极的甚至对社会有害的行为代价,不遵守社会责任承担原则也会有成本代价。该成本有时是巨大的,甚至是致命的,常常伴随诉讼成本支出。二是风险成本,即在生产经营过程中由于观念、管理等对于社会责任的忽视而发生的不必要的额外支出。道德成本与风险成本往往是联系在一起的。

曹雪晨(2012)认为社会责任成本包括:环境问题类成本(污染控制、环境恢复、节约能源、废旧原料回收、生产有利于环保的产品、其他环境保护等事项);员工问题类成本(员工的健康和安全、员工培训、员工的业绩考核、失业员工的安置、员工其他福利);社区问题类成本(考虑企业所在社区的利益);一般社会问题类成本(考虑弱势群体的利益、关注犯罪或公共安全或教育等、公益或其他捐赠);消费者类成本(产品质量提高);其他类成本(考虑银行或债权人的利益）。

可以看出，学者们都是从广义的视角，将企业社会责任分为不同的类别。概括而言，主要体现在两个维度，一是企业内部所产生的经营管理性成本，二是企业给外部利益相关者带来影响而产生的成本。

第四节 企业社会责任成本与企业绩效关系的研究

在现实生活中，企业往往面临两难的选择。一方面，不同于慈善机构，企业经营是以盈利为目标，盈利能力是衡量其经营业绩的重要指标。这样也使一些企业投资者受利己主义驱使而显示出自私的品格，往往想尽量降低生产成本而追逐较高的利润，这样容易造成整个社会的损失。另一方面，企业受道德与声誉机制的影响，尤其在我国这样一个受感情因素影响严重的国家，企业必须承担社会责任以提高消费者的认可度和自身竞争力。

一、企业履行社会责任产生的绩效研究

企业绩效是指企业在一段时间的经营过程中，产生的企业经营效益和经营者绩效，它体现了企业对市场环境的适应能力，在产品市场中的竞争能力，对利润市场的获利能力，以及对竞争对手所展现的持续竞争优势。企业绩效是一个经常被用作衡量企业的经营和发展状况的综合性指标，也是一个被用作衡量企业是否成功的概念性指标。

关于企业绩效评价方面的研究大致可以分为两个阶段，第一个阶段从19世纪80年代后期开始，企业出于对成本控制的考虑，在企业绩效的核算中引入了降低成本的想法。进入20世纪以后，随着资本市场的逐渐发展，企业所有权与经营权分离，企业的经营和财务状况越来越被投资人和债权人所关注，企业绩效评价进入了财务模式阶段。进入20世纪80年代，投资报酬率成为持续时间最长、最重要的衡量指标。从这一时期开始，企业绩效评价的研究重点是财务方面的评价，企业着重考虑利润、投资回报率和劳动生产率等财务指标和基于财务指标的评价方法开发等。而第二个阶段是从20世纪80年代的中后期开始的，由于之前企业把绩效的评价着重点都放在了财务指标上，而忽略了顾客满意度等非财务指标，导致企业的财务状况不仅没有提升，反而出现了恶化的现象，这时，企业才开始注意到非财务性指标的重要地位。企业开始将诸如顾客满意度、战略设计以及学习与创新能

力、竞争优势等非财务指标引入企业绩效评价中,使得企业绩效评价体系既包含财务绩效指标,也包含非财务绩效指标。

Philip L. Cochran 和 Robert A. Wood(1984)用一种新的方法论、改进的技术和特定行业的对照组对企业社会责任和财务绩效关系进行了重新检验,发现企业资产平均寿命与社会责任等级高度相关。Jean B. McGuire 等(1988)利用企业信誉财富杂志的评价,分析企业社会责任感知与企业财务绩效测量的关系。结果表明,以股市收益和会计报表为基础,是否将企业社会责任感知纳入评级体系,会对评级结果带来影响,说明评级结果与企业社会责任密切相关。

20 世纪 80 年代后期,研究者开始把利益相关者理论同社会责任理论相结合,强调从处理社会问题、承担社会责任和企业的社会反应等方面来评估企业绩效。Diane L. Swanson(1995)在探讨企业社会绩效的模型时认为,企业社会绩效由于缺乏整合性和理论发展,模型应该被重新定位,新模型就是从企业社会责任、企业社会响应过程和企业行为的结果的视角重新构筑的。Elkington(1998)提出了"三重底线"(Triple Bottom Line)的概念,他指出企业发展自身的同时,需要满足经济增长、环境保护和社会福利三个方面的平衡发展,为社会的持续发展创造价值。D. A. Schuler 和 M. A. Cording(2006)从消费者行为角度分析企业社会绩效和企业财务绩效之间的关系。他们提出消费者的 CSP-CFP 行为模型,来阐述信息强度和道德价值观与购买行为和企业绩效之间的关系。他们预测企业商品的社会信息强度会影响消费者的品牌倾向,预计消费者道德价值观会对购买意向起主要的影响作用,同时在购买意向的预测上,信息强度也起到了作用。而随着学者们对经济绩效研究的逐渐深入,企业的环境绩效重要性也日益引起人们的重视。Michael V. Russo 和 Paul A. Fouts(1997)从企业的资源基础角度着手,认为环境绩效和经济绩效是相关的,并且行业发展调节两者的关系,行业越是快速增长,企业对环境绩效的回报越高。他们对 243 家企业的数据进行分析,采用自主开发的环境评价,验证这些假设。结果表明,环境绩效确实对经济绩效有所回报,而且,这种关系随着行业增长而加强。

我国学者在西方学者研究的基础上,根据我国自身的实际发展状况,开创了符合我国国情的企业绩效评价体系理论。温素彬和薛恒新(2005)在《基于科学发展观的企业三重绩效评价模型》中,在先前学者对三重绩效理论的研究基础上,按照科学发展观的要求,把企业绩效体系由最初的单一的经济绩效转变为经济绩效、生态绩效、社会绩效等三重绩效,并且从这三个方面提出了企业绩效评价指标模型,模型包含了静态绩效评价、静态协调度评价、动态协调度评价和综合评价。张建同和朱立龙(2007)从企业社会责任的重要性入手,对企业社会责任进行重新分类,同时对企业绩效进行了重新界定。按照企业履行社会责任对企业绩效的影响程度,企业绩效可以分为经济绩效和社会绩效两个方面,经济绩效是指用企业的财务指标衡量的绩效,包含盈利指标、运营指标和债务指标,企业的经济绩效在企业承担社会责任的初期可能会降低,但是从长远来看,经济绩效还是会提升的;社会绩效是指用非财务指标衡量的绩效,包含企业声誉、顾客满意度、政府和社区的支持等,只要企业履行社会责任,就会提高企业的社会绩效。

朱伟等(2008)则认为企业承担社会责任带来的效益可分为:①非经济效益。企业积极履行社会责任,有利于树立企业的良好形象,增加社会对企业的认同感,形成竞争优势。企业以实际行动证明自己切实遵守国家法律法规,可以增加政府对企业的信任程度,树立企业的良好形象,并有效降低政府的监管力度,进而获得更多生产经营的权利。企业提高产品质量会赢得消费者的信赖与好评,使企业在竞争上占有绝对优势。②经济效益。企业承担社会责任有助于降低其营运成本,创造更加广阔的生存竞争环境,进而提高经济效益。从短期来看,企业履行社会责任,其支出会减少企业的利润。但从长远来看,不仅会带来企业效益,而且会获得社会效益。同时,企业履行社会责任会变相降低企业成本。企业如果能为环境保护增加投入,提高员工工资福利待遇而改善其生活质量,积极纳税,就可以免受社会公众的指责,就能提高企业员工的劳动积极性,从而保证企业进行正常的生产经营活动,在决策和经营上也将具有更大的灵活性和自主性。尽管企业提高产品质量增加了质量成本,但一旦形成品牌,会使价格上升、销量大增,利润自然大幅提高。因此,企业社会责任的长期效益将远大于其所承担社会责任的成本。

江玲(2014)进一步将经济效益和非经济效益细分为五个方面。

(1)由环境治理带来的效益。企业的环境治理成本从短期利益来看给企业的生产经营活动造成了压力,减少了企业的利润。但是企业要想持续经营发展就不能只顾眼前的利益,必须从长远角度出发。从长期来看,企业的环保投入为企业的发展营造了良好的外部环境,在防止周围环境遭受破坏的同时给企业树立了良好形象,在无形中获得企业效益的同时获得了社会效益。

(2)由依法纳税带来的效益。企业投入税收成本,短期来看是企业利润的减少,但积极纳税为企业赢得社会的信任提供了保障,企业因此可以获得税收优惠政策形成的收益和财政补助形成的收益,或者可将企业由于严格履行纳税义务而避免因偷、漏税罚款的损失列作变相收益。从长远角度来看,企业获得的长远收益值远大于企业的税收缴纳成本。相反,如果企业偷税、漏税,短期内减少了税收缴纳成本,税务部门一旦查出企业具有偷税漏税行为,首先企业外部形象受损,其次政府将会加大惩罚力度,企业相关人员甚至会负刑事责任,这样对企业生产经营会形成阻力,其遭受的损失将远远大于税收缴纳成本,更加不利于企业的长远发展。由此可见,税收缴纳成本的支出与收益是有正相关关系的。

(3)由安全生产带来的收益。对不同类型的企业来说,企业的安全成本占总成本的比例是不一样的。对于一些生产危险性较小的企业来说,其投入安全的成本较低。而对于那些生产危险性较大的企业来说,安全成本的投入既是员工生命安全的保证,同时也是保障企业生产经营活动持续正常进行的关键。因此,其对安全系数的要求较高,企业应加大对生产设备更新的投入、对员工安全教育培训的投入等。例如,采矿企业在生产过程中,如果没有投入安全生产成本,其发生危险所带来的风险的概率大大提高,假如员工伤亡,企业需要支付巨额赔偿金,从而造成企业亏损或停产。如果企业投入安全生产成本,则其员工赔偿损失减少会形成收益,事故将大大减少,从而使企业持续经营形成收入,年复一年,企业将获得可观的收益。

(4)由提高产品质量带来的收益。产品质量直接关系消费者的利益。企业只有提高产品质量,才能在同行业激烈的竞争中立于不败之地。企业的产品质量是一个企业能否在市场上生存的关键。例如,企业在生产过程中如果投入质量成本,其生产的质量过硬的产品可以为企业增加更多销售收入;同时,能够为企业带来良好的品牌信誉,使企业获得无形收益;如果企业倒闭,则会使员工面临下岗,给社会带来严重的负面影响,其遭受的损失远大于其所应投入的质量成本。因此,企业加大产品质量成本投入所带来的是长远收益而不是损失。

(5)由投入员工权利保障带来的收益。提高员工薪资和福利待遇,对员工履行社会责任,有利于提高员工对企业的认同感、归属感和敬业度,有利于提高其工作积极性,进而激发其创新能力,形成企业的核心竞争力。企业提高对员工薪资、福利待遇的投入,其支出成本的同时,也获得了员工更高效率的工作回报,促进企业生产质与量的提高,由此将产生收益。改善员工的待遇,能激发他们的创新能力,形成企业的核心竞争力,企业获得了无形收益。相反,企业如果不注重员工薪资、福利待遇的合理支付,容易使员工产生逆反情绪甚至引发抗议事件,不利于企业的长远发展。

二、承担员工社会责任的产出效应研究

B. E. Ashforth 和 F. Mael(1989)提出的社会认同理论认为"人们对自己所属社会范畴的认识可能基于多种因素,如他们工作的企业、他们参加的社团、他们所在的社区等,这些社会范畴内的成员关系都会影响个人的自我概念"。如果员工认同企业的价值观,他们就会改变对工作的态度。S. L. Rynes 和 A. E. Barber(1990)研究认为,企业如果履行社会责任,就可以树立良好的企业形象,进而会吸纳许多高素质的员工,获得竞争优势。

D. B. Turban 和 D. W. Greening(1997)研究认为,企业要想获得持续的竞争优势,最主要的就是应该善用人力资源。企业承担的对员工的主要责任包括:①对员工的生理保护;②向员工支付合理的劳动报酬以及福利保护;③对员工的素质、职业稳定和职业提升的保护。除了上面的几点,企业还应该为员工提供舒适安全的工作环境,建立有效的激励机制等,这样才能提高员工的工作积极性、员工的满意度以及与雇用者建立稳定和更和谐的关系。同时,通过对文献的总结和回顾,他们指出,良好的企业社会绩效不仅有利于员工的士气和企业的凝聚力的提高,而且会提高企业共同应付困难的能力,这样可以避免员工频繁跳槽所带来的困扰,进一步节约费用,如管理费用、招聘费用等,从而提高企业生产效率和增加价值。如果员工的行为与企业的目标趋向一致,那么就更容易度量员工的贡献了,这样员工就会较少出现卸责行为。而卸责行为少了,企业的一些成本就会随之降低。因此,如果企业对员工积极履行社会责任,将会节约很多度量成本,进而使增加价值得到提升。

S. Bridges 和 J. K. Harrison(2003)也认为企业的员工如果认同企业的使命、价值观等的话,自身的工作效率将会提高,进而对企业增加价值的创造有积极的影响。他们的研究表明企业是否履行社会责任会影响企业员工的满意度以及忠诚度。而且,对员工这些责任的履行会影响潜在员工的关注度。根据 Cornell 和 Shapiro(1987)的分析,满足如员工、顾客等关键利益相关者的隐性需求,不仅会提高公司的声誉,而且对企业增加价值的提高有积极的影响。

内部社会资本由信任和共同愿景两个重要因素组成,它存在于企业内部,能够使企业成员之间的信任和合作得到加强,从而使员工的凝聚力得到加强。因此,企业履行内部的社会责任与内部社会资本的累积实际上是一致的,企业只有积极履行这些社会责任,才会得到员工的支持和信任,这种信任就是企业内部社会资本的关键。也有研究表明,在社会责任表现上更为积极的企业就会拥有更好的声誉,从而更有利于吸引优秀的潜在求职者。因此,企业履行社会责任会提高现有员工的忠诚度,并通过企业的声誉、形象以及树立良好的雇主品牌来影响潜在求职者的求职意向,还会提高员工的工作效率,并且会增加内部社会资本,进而提高增加价值。增加价值得到提高又会促使企业去履行新的社会责任,这样就形成一个良性的循环。

2004 年哈德森研究所对美国企业员工进行调查,研究表明,如果员工认为企业富有责任感,那么他们对企业的忠诚度会远远高于认为企业不负责任的员工的忠诚度。员工不仅仅对其自身的利益比较关注,在工作中也会注意自己受到企业的关注程度。

柳冰(2008)通过研究认为福利补贴与工资是对忠诚度影响最大的两个因素,而且员工对企业在其他方面的社会责任表现也有较高的关注程度。张旭等(2011)则采用回归分析的统计方法,证明企业承担环境责任和消费者责任对员工忠诚度的各个维度存在显著性影响。

三、企业社会责任成本与企业效益之间关系的研究

企业社会责任成本与企业效益之间的关系问题是 20 多年来国外研究的热点问题之一,研究观点可归纳为三点:其一,认为对社会负责任的企业其盈利能力更强,企业社会责任与企业效益之间存在正相关关系;其二,认为企业的财务绩效对企业的社会表现起推动作用;其三,认为企业的社会表现、企业效益和声誉三者之间存在相互影响关系,但很难确定哪一种因素影响最大。

从国外研究来看,最早提出关于企业社会责任与企业效益的关系问题的是 Bragdon 和 Marlin(1972),关注该问题的学者试图通过实证研究分析承担社会责任与企业效益的关系,从而从根本上解决企业承担责任的内部动因。国外具代表性的研究有:Preston 等(1997)比较了美国 67 家大企业在 1982—1992 年的社会绩效与财务绩效;Peter A. Stanwick 等(1998)对 115 家企业在 1987—1992 年的情况用多元回归分析方法进行分析;Simpson 和 Kohers(2002)对美国所有的国有银行在 1993—1994 年的企业社会绩效与财务绩效的关系进行了研究,认为两者之间有着积极的关系。也有一些研究发现企业的社会绩效与企业效益之间存在负面的关系或没关系,如 In-

gram 和 Frazier（1983）以及 Jaggi 和 Freedman（1982）的研究。Diah Natal-
isa、Budiarto Subroto（2003）研究发现，企业社会责任水平与企业效益呈负
相关关系。

沈洪涛（2008）的研究对我国上市公司社会责任与财务业绩之间的关系
进行了更为深入的挖掘。他以 1999—2003 年在上海和深圳证券交易所上
市的所有非金融业 A 股公司作为研究样本，设计了利益相关者业绩评价指
标体系，对其企业社会责任与财务业绩的关系，以及这种关系的性质进行了
检验。将统计得出的上市公司相关利益者业绩值作为公司社会责任表现的
变量，对其与通过会计指标和市场收益指标反映的公司财务业绩进行相关
性检验，得出以下结论：①当期公司社会责任与当期财务业绩之间，无论选
用哪种财务业绩指标，均存在显著的正相关关系；②当期公司社会责任与上
一期各种财务业绩指标之间同样都呈现正相关关系，但与销售增长率以及
市场收益指标之间的正相关关系不显著；③当期公司财务业绩与前一期至
前三期的社会责任之间的关系因财务业绩指标不同而出现不同的结果。用
会计指标衡量的公司财务业绩与前期公司社会责任之间或者出现负相关关
系，或者即使有正相关关系，也不显著，但是用市场收益指标表示公司财务
业绩时，无论是总收益率还是风险收益率都与前期公司社会责任之间存在
显著的正相关关系。

周奇志和邵飞（2008）认为，各种经济活动都会发生成本收益问题，这既
反映于内部活动又反映于外部活动，而效果也同样包含企业内部效果和对
整个社会的外部效果。内部效果，可以很容易地想到即为由企业直接承担
的成本或获取的收益，而外部效果则是由于企业成本（或收益）与整个社会
成本（或收益）之间出现的差距而产生的。环境影响便是经济活动的外部影
响。环境污染和资源破坏会给社会带来直接的或间接的经济损失，而防治
这些污染和破坏还需要企业承担资金、人员等成本。所以对环境问题的成
本效益分析不能只考虑企业局部利益，更应该从社会的全局观点来计量。
社会影响，则要衡量社会责任成本是否能够获得收益补偿，若有，则承担；反
之，则拒绝。对于生存在社会环境中的企业而言，社会责任的边界异常重
要，既不能选择完全逃避，也不能大包大揽，要理性地认识社会责任，承担企
业公民应尽的义务。

荣桂范等（2011）认为，承担社会责任是企业持续发展的一个长期战略。
从客观角度看，企业承担社会责任是其发展的需要，因为企业的发展不是孤
立的，它与社会各界有着错综复杂的联系，它需要员工、供应商、销售商、社

区以及政府的支持,也就是说,企业发展的资源是社会给予的,企业也有义务回报社会。当然,承担社会责任,企业会付出一定的短期成本,但从长期看,企业通过向社会证明自身的社会责任感,证明自己能够在经营活动中把公共利益和社会整体利益放在重要的位置,从而为企业带来社会公众的认同,树立了自己的品牌。好的企业声誉带来高的财务绩效,从而促使企业走上良性循环的发展道路。

四、企业承担社会责任的成本与收益补偿的关系研究

成本与利润的权衡是企业生存最基本的技能,企业社会责任行为不应该是也不可能是无私的。企业社会责任的重要性从属于企业经济行为,企业社会责任行为的发生应对企业经营具有反哺功能,也就是说,从企业利益最大化的角度来看,企业社会责任行为发生所产生的收益要能够补偿企业社会责任所支出的成本。若无法实现这一目标,企业最终将无法将社会责任继续履行下去,履行社会责任所产生的成本将会转移到利益相关者身上,通过对利益相关者的利益侵害,最终将这种不良反应传导到企业本身,形成恶性循环。不少学者对企业履行社会责任所发生的成本费用能否从社会责任的收益中得到补偿的问题进行了研究。

刘世玉(2009)认为,企业必须履行的社会责任来自于企业自身所产生的社会影响,"管理当局必须要对其所在的组织所造成的社会影响负责,这属于管理当局必须处理的事务"。这个道理非常容易理解,就如每个有行为能力的个人都必须为自己的行为负责一样,企业也如此。如果企业忽视自己所造成的恶劣的社会影响,就会使"小事情"演变成"大危机",进而威胁企业的生存。同时,企业为了继续生存,承担为社会提供某种特定产品或服务的责任,需要保持最低利润率,用来弥补风险以及承担未来责任。所以,企业唯一可以进行的决策就是对造成社会影响的项目进行评估,再履行社会责任,即加入了处理该项目产生社会影响的成本后,这个项目是否能够保证企业的最低利润率,企业所需做出的决策是继续该项目还是立即停止。

企业必须对造成的影响承担全部责任,但是"在那些不是由企业造成的影响所产生的社会责任领域,其行动的权利和义务却要受到其能力的限制"。一方面,承担社会责任需要消耗成本,这些消耗可能会威胁企业自身的生存和发展,即妨碍企业为社会提供特定产品或服务的首要责任的履行,所以需要慎重考虑;另一方面,承担超出自身义务的责任可能会带来更多的职权,这些职权可能使企业沦为社会批评的对象,即对某一地区或行业实施

"干预或统治",这也将损害企业的长期发展,因而同样需要深思熟虑。当然,这并不是说企业不能承担其造成的后果以外的社会责任,而是需要考虑企业自身的能力,即衡量承担这些责任是否会损害企业自身的生存和发展。

陈煦江(2010)分析认为,企业社会责任成本的合理支出与高效补偿需要各利益相关者协同采取措施,包括:政府应加速企业社会责任成本的核算、披露、激励与监督的法制化进程;各行业应探索并实施与本行业特点相适应的企业社会责任认证和评价体系;公众传媒应加强对企业社会责任行为的正确引导和舆论监督;企业应将社会责任成本纳入其整体战略发展框架,并采用编报企业社会责任报告等方式向利益相关者提供企业社会责任成本的支出与补偿等信息。

崔清泉、丁日佳、桑红莉(2012)等认为可以根据企业自身特征,尝试采用以下三种补偿模式:

(1)自主补偿模式。采用这种补偿模式的企业是自身经济基础雄厚、整体综合素质较高、具有强烈社会责任感的企业。自主补偿模式背景下企业的社会责任成本支出是企业的一种自愿经济行为,不具有外部驱动力的干扰,企业的良性行为或许出于提升企业内外部形象,吸引社会各界对其存在和经营活动关注的需要,或者其经营管理者完全出于报答社会的动机,抑或预期企业履行社会责任会带来超支出的收益。

(2)以企业为主体、其他利益相关者辅助的补偿模式。企业出于自身经济实力和发展战略的考虑,在履行社会责任之前,与其他利益相关者(政府、员工或其他企业等)签订合同,明确各自的责任与权利,那么事后其社会责任成本的补偿在企业消化一部分后,其剩余部分就由利益相关者承担,采用这种补偿模式所有的成本都会足额得到回收,同时也减轻了包括主体企业在内的各利益相关者的经济压力。

(3)政府独立补偿模式。该种模式只适用于两种情况。一种是对国计民生有重大影响或政府集中垄断的企业;另一种是发生重大自然灾害、战争和重大突发事件时参与救援的企业。这时所发生的社会责任成本支出由政府全额承担,企业只提供人力、设备和技术手段,集中接受政府的协调和调遣,其成本费用支出基本上由政府独立承担。

综上所述,通过对企业社会责任的发展历史以及国内外的研究总结,我们发现,学者们对企业社会责任的研究为企业承担社会责任的实践,以及分析企业社会责任成本与企业效益之间的关系提供了很好的理论支持和思想指导。但是值得注意的是,大多数学者从定性的角度进行研究,而定量研究的对象也多局限于上市公司等容易获得数据的企业。本书认为,中小企业吸纳了我国大量劳动力,研究它们履行社会责任的状况,分析《劳动合同法》等对它们带来的影响,具有十分重要的现实意义和学术价值。

第二章　浙江省中小企业的发展

　　浙江省是中小企业大省,规模以上中小工业企业占全部规模以上工业企业的98.50％。因此,中小企业的发展直接关系浙江省经济社会的发展。近几年,国际经济形势复杂多变,国内经济从高速增长阶段转入了中高速增长阶段,浙江省经济也随之进入了中高速发展的"新常态"。作为浙江省经济发展的"主力军",中小企业需要应势而变,迅速顺应经济发展外部环境和内部条件的趋势性变化。本章主要分析了浙江省中小企业发展的国际、国内环境,从中小企业规模分布、行业分布、地区分布,中小企业的经营状况和存在的问题等几个方面,来分析浙江省中小企业整体的发展变化态势。

第一节　浙江省中小企业发展背景

　　这些年,我国中小企业普遍面临国际竞争力不足和转型升级的压力。绝大多数浙江省中小企业更是长期面临欧美等主要出口市场外需不足、企业产能相对过剩、成本上升、土地等资源约束增强等严峻挑战。

一、国际背景

　　自2008年到2013年年底,各国政府为了防止本国经济遭受冲击、陷入衰退,采取了一系列刺激措施,全球产业结构进入了深度调整期。世界经济复苏缓慢、全球工业生产持续下滑、金融市场快速紧缩、世界贸易形势逐步恶化,这些既给以出口为导向的浙江省中小企业造成了不小的经济增长压力,也带来了新的发展机遇。

(一)世界经济复苏缓慢制约外需市场

浙江省中小企业的快速发展,既得益于改革,也得益于经济全球化的扩散效应。过去发达国家的产业、投资转移和消费升级,给浙江省中小企业的发展提供了巨大空间。而这一进程被2008年的国际金融危机所打断,加上这一轮经济全球化扩散效益减弱,世界经济已由危机前20年的平均5%左右的增长,下滑到2008年不到3%的增长。在国际金融危机背景下,各国政府为了避免本国经济的快速恶化,普遍采取了凯恩斯主义的财政支出方案,实现了2010年世界经济5.1%的高速增长。但过度的财政支出引发的政府债务危机和尚未实现稳定的全球金融市场,不同程度地抑制了发达经济体消费与市场需求的恢复,造成了新兴经济体投资与出口的困境,导致世界经济的持续下滑。2011年至2013年世界经济分别增长3.9%、3.2%和3.0%。

作为全球增长的重要动力,发达经济体在金融危机中受到严重冲击,内部金融结构尚未有效改善,经济增长速度不断回落。尽管金融危机时美国采取了大规模金融救助计划,阻止了金融系统的全面崩溃,实现了经济的快速恢复,并在2010年达到超过危机前2.4%的较高增长水平,但是金融市场和房地产市场崩溃遗留的隐患仍旧拖累着美国经济。在欧洲,随着欧元区金融压力的增加,欧洲多数经济体正在陷入衰退。由欧洲债务危机引起的财政紧缩打击了投资者的信心,导致内需疲软、失业增加、赤字扩大,不仅无法实现财政刺激经济增长的目标,而且也难以进行长期的经济结构调整。

2013年,全球经济尚未在金融危机影响下恢复,增长缓慢。作为世界主要消费市场的美国,经济复苏进程反复,欧洲主权债务危机尚未完全消除,欧美各国的财政紧缩政策导致总需求受到抑制,新兴市场尚未成熟,极大地制约了全球市场的增长空间,全球贸易持续低迷。据世界贸易组织(WTO)统计,2013年世界货物贸易量增长3.3%,低于过去20年5.3%的平均水平。其中,发达经济体出口和进口均增长1.4%,发展中国家出口增长5.3%,进口增长5.9%。

以美国为例,虽然近年来在开发页岩气、制造业回归等一系列战略下经济有所回升,但美国财政悬崖问题一直没有得到根本解决。2013年10月1日,美国历史上第三次因为政府债务上限问题而导致政府"关门",据估测,每次政府"关门"都将导致美国经济增长率0.1%~0.3%的损失。每次债务上限提高都将演化成新一轮民主党和共和党的政治争斗。对于通过减少开支还是通过加税来平衡公共财政的问题,两党观点难以达成一致,导致美国国债评级存在下调的可能,由此随时可能引起新一轮的经济波动。2013 年,影响世界经济增长的众多因素中,欧元区经济复苏乏力是最大的风险因素。继意大利、希腊之后,西班牙等国也面临爆发主权债务危机的风险,同时,英国持续威胁退出欧盟,也为欧债危机的解决投下了阴影。欧债危机严重影响了全球资本市场的稳定,使得中国企业海外投资面临较高风险。

同时,发达国家日益严重的贸易保护主义以及来自新兴市场国家的竞争冲击抑制了我国的传统出口优势,中小企业出口面临国际市场收缩的严峻局面。全球四大会计师事务所之一的安永会计师事务所董事长兼首席执行官詹姆斯·特利认为,2013 年开始,多种形式的"保护主义"就有抬头的迹象,而且存在爆发"贸易战""监管战""货币战"的可能,这些风险给我国中小企业实施"走出去"战略增加了变数。

(二)人民币持续升值冲击中小企业出口

人民币持续升值,对中小企业出口造成了冲击。浙江省的中小企业大多从事出口贸易,而且主要以劳动密集型产业为主,这类企业生产的产品技术含量不高,利润较低。它们主要依靠其低廉的价格在全球贸易中占据优势,而人民币的持续升值直接削弱了这类企业的价格优势,使得中小企业在国际竞争中慢慢失去价格优势,技术薄弱的劣势慢慢体现,国际竞争力不断下降。

尤其是 2012 年 8 月至 2013 年年底人民币的升值速度出乎市场预料,也让众多出口型企业措手不及。2012 年 10 月 15 日,人民币对美元即期汇率再度创下自 1993 年来的新高,首度升破 6.26,盘中最高触及 6.2580,收盘报 6.2707。引人关注的是,受即期汇率带动,中间价也一改此前小幅波动的走势,加速上涨。

2013 年 12 月 31 日人民币兑美元中间价报 6.0969,大涨 55 个基点,升破 30 日高点 6.1024。至此,人民币汇率中间价已经连续三个交易日刷新汇改新高,2013 年全年累计 41 次创新高。在我国财政赤字已经扩大、货币政策调整空间有限等不利的国内经济条件下,人民币升值会严重制约中国出口增长,对于中小企业尤其是外向型、劳动密集型中小企业的发展无疑影响巨大。

2013 年上半年,中国外贸数据表现一直较为低迷,6 月当月甚至一度出现了进出口"双降"的情况。进入第四季度,由于发达国家经济形势好转,节日订单需求增加,促进外贸政策显效,出口回升态势明显,其中 2013 年 11 月份出口增长 12.7%,单月出口值创历史新高。据海关统计,2013 年,我国进出口总值 25.83 万亿元人民币(折合 4.16 万亿美元),扣除汇率因素同比(下同)增长 7.6%,比 2012 年提高 1.4 个百分点,年度进出口总值首次突破 4 万亿美元。其中出口 13.72 万亿元人民币(折合 2.21 万亿美元),增长 7.9%;进口 12.11 万亿元人民币(折合 1.95 万亿美元),增长 7.3%;贸易顺差 1.61 万亿元人民币(折合 2597.5 亿美元),扩大 12.8%。

其中 2013 年 12 月,我国进出口总值再创历史新高。当月进出口 2.39 万亿元人民币(折合 3898.4 亿美元),增长 6.2%。出口 1.27 万亿元人民币(折合 2077.4 亿美元),增长 4.3%;进口 1.12 万亿元人民币(折合 1821 亿美元),增长 8.3%;贸易顺差 1572.7 亿元人民币(折合 256.4 亿美元),缩减 17.4%。

2013 年,我国货物贸易进出口规模逐季环比增加,进出口同比增速在二季度探底,下半年呈现反弹态势。1—4 季度,我国进出口值分别为 9753.8 亿美元、1.02 万亿美元、1.06 万亿美元和 1.1 万亿美元,同比增速分别为 13.5%、4.3%、6% 和 7.3%。

(三)美、欧、日量化宽松政策加大国内通胀压力

为了走出国际金融危机泥沼,刺激本国经济,美国、欧洲、日本等世界主要经济体纷纷推出宽松的货币政策,2013 年各国基本延续了这一政策脉络。在英国央行一直实行低利率和量化宽松的扩张性货币政策刺激下,2013 年第一季度,英国经济实现 GDP 0.3% 的正增长,第二季度增长 0.7%,第四季度增长 2.8%,这也意味着英国 2013 年 GDP 增长 1.9%,创自 2009 年以来的新高。虽然英国经济各项指标已经出现好转,但英国央行依然维持了宽松的货币政策。

同样,继 QE1、QE2 之后,2013 年,美国延续了 2011 年 9 月推出的 QE3 量化宽松政策。2013 年 9 月,美联储的货币政策会议并没有按照此前所宣称的采取措施逐步退出宽松的货币政策,而是继续维持目标利率 0% 到 0.25% 不变,以及每个月购买 850 亿美元债券的资产采购项目的宽松政策。这种超出各界预期的决策行为,反映了美国政府对未来经济前景的不确定情况下,对于退出量化宽松政策的犹豫不决。虽然 12 月美联储宣布于 2014 年 1 月开始每月削减 100 亿美元的 QE 额度,但有限的削减幅度也反映出其

谨慎的态度。相对于美国推出宽松政策的犹豫态度,日本政府则坚定不移地继续实施其货币宽松政策。从 2000 年到 2006 年,日本央行就已经开创了世界第一个使用非常货币政策(量化宽松)刺激经济的先例,2010 年 10 月开始,日本央行又开始实施新的综合性量化宽松货币政策。到 2011 年,基于国内地震海啸、福岛核泄漏事故以及国际欧债危机的冲击,日本政府更加倚重量化宽松政策,推行所谓的"安倍经济学",从 2013 年 4 月开始采取更加激进的货币政策,宽松货币政策进入一个数量和质量并重的时期。

2013 年,世界各主要经济体的宽松货币政策为中国经济带来了重要影响。首先是全球流动性泛滥,为中国带来输入性通货膨胀压力。对于资源进口大国的中国来说经营成本不断被推高。其次是逼迫人民币升值,冲击中小企业出口。人民币对美元和日元持续升值使得出口企业步履维艰。最后,国外"热钱"持续流入,加大了国内金融体系的压力。据相关部门测算,美国量化宽松政策带来的货币增量约有三分之一流进了中国,大幅推高了国内资产价格,使得国内资产面临巨大的泡沫压力,给中国经济的稳定性带来了挑战。

(四)大宗商品价格震荡考验企业生产成本控制能力

2013 年,世界主要经济体的量化宽松政策,导致全球流动性泛滥,由于这些国家的货币均为国际货币,伴随流动性泛滥的是以国际货币计价的国际大宗商品价格持续处于高位,拉高了国内企业的经营成本。虽然 2011 年以来,国际大宗商品市场开始了去泡沫化进程,但是表现方式是价格缓慢回落,2013 年依然处于震荡的状态。从具体品种看,粮食、油脂油料、棉花、食糖、天然橡胶、有色金属、铁矿石和贵金属价格均出现了不同程度的下降。其中,小麦、玉米、豆油、镍、黄金、白银 2013 年 12 月价格同比降幅均超过 20%,大豆、原糖、天然橡胶、铜、铝价格同比降幅也在 10% 左右。此外,在大宗商品价格体系中居于重要地位的原油价格,2013 年价格基本保持稳定,伦敦原油和纽约原油期货价格走势相反,前者小幅下降 2.7%,后者小幅上涨 2.5%,成品油价格平稳波动。

从 2009 年经济复苏以来的大宗商品价格变化趋势来看,2011 年 4 月大宗商品价格水平升至经济复苏以来的最高位,为阶段性的价格拐点。从 2011 年 5 月到 2013 年年底,在石油、有色金属、粮食价格大幅下降的影响下,大宗商品价格整体水平震荡走低。2013 年下半年,大宗商品价格持续低位波动,虽然缺乏明显的价格拐点特征,不过从时间周期来看,这轮下降已经持续了 32 个月,已经超过上涨周期的时间,预示着近期可能会出现价格拐点。总体来看,2013 年下半年大宗商品价格低位波动态势明显,其中现货价格小幅走高,可能预示着新一轮的价格上涨。未来美国货币政策继续宽松与随着经济回升美元走强两种力量继续角力的结果将会最终决定大宗商品的价格走势。

(五)国际政治不稳定因素犹存,风险不可忽视

2013 年,全球经济低迷的同时,国际政治冲突风险因素同样不可忽视。朝韩摩擦、叙利亚战争、日本右翼化加速等不稳定因素依然存在。美国继续实施"重返亚太"战略,印度民族主义抬头,南海和东海岛屿争端等均对我国营造稳定的外部环境造成了挑战。为了转移国内的矛盾,西方国家继续在全球推行干涉主义,继利比亚战争之后,美欧又对叙利亚举起干预大棒,更加强化了全球不稳定性。以美国为首的西方势力不仅采用军事力量输出影响,还存在发动更猛烈的经济金融战争的可能,通过向全球输出通胀转移风险、施压人民币单边升值冲击中国外贸等经济手段来实现政治目标。国际局势不稳定因素的存在,干扰了国际资源市场和国际投资的稳定性,使得经济交往风险加大,刚刚开始"走出去"的中小企业面临更多变数。

(六)世界贸易格局进一步分化

近年来,世界主要经济体的贸易情况出现显著分化。在商品出口方面,美国、欧盟、亚洲发展中国家在刺激政策的作用下出口增长较快,而日本受政治因素影响,出口形势急剧恶化。在商品进口方面,亚洲发展中国家增长强劲,继续保持领先;美国在 2012 年第三季度开始逐步减弱;作为世界主要进口市场,欧盟进口持续疲软。这不仅打乱了传统的世界贸易格局,还由此引起了相关贸易伙伴进出口形势与贸易条件的变化。

在全球贸易环境恶化的背景下,各国贸易政策随之发生了重大调整。在短期增长压力与财政约束的影响下,发达经济体的政策组合往往倾向于冒险,维护本国利益的贸易保护主义政策不断出台。而发展中国家则加快内部转型,尽力摆脱对外部需求的依赖。正是这种经济国家主义政策严重打击了现存的多边贸易体系,贸易在全球经济增长中发挥的引擎作用受到威胁。

二、国内背景

改革的进一步深化、经济的转型发展是当前国内宏观经济发展的大势。以提高经济增长质量、效益及优化结构为目标的发展模式,正在深深影响着

我国中小企业的发展。

（一）经济增长进入"中高速"阶段

在复杂的国内外因素影响下,中国经济面临着中长期经济增长下滑的压力,告别了以往多年 10% 以上的增长率,增长速度处于 7%～8%。承接 2012 年增速下滑的趋势,2013 年上半年,宏观经济继续维持在缓慢下降状态中,上半年 GDP 增长率为 7.5%。但随着中央政府出台的一系列稳增长举措逐渐显效以及调结构取得初步成效,2013 年全年 GDP 增长率为 7.7%,成功完成宏观调控提出的预期目标。

从具体经济数据来看,国家统计局 2013 年 8 月发布的数据显示,8 月份,工业生产者出厂价格环比由降转升,环比涨幅 0.1%,自 2013 年 4 月至 8 月首次出现同比上涨。工业生产者购进价格环比也出现自 2013 年 3 月至 8 月的首次上涨,涨幅为 0.1%。数据的变化显示中国经济开始企稳。2013 年 9 月份,这一企稳趋势得到进一步确认。汇丰公布的数据显示,2013 年 9 月汇丰制造业 PMI(Purchasing Managers' Index,采购经理指数),初值为 51.2,这是该指数自 8 月重返扩张区间(终值为 50.1)后,再度大幅回升,并创下 2013 年 4 月至 9 月 6 个月新高。最新数据显示,经济增长动能进一步稳固。经济稳中有升有助于改革的深化及推进,从而促进经济的可持续发展。汇丰 PMI 连续两个月回升,而分项指数中各项主要指标也纷纷走高,新订单指数创下 2013 年 4 月至 9 月 6 个月的高点,产出指数为 2013 年 5 月至 9 月 5 个月的高点,新出口订单指数 2013 年 4 月至 9 月 6 个月来首次回到扩张区间,采购库存指数 2013 年 9 月也首次回到荣枯线以上。作为经济先行指标,PMI 持续反弹表明经济企稳回升势头明显,而 2013 年 7 月、8 月投资、出口、消费和工业生产增速等宏观数据纷纷回暖也进一步印证了经济增长正在企稳。但需要注意的是,虽然三季度开始经济有企稳的趋势,但中国经济转型是一个艰巨曲折的长期过程,未来若干年内,经济将保持 8% 以下的适度增长速度范围内。

从世界各国经济发展的进程看,一个国家很难永远保持高速增长。第二次世界大战后的日本和联邦德国,分别创造了"日本经济奇迹"和"联邦德国经济奇迹",但也只保持了 20 年左右的高速增长,此后则出现了较大幅度的滑坡。从改革开放以来到 2013 年年底,中国经济保持年均近 10% 的高速增长已超过了 30 年,被誉为"中国经济奇迹"。然而,要长期保持两位数的高增长是比较困难的。

首先,经济由高速增长转换为中高速增长,是合乎规律的现象。根据国务院发展研究中心(以下简称"国研中心")研究成果,当一个国家或地区的人均 GDP 达到 11000 国际元(用麦蒂森方法计算的购买力评价指标)时,无一例外地将出现增长速度的回落,降幅是 30%～40%。当一个国家或地区的人均收入达到世界中等水平后,由于不能顺利实现经济发展方式的转变,导致新的增长动力不足,最终出现经济停滞和徘徊,即所谓的"中等收入陷阱"效应。据国研中心专家研究,自 20 世纪 60 年代到 2013 年,先后有 110个国家进入中等收入行列,但只有 13 个经济体成功跨越"中等收入陷阱",而拉丁美洲和东南亚地区一些国家则陷入了"中等收入陷阱"。这说明跨越"中等收入陷阱"不是一件很容易的事。

2014 年年初,我国经济正处在这两个节点上。一方面,经过 35 年的高速发展,中国的工业化、城市化、市场化、国际化发展的初始阶段任务已经完成,成为全球第二大经济体、第一大贸易体、第一大制造业国和第一大外汇储备国。2013 年,中国人均 GDP 折合 6920 美元,已达到 1 万国际元左右,经济增长已进入由高速增长转换为中高速增长的阶段。与此同时,中国的人均 GDP水平也已进入中上等收入国家行列,面临跨越"中等收入陷阱"的挑战和经济转型与再平衡的阶段转换。由此,中国经济发展由过去的高速增长转入中高速增长,着手解决经济转型和再平衡问题,是一个合乎规律的现象。

(二)全面深化改革进入攻坚阶段

30 多年来,我国改革开放由浅入深、由易到难、逐步深化,破解了许多影响和制约发展的难题,但也积累了诸多深层次的矛盾和问题。现在改革已进入深水区和攻坚阶段,面临的都是些难啃的"硬骨头"。与以往相比,现在改革面临的全面性、深刻性、复杂性、艰巨性前所未有。

从经济领域看,企业产能过剩,转型升级的压力十分巨大。2008 年,为应对国际金融危机冲击,我国出台了"出手快、出拳重"的一揽子刺激政策,即国家投入 4 万亿元短期刺激投资,加上各省(区、市)配套的约 18 万亿元,总计超过 20 万亿元投资。这虽属不得已而为之,一时阻止了经济下滑,但也干扰了市场的自发调节,延滞了经济结构调整。尤其是过去在经济发展中实行的"高投入、高增长、高消耗、高排放、低效益"的粗放型发展方式,虽说与发展阶段有关,难以完全避免,但终究是无法长期持续的。多年来形成的严重产能过剩,已成为工业经济之"癌"。这不仅体现在钢铁、水泥、电解铝、平板玻璃、煤化工、造船等传统产业,即使在部分新兴产业如多晶硅、风电设备、新材料等也出现了产能过剩,个别行业甚至出现了绝对量和长期性的过剩。据有关资料显示,2013 年我国粗钢年产能 9.7 亿吨,加上在建的 1.5 亿吨,年产总量超过 11 亿吨,而市场年需求仅 8 亿吨左右;其中仅河北就拥有 2 亿多吨钢铁年产能,超过欧洲。水泥年产能超过 30 亿吨,需求量每年大致在 22 亿吨左右。

造成产能过剩的原因很多,有长期投资积累的因素,有我国进入重化工业阶段需求拉动的因素,有内外需市场急剧变化的因素,有产业导向和政策刺激的因素。当前我国结构调整的痛点主要是在存量上,也就是如何大量压缩淘汰严重的产能过剩,同时还要防止新建项目形成新的产能过剩。2014 年,正是深化改革,努力化解风险的关键时期。

首先是化解地方债务的风险。据审计署公布的数据,截至 2013 年 6 月,全国政府性债务总额 20.7 万亿元,考虑或有债务后,全国政府性债务高达 30.28 万亿元,其中地方性债务 17.9 万亿元。2012 年年底,全国政府性债务与当年 GDP(518942 亿元)的比率,即总负债率为 58.35%,虽低于欧盟成员国签订《马斯特里赫特条约》时使用的 60% 的负债率控制标准参考值,但审计结果也揭示,截至 2012 年年底,有 3 个省级、99 个市级、195 个县级、3465 个乡镇级政府的债务率高于 100%。这就必须引起高度重视,防止出现区域性地方债务风险。

其次是化解金融风险。全国银行业监管会议强调,2014 年监管工作的一个重点是切实防范和化解金融风险隐患,其中特别强调要严控房地产贷款风险,防化产能过剩风险。截至 2013 年年底,我国不少商业银行的贷款主要集中于房地产贷款和基础设施贷款两方面,甚至有的实体企业也大量贷款投资房地产,一些房地产贷款悄然转化为房地产衍生贷款。2013 年,随着严厉的房地产政策持续发酵和供需关系变化,房地产市场正在发生分化,一些无人居住的"鬼城"和无产业支撑的房地产必然难以为继,其隐匿的贷款风险亟待防范和化解。

最后是化解"影子银行"的风险。据央行网站数据,2002—2012 年,国内社会融资由 2 万亿元增至 15.76 万亿元,而银行信贷占同期社会融资规模比例却由 91.9% 降至 58%。2013 年,信贷在社会融资规模中的占比大幅下降,其背后是银行理财产品的崛起,包括互联网金融的崛起,资金急剧地向银行以外的平台运动,如果监管不力,也会酿成系统性风险。

(三)社会问题进入显性化阶段

经过 30 多年的高速发展,国内贫富差距不断加剧。从反映贫富差距的基尼系数看,2003—2013 年,我国基尼系数始终保持在 0.47 以上,达到了联合国有关组织表示收入差距较大的 0.4～0.5 的警戒线。而实际上,我们面临的不仅是分配不公导致的两极分化问题,还有腐败、特权、垄断等引发的问题,社会诚信缺失问题,安全生产事故频发问题,食品药品安全问题,资源环境恶化问题,自然灾害频发问题,反恐问题,以及社会治理体系不完善和治理能力不强问题等。

环境污染问题已经引起全社会的高度关注。2013 年,"雾霾"成为中国环境污染的关键词。雾霾也不再是北方独有的现象,已蔓延到全国。2013 年 1 月,全国有 4 次雾霾笼罩 30 个省(区、市);入冬以后,雾霾天气持续笼罩着中东部 10 余个省份;到年底,上海、南京、杭州等长三角地区成为雾霾最严重地区,上海多地 PM 2.5 数据多次超过 500。此外,广东甚至海南三亚地区也同样遭遇雾霾侵袭。动辄袭击大半个中国的雾霾已带有环境危机的特征。有报告显示,中国最大的 500 个城市中,只有不到 1‰的城市达到世界卫生组织推荐的空气质量标准,与此同时,世界上污染最严重的 10 个城市有 7 个在中国。

同样,水污染、土壤污染问题也累积性地爆发出来,呈现出点源污染与面源污染并存,生活污染与工业污染叠加,土壤污染与水污染、大气污染交互的现象,情况十分复杂,形势相当严峻。群众呼唤环保局局长下河游泳事件、湖南镉大米事件、上海黄浦江死猪事件等,都反映了环境治理的紧迫性。

目前我国面临的贫富差距扩大、严重的环境污染等问题,是长期注重经济效益而忽视社会效益,实行粗放的生产方式和生活方式所造成的。当前中国社会,各种思想文化相互激荡,各种矛盾相互交织,各种诉求相互碰撞,各种力量竞相发声。要从根本上解决这些问题,当然还是要靠发展、靠改革,但必须按照科学发展观和构建和谐社会的目标,切实转变发展理念、发展思路、发展路径和发展模式,而不能再一味追求过高的增长速度和总量扩张。

(四)宏观经济政策基本保持稳定

2013 年,宏观政策总体保持稳定,基本维持了积极的财政政策和稳健的货币政策。2013 年 3 月的政府工作报告中,就为当年的宏观政策定了基调:"继续实施积极的财政政策和稳健的货币政策,保持政策连续性和稳定性,增强前瞻性、针对性和灵活性。继续实施积极的财政政策,更好地发挥积极财政政策在稳增长、调结构、促改革、惠民生中的作用。继续实施稳健的货币政策,把握好促进经济增长、稳定物价和防范金融风险之间的平衡。"2013

年年中,面对经济下滑趋势,中央采取了"保增长"措施,财政政策适时微调,一方面加大了税负减免的力度,尤其是小微企业减负,另一方面加强了对重点领域投资的支持。

货币政策方面,2013 年 3 月,中国政府工作报告把 2013 年 M_2 的增速预定为 13%,面对全球性量化宽松的压力,央行保持了相对稳健但适度灵活的货币政策。为了支持经济结构转型,7 月 5 日,国务院办公厅发布了支持经济转型升级的金融"国十条"。其中,明确提到"继续执行稳健的货币政策,合理保持货币信贷总量"。另外,还强调要"盘活存量资金,用好增量资金,加快资金周转速度,提高资金使用效率"。9 月 29 日,央行发布货币政策委员会 2013 年第三季度例会内容,称在继续实施稳健的货币政策的同时,着力增强政策的针对性、协调性,适时适度进行预调微调。

（五）工业增长放缓但效益趋于稳定

近年来,工业生产增长缓慢,工业经济回升力度不足。从 2012 年年初到 2013 年年末,工业增加值增速一直处于下降通道中,虽然 2013 年三季度有企稳迹象,但还有待进一步观察。2013 年上半年,轻重工业处于双双回落状态,工业投资和民间投资也处于下降状态,工业增长动力不足。上半年,工业投资 7.66 万亿元,同比增长 16.2%(低于固定资产投资增速 3.9 个百分点),增速同比回落 7.6 个百分点,比一季度回落 1 个百分点。民间工业投资也出现明显回落,2011 年始终保持在 30% 左右的高位,2013 年 1—5 月已回落至 21.2%。制造业投资和民间投资低迷的状况反映出当时经济内生增长乏力。

工业效益趋于稳定。2013 年 1—5 月数据显示,规模以上工业企业实现净利润 2.08 亿元,同比增长 12.3%,增速较一季度增长 0.2 个百分点,较年初则回落 4.9 个百分点。规模以上工业企业主营业务利润率为 5.4%,略高于上年同期;企业亏损面 17.0%,与 2012 年持平。综合来看,年初以来的下滑趋势得以扭转,有望步入平稳增长期。

综合来看,2013 年,我国经济运行虽然基本保持平稳,但在外部市场收缩、内需增长缓慢的背景下,中小企业面临着前所未有的增长压力。全国范围内,11 月社会消费品零售总额同比增长 13.0%(累计同比),同比增速明显下滑。2013 年,中型企业与小型企业景气指数整体呈下降趋势。12 月,中国制造业 PMI 为 51.0%,比 11 月回落 0.4 个百分点,高于全年均值 0.2 个百分点,连续 15 个月位于临界点以上。从企业规模看,大型企业 PMI 为 52.0%,比 11 月回落 0.4 个百分点,继续位于临界点以上,保持在景气区间;中型企业 PMI 为

49.9%,比 11 月下降 0.3 个百分点,降至临界点以下;小型企业 PMI 为 47.7%,比 11 月下降 0.6 个百分点,仍位于临界点以下。2013 年中型企业与小型企业 PMI 指数长期低于临界点,凸显中小企业经营的处境不容过分乐观。小型企业面临的情况要比中型企业更为严峻,2013 年 11 月,中国人民银行发布的中型和小型企业的景气指数以及汇丰制造业中型和小型企业 PMI 显示,小型企业指标均低于中型企业,小型企业的严峻处境更值得关注。

第二节　浙江省中小企业规模及分布状况

2011 年起,由于国家统计局将规模以上企业统计标准从年营业收入 500 万元提高到 2000 万元作为统计的起点,使得浙江省规模以上中小企业的数量在 2011 年减少到 33719 家。2012 年浙江省规模以上中小企业数量同比略有上升,但增速较低。根据浙江省统计局的统计,2013 年全省规模以上中小企业为 38960 家。作为外向型经济发展大省,中小外贸企业是浙江省出口创汇的主力军。据统计显示,2012 年浙江省规模以上中小企业出口交货值为 8099.87 亿元,占全省规模以上企业出口交货值的 72.17%。

一、行业及地区分布

（一）行业分布状况

根据浙江省统计局常规统计涉及的 38 个行业类别分类,全省规模以上中小企业主要分布在三个大类行业中。

（1）制造业。全省大多数规模以上中小企业都分布在制造业的 31 个行业类别中。作为支柱产业的制造业,2013 年共有规模以上中小企业 38348 家,占全省规模以上中小企业的 98.43%。中小企业数量排名前 10 位的行业类别及其占比分别是:纺织企业共有 4913 家,占全省规模以上中小企业的 12.61%,占规模以上中小制造业企业①的 12.81%;电气机械及器械制造企业 3739 家,占全省规模以上中小企业的 9.60%,占规模以上中小制造业企业的 9.75%;通用机械制造企业 3738 家,占全省规模以上中小企业的 9.59%,占规模以上中小制造业企业的 9.75%;纺织服装和服饰企业 2516 家,占全省规模

---

① 因统计指标要求,统计数据汇总时,制造业企业一般都采用工业企业的说法,因此这部分内容所说的制造业企业即指本书其他部分内容所说的工业企业。

以上中小企业的6.46%,占规模以上中小制造业企业的6.56%;金属制造企业2346家,占全省规模以上中小企业的6.02%,占规模以上中小制造业企业的6.12%;橡胶和塑料制品企业2315家,占全省规模以上中小企业的5.94%,占规模以上中小制造业企业的6.04%;皮革、皮毛、羽毛及其制品和制鞋企业1755家,占全省规模以上中小企业的4.50%,占规模以上中小制造业企业的4.58%;化学原料及化学制品制造企业1603家,占全省规模以上中小企业的4.11%,占规模以上中小制造业企业的4.18%;汽车规模以上中小制造业企业1578家,占全省规模以上中小企业的4.05%,占规模以上中小制造业企业的4.12%;专用设备制造企业1573家,占全省规模以上中小企业的4.04%,占规模以上中小制造业企业的4.10%。

(2)采掘业。包括煤炭开采和洗选业、黑色金属矿采洗业、有色金属采洗业、非金属采洗业4个行业。2013年全省共有142家采掘企业,占全省规模以上中小企业的0.36%;其中,主要以非金属矿采洗企业为主,合计达到119家,占0.31%。

(3)电力、燃气及水的生产和供应业。2013年全省该3类行业共有企业475家,占全省规模以上中小企业的1.22%;主要以电力、热力生产和供应企业为主,有286家,占0.73%。

(二)地区分布状况

如表2-1所示,2013年全省规模以上中小企业主要分布在宁波、杭州、嘉兴、温州、绍兴等地。其中宁波地区有规模以上中小企业合计7058家,占全省规模以上中小企业的18.12%;其次是杭州地区,有6161家,占15.81%;嘉兴地区有4630家,和温州地区的4479家较为接近,分别占11.88%和11.50%。以上4个地区的规模以上中小企业数量占全省规模以上中小企业总数的57.31%。以下依次是绍兴地区3985家(占10.23%)、金华地区3825家(占9.82%)、台州地区3686家(占9.46%)、湖州地区2549家(6.54%)、丽水地区1189家(占3.05%)、衢州地区993家(占2.55%)、舟山地区405家(占1.04%)。

表2-1　2013年浙江省各地区规模以上中小企业分布

地区	全省	宁波	杭州	嘉兴	温州	绍兴	金华	台州	湖州	丽水	衢州	舟山
数量/家	38960	7058	6161	4630	4479	3985	3825	3686	2549	1189	993	405
比例/%	100	18.12	15.81	11.88	11.50	10.23	9.82	9.46	6.54	3.05	2.55	1.04

二、经营状况

(一)资产状况

据浙江省统计局统计,从资产情况来看,2013年浙江省规模以上中小企业的总资产为44598亿元。中小企业资产的规模呈现明显的峰谷状分布,营业收入为1亿元(含)到5亿元规模的企业占规模以上中小企业资产总额的比重高达40.08%,远远高于其他规模的企业,表明浙江省中小企业的资产分布具有高度集中的特点。同时,值得注意的是,年营业收入在1亿元以下的中小企业占规模以上中小企业资产的比重为30%,与5亿元(含)以上规模的企业资产总体相当,表明其他大部分企业的资产分布具有均衡的特点,同时反映出规模相对较小的企业也具有一定的资产规模,这是浙江省中小企业持续发展实体经济的基础所在。

(二)销售状况

从销售情况分析,2013年浙江省规模以上中小企业主营业务收入44800亿元。不同规模的中小企业表现出不同的销售状况,而主营业务收入占比的情况基本与其资产占比的情况相似,呈现明显的峰谷分布状态。总体而言,规模较大的企业的主营业务收入要多于规模较小的企业。全年营业收入规模在1亿(含)~5亿元的企业,其主营业务收入达到17057亿元,在规模以上中小企业主营业务收入总计中所占的比重最高,为38.07%;其次是10亿(含)~50亿元规模的企业,其主营业务收入达到7675亿元,占规模以上中小企业主营业务收入的17.13%;再次为2000万(含)~5000万元规模的企业,其主营业务收入占规模以上中小企业主营业务收入的15.80%;而规模为5000万(含)~1亿元的企业,其主营业务收入占规模以上中小企业主营业务收入的13.50%。

(三)利润状况

从利润情况看,2013年浙江省全省规模以上中小企业实现利润2399.3亿元,其中利润总额占比最高的企业为1亿(含)~5亿元规模的企业,其全年实现利润1003.9亿元,占全部规模以上中小企业利润的41.84%;规模为5000万以下的中小企业利润占比不足8.00%,仅为7.91%。说明规模较大企业的利润额占比较高。从利润率上看,最高的是50亿(含)~100亿元规模的企业,利润率为8.85%;1亿(含)~50亿元规模的企业平均利润率为5.90%,高于规模以上中小企业总体平均利润5.36%;1亿元以下规模的企业平均利润率只为 3.65%,远不及总体平均水平。利润高,利润率高,说明企业经营成本控制良好,盈利能力强。

三、社会绩效状况

(一)经济总量状况

据浙江省统计局统计,2013 年浙江省全省生产总值为 37568.5 亿元,比上年增长 8.20%。三大产业中,农业增加值 1784.6 亿元,增长 0.40%;工业产销平稳增长,产业增加值 18446.7 亿元,增长 8.40%;服务业占生产总值比重比上年提高 0.9 个百分点,服务业增加值增幅高于生产总值增幅 0.5 个百分点,对生产总值的增长贡献率达 47.00%。

2013 年,全省共有规模以上中小工业企业 38348 家,占全省规模以上工业企业的 98.50%;完成工业总产值 46246.3 亿元,占全省规模以上工业企业总产值的 73.43%;实现销售产值 44800.0 亿元,占全省规模以上工业企业销售产值的 73.08%;实现工业增加值 8564.05 亿元,占全省规模以上工业企业增加值的 73.19%(其中,中型企业实现工业增加值 3574.63 亿元,占 30.55%;小微企业实现工业增加值 4989.42 亿元,占 42.64%);规模以下工业企业实现工业总产值 10481.84 亿元,占全省工业总产值的 14.27%。

2013 年浙江省不同规模企业产值贡献情况,如表 2-2 所示。

表 2-2　2013 年浙江省不同规模企业产值贡献情况(不包括规模以下企业)

企业类型	工业总产值		销售收入		工业增加值	
	数量/亿元	比重/%	数量/亿元	比重/%	数量/亿元	比重/%
全部规模以上企业	62980.29	100.00	61305.77	100.00	11700.67	100.00
规模以上大型企业	16733.95	26.57	16505.74	26.92①	3136.62	26.81
规模以上中小微企业	46246.33	73.43	44800.03	73.07	8564.05	73.19
其中:中型企业	18941.26	30.08	18271.61	29.80	3574.63	30.55
小微企业	27305.07	43.35	26528.42	43.27	4989.42	42.64

(二)劳动就业状况

2013 年浙江省全省规模以上中小工业企业全部员工人数为 585.32 万

---

①　在计算百分比时,有时会因为四舍五入而出现数据相加不为 100% 的情况,这不影响数据的客观性。

人。其中,中型工业企业 234.32 万人,小微工业企业 351.00 万人。规模以下工业企业共吸纳从业人员 349.84 万人;个体工业企业生产经营单位就业人数为 422.44 万人。全省规模以上中小微工业企业及个体工业生产经营户共吸纳劳动从业人员 1357.60 万人,就业贡献率达到了 91.01%。其中,中型工业企业的就业贡献率为 15.71%;小微工业企业就业贡献率为 23.53%;规模以下工业企业的就业贡献率为 23.45%;个体工业生产经营户的就业贡献率为 28.32%。中小微工业企业已经成为浙江省解决劳动就业问题的主要渠道,特别是规模以下工业企业和个体生产经营户,其就业人数超过一半,在振兴区域实体经济,缓解就业压力方面起到了不可替代的作用。

（三）财政税收状况

2013 年全省企业上缴税收 2845.30 亿元,其中,规模以上企业上缴税收 2422.78 亿元,占全部企业税收收入的 85.15%。总计中,规模以上中小微企业上缴税收为 1691.15 亿元,占全部税收收入的近 59.44%,占规模以上企业税收的近 69.80%;其中,中型企业税收总额为 645.60 亿元,小微企业税收总额为 1045.55 亿元。规模以下企业上缴税收为 422.53 亿元,占全部税收收入的近 14.85%。如果不计规模以下中小企业的税收,全省规模以上企业财政税收也占据了半壁江山。由此可见,与大型企业相比,浙江省量大面广的中小微企业为全省财政税收收入做出了重大贡献。具体数据如表 2-3 所示。

表 2-3　2013 年浙江省不同规模企业税收贡献率

企业类型	税收总额/亿元	占规模以上企业比重/%	占全部企业比重/%
全部企业	2845.30	—	100.00
规模以上企业	2422.78	100.00	85.15
规模以上大型企业	731.63	30.20	25.71
规模以上中小微企业	1691.15	69.80	59.44
其中:中型企业	645.60	26.65	22.69
小微企业	1045.55	43.16	36.75
规模以下企业	422.53	—	14.85

（四）外贸出口状况

浙江省是我国外向型经济发展大省,中小微企业是全省出口创汇的主力军。2013 年,与浙江省有贸易往来的国家和地区已达 200 多个。统计数

据显示,2013 年,全省规模以上企业出口交易值达到 11223.22 亿元,规模以
上中小企业的出口交货值为 8099.87 亿元,占全省规模以上企业出口交货
值的 72.17%;规模以上中小企业中,中型企业出口交货值 3665.90 亿元,小
微企业出口交货值 4433.97 亿元,分别占比 32.66% 和 39.51%。无论从出
口金额还是比重上,小微企业均超过大型企业(见表 2-4)。

表 2-4 2013 年浙江省不同规模企业出口比重

企业类型	出口交货值/亿元	比重/%
全部规模以上企业	11223.22	100.00
规模以上大型企业	3123.35	27.83
规模以上中小企业	8099.87	72.17
其中:中型企业	3665.90	32.66
小微企业	4433.97	39.51

第三节 浙江省中小企业发展的困境

从以上的统计数据可以发现,浙江省中小企业对工业增加值、出口值、
就业规模、税收贡献等,都发挥着举足轻重的作用。然而,随着资源环境的
约束加剧和外部竞争的日趋激烈,浙江省中小企业的先发优势已不明显。
尤其是 2008 年至 2013 年年底,国际金融危机的影响不断扩大,海外订单锐
减、用工成本高企、融资难等使得浙江省中小企业的经营环境进一步恶化。

一、生产要素价格不断上涨

浙江省是一个能源、矿产、耕地等自然资源贫乏的省份。从自然资源禀
赋来看,浙江省是一个资源小省。人均耕地仅 0.03 公顷(约半亩),不到全
国平均数的一半。浙江省的"自然资源人均拥有量综合指数"仅为 11.5,即
浙江省只相当于全国的 11.5%,只高于天津市(10.6)和上海市(10.4),位居
倒数第三名。

随着《劳动合同法》的实施,劳动力成本与 2008 年前相比,有了较大的
增长。作为资源小省,能源、土地等供应日趋紧张。这一切成了制约浙江省
中小企业发展的瓶颈之一。

首先,劳动力短缺,用工成本不断上升。浙江省密集的人口与大量从外

省迁入的劳动力使浙江省成为一个劳动力资源大省。2012 年浙江省总人口数达到 4799.34 万人，比 2002 年增长了 263.36 万人，年均增长 26 万人。第六次人口普查资料显示，浙江省常住人口中省外流入人口为 1182.40 万人，占常住人口总数的 21.73%。而第五次人口普查时，浙江省外来人口仅 368.88 万人，占人口总数的 8.03%，10 年间该比重增长了约 13 个百分点。在资源匮乏的情况下，浙江省大力发展劳动密集型产业，如纺织业、批发和零售贸易业、餐饮业等。随着劳动密集型产业的发展，对劳动力的需求逐渐增加，导致大量的外来人口流入，劳动密集型产业逐渐成为劳动供给主体。因此，资源禀赋的约束让输入性劳动力成为主要劳动群体，且主要集中于劳动密集型产业。根据中国人力资源市场信息监测中心 2013 年的统计，浙江省的求职群体主要为外来务工人员，其比重高达 85.2%，其中本市农村人员比重只有 14.8%，低于全国水平，但是外地人员的比重高达 70.4%。

浙江省劳动密集型产业的增长缺乏持续性。具体表现为：①工资待遇不高，2013 年全省最低工资标准分为 1470 元、1310 元、1200 元和 1080 元四档，而事实上不少企业，特别是劳动密集型企业一线员工的月薪大部分为 1000~1500 元，这直接导致企业对外来务工人员的吸引力下降。②企业对员工素质要求不高，根据中国人力资源市场信息监测中心 2013 年的统计，浙江省对职高、技校、中专文化程度的求职者需求比例仅为 27.9%，几乎是全国需求水平的 1/2；但对初中及以下文化程度的求职者需求比例达到 44%，明显高出全国的需求水平；而对大专及以上文化程度的求职者的需求比例很低。③用工不合理，缺乏计划性，不注意员工培训和资源储备，不切实际地一味使用年轻劳动力，或只招用技术熟练的员工。④农民工处于弱势地位，权益易遭侵害。⑤产业类同，浙江省许多地区以劳动密集型产业为主，大量企业用工需求类同，使一些工作岗位出现需求缺口，导致劳动力供应紧张。因此，近年来，浙江省企业的劳动用工一直处于相对紧缺状态，尤其是职业经理人、高级管理、研发、外贸和技术等方面的人才明显缺乏。

与此同时，《劳动合同法》自 2008 年正式开始实施，这大大提高了中小企业的劳动力成本。据温州商会调查，温州一家主要做鞋类外贸加工的企业以现行最低标准为这些员工办理"五险一金"，每个月需要支付 16 万元，每年增加用工成本近 200 万元，还不包括辞退员工的补偿金。不可否认，《劳动合同法》确实给中小企业带来了很大程度的成本压力，包括给员工缴纳的社会保险和终止劳动合同时企业要付的补偿金以及员工带薪休假费用等。

其次,土地供应紧张,用地成本不断上升。浙江省地形复杂,山地和丘陵占 70.4%,平原和盆地占 23.2%,河流和湖泊占 6.4%,耕地面积仅 208.17 万公顷,故有"七山一水两分田"之说。20 世纪 90 年代初到 21 世纪初,浙江省土地占用增长速度远远超过经济增长速度,进一步加剧了人地矛盾。随着经济发展,商业用地与住宅用地价格迅猛上升,而工业用地基本上是政府计划性低价供应,造成工业企业圈地成风。一些大中企业动辄圈地上千亩,却又圈而不用,造成浙江省近年来土地产出率下降,用地全面趋于紧张的情况。

2006 年 8 月 31 日,国务院发布《关于加强土地调控有关问题的通知》,实行了工业用地出让最低价标准统一公布、工业用地招标拍卖挂牌方式出让等一系列政策措施,加强了对土地的控制,对工业投资环境产生很大影响,对于处于扩张阶段的中小企业影响更为严重。

2013 年《浙江日报》记者深入富阳、天台等地,走访多家中小企业,调查发现,29.9% 的企业希望政府解决企业土地需求问题。土地供应量日益紧张直接导致地价不断攀升。2011 年 3 月,在嘉兴公共资源交易中心拍卖的嘉秀洲-005 号工业用地,以 1500 元/平方米的价格成交,溢价达到了 329%。2009 年至 2013 年,在义乌、温州等的工业用地拍卖过程中,也频频出现工业用地"地王"。因此,当前及今后一段时期,供地紧张将长期制约浙江省企业的发展。特别是中小企业,由于企业本身财力有限,日常经营中都存在融资难、融资贵的问题,很难在拍卖市场上获得土地,这已经严重制约了它们的后续扩张和发展。

最后,资源和原材料紧缺,成本不断上升。2011 年浙江省耗煤量占能源消耗总量的 60%,绝大部分煤炭来自外省,小部分来自国外。第二大能源是石油,其消耗量占能源消耗总量的 22%,其中约三成购自外省,七成来自国外。在浙江省主要进口商品中包含了钢材、废铜、原油、铁矿砂、精矿、原木、成品油等多种资源型产品。近年来,国际市场的能源和原材料价格不断上涨。原材料价格不断上涨,侵蚀了中小企业的利润。

浙江省统计局的调查显示,从原材料角度看,2011 年 4 月浙江省工业生产者出厂价格指数为 105.9,工业生产者购进价格指数为 109.9,进出价格倒挂差值为 4.00。企业普遍存在"高进低出"现象,对企业利润影响较大。从价格传导上看,各种原材料提价的压力向下游制品企业传导的趋势明显。以温州制鞋企业为例,制造鞋底所用的聚氨酯材料从 2011 年每吨 2.1 万元升至 2013 年每吨 2.5 万元,涨幅接近 20%,胶水价格也涨了近一倍,而企业产品价格上涨的幅度远不及成本上涨的幅度。

二、政策调控增加经营压力

2008 年下半年,中央开始对宏观政策进行及时调整,由从紧的货币政策调整为信贷适度宽松政策,但由于国际金融危机的大范围影响,国家金融部门又以防范风险为主,加大对信贷审核和贷款投放的监管力度,从而导致中小企业资金流动性趋紧。

浙江省中小企业融资渠道主要分为内源融资渠道和外源融资渠道两大类。其中,内源融资渠道包括内源性权益资本融资渠道和内源性债务资本融资渠道,外源融资渠道包括直接融资渠道、间接融资渠道和政策性融资渠道等。在实际中,中小企业的融资渠道比较狭窄,主要依赖业主投资、内部集资和银行贷款等融资渠道,尽管风险投资、发行股票和债券等融资渠道也被使用,但对中小企业的作用仍很有限。

随着浙江省中小企业规模的不断发展,其资金需求增速迅猛。从资金需求的角度来看,单个企业资金的需求量相对于大企业来说并不大,但大部分中小企业都存在资金短缺问题,整体上存在较大的资金需求总量。但由于中小企业难以满足银行贷款的抵押担保条件且贷款风险较大,以及财务管理水平较低等,再加上基层银行发放贷款的权限相对有限,致使银行发放贷款的积极性普遍不高。尤其是大型商业银行经常以中小企业财务制度不健全或缺乏抵押资产等为由而将中小企业拒之门外。据浙江省经济和信息化工作委员会 2011 年的统计,有 56% 的中小企业认为贷款困难程度超过 2010 年。另据浙江省工商联调研结果,银行通常会对小企业实行基准利率上浮 30%～50% 的贷款政策,贴现率提高到 4%～5%,加上存款回报、搭购理财产品、支付财务中介费用等,实际贷款成本接近银行基准利率的两倍。

中小企业融资渠道狭窄,既难以取得银行贷款,又不符合资本市场融资条件,小额贷款与民间借贷是很重要的融资方式。相比于银行贷款利率,小额贷款与民间借贷普遍较高。浙江省经信委监测中心 2012 年的调查显示,52.81% 的企业表示借贷折合年利率达到了 6%～10%;9.45% 的企业融资综合成本为 10%～15%;4.32% 的企业融资综合成本为 15%。同时,大多数中小企业依靠租赁土地和厂房经营,无担保物,银行为控制风险,让企业之间互相担保。这种"互保"模式往往导致较大范围的金融风险,一旦有个别企业出现经营困难无法偿还贷款时,就会产生连锁反应,温州在这方面的问题尤为严重。融资难、融资贵使得不少中小企业在市场开拓、技术创新、人员培养等方面举步维艰,已经成为制约浙江省中小企业发展的主要因素。

同时,环境保护问题引起了全社会的高度重视,要求企业减少环境污染,建立并实施环境成本管理制度的呼声越来越高。浙江省政府根据国家的统一部署,先后出台了《浙江先进制造业基地建设重点领域、关键技术导向目录》。突出了节能和可再生能源等 6 个重点领域 10 项发展重点,并按淘汰类、限制类、允许和鼓励类 3 种情况制定了差别电价,鼓励企业向低能耗高附加值产业发展。在《浙江省限制和淘汰制造业落后生产能力目录》中,列出了能源消耗高、环境污染严重的 430 种工艺和产品。对列入清理关停目录的小炼钢、小铁合金企业停止供电。坚决淘汰高耗能重污染的水泥机立窑、湿法窑以及黏土制砖工艺。另外,在建筑节能、道路运输节能等方面也出台了一些政策举措。污染减排方面,省政府成立了工作协调小组。省委组织部出台《浙江省市、县(市、区)党政领导班子和领导干部综合考核评价实施办法》,把万元生产总值能耗及降低率、万元生产总值主要污染物排放强度、环境质量综合评价等纳入党政领导班子考核实绩分析量化指标。2013 年国务院发布了《国务院办公厅关于转发环境保护部"十二五"主要污染物总量减排考核办法的通知》,2011 年浙江省发布了《浙江省人民政府关于印发浙江省节能减排行动计划和综合性工作实施方案的通知》,这些为污染物的总量控制和节能减排提供了政策保障。

总体上看,浙江省以开展能源消费总量和单位生产总值能耗"双控"为抓手,狠抓各项政策措施落实,节能工作取得明显成效。根据国家统计局提供的数据,浙江省 2012 年万元生产总值能耗比 2011 年下降 6.1%,超额完成了 4% 的年度节能目标,完成"十二五"节能目标进度 47.4%。

但目前浙江省中小企业在发展中普遍存在着工艺设备落后、能耗高、污染大等问题。长期以来,不少中小企业的发展方式较为粗放,以低技术含量、高劳动强度的产业为主。由于工艺水平低,技术落后,能源资源利用效率相对较低,单位产品能源消耗比大型企业同类产品高,造成了高额的资源消耗和严重的环境污染。此外,由于企业规模小、资金压力大等诸多原因,中小企业在节能减排中的投资严重不足。一般只有在获得国家财政的支持下,才进行节能减排投资。这些都成为制约中小企业节能减排的主要因素,也直接地提高了它们的经营成本。

此外,浙江省中小企业大多以出口中低档的服装、纺织品、鞋类等传统产品为主,对于出口退税的依赖较大。这些年,国家不断调整出口退税的政策,对企业正常的生产经营活动带来较大的影响。

　　1994 年国家大幅提高出口退税率,浙江省"块状经济"迅速成长,逐步形成了集聚发展、规模经营的产业集群。其中以中小型企业为主体的民营企业发展迅速,涌现出义乌小商品、永康五金、绍兴纺织、温州皮鞋和打火机等具有代表性的外贸中小企业群。同时,浙江省的外贸出口得到了持续、较快的发展,带动了全省生产总值的增长。改革开放以来,外贸出口对浙江省的经济增长总体上呈现上升趋势,其中 1996 年由于受通货膨胀的影响,出口额增长有限,但是到了 1997 年出口总额首次突破 100 亿美元,外贸借助出口退税这个"助推器",使全省的生产总值得到了较快增长。1998 年,爆发了"亚洲金融危机",外部环境恶化,政府又进一步上调出口退税,1999 年全省外贸出口增长额和生产总值增长额又重新回升,此后的几年也都朝着利好的方向发展,外部环境也逐渐改善。

　　2004 年、2005 年和 2007 年,政府连续三次下调出口退税率。自从 20 世纪 90 年代政府实行高出口退税率以来,在有效地推动了外贸出口的快速增长和 GDP 增长的同时,也使政府出口退税的负担越来越重,出口退税的问题日益尖锐,给经济社会发展带来明显的负面影响。出口退税滞后不但增加了企业的成本,而且挫伤了部分外贸企业的出口积极性。浙江省企业在此期间面临的压力很大,因为浙江省外贸企业出口的产品多是劳动密集型的,商品层次低、附加值不高、技术含量低,"两高一资"产品能在国际市场上竞争靠的就是低价,出口退税的下调势必会使那些本就赚取一点低额利润的中小外贸企业雪上加霜,政府利用出口退税的调整对浙江省企业进行"洗牌",无形当中迫使浙江省的中小型企业转变发展模式和增长方式。

　　2008 年开始,我国外贸形势继续恶化,2008 年和 2009 年政府又上调了服装等出口退税的比例,使得 2010 年我国纺织服装出口退税额达到 2100 亿元,约占全国出口退税总额的 28.8%。2012 年,财政部和国家税务总局又下发《关于出口货物劳务增值税和消费税政策的通知》以及《出口货物劳务增值税和消费税管理办法》两项重要文件,对出口货物退(免)税多项管理事项进行政策调整,从 2012 年 7 月 1 日起,出口企业在出口退税范围、出口征税改免税、申报期限延长、新办企业退税等多个方面,将获得更为良好的宽松环境和发展机遇,有利于应对当前外贸出口严峻的形势。

　　浙江省中小企业出口的产品大多都为劳动密集型产品,出口退税政策不断调整,使得中小企业很难把握,产品定价难度加大,对企业正常的生产经营带来较为明显的影响。从长远来看,出口退税上调等收益将会被需求方分享。因此,出口退税的调整只能起到暂时性缓解压力的作用,浙江省中小外贸企业想要彻底摆脱困境,必须要抓住政策调整的机遇,转变经营策略,调整产品结构,加快落后生产能力的排减,加快出口产品结构的调整,通过不断开发新产品,拉长产业链,提高产品的附加值,化解退税率调整带来的风险和影响。

三、金融危机加剧经营困难

全球金融危机导致出口订单明显下滑。国际环境成为浙江省中小企业陷入困局的重要推动因素,2008年至2013年它们所面临的经济困局是国际输入性危机导致的。在全球金融危机的冲击下,美国经济急速衰退,导致美元走弱,美元的走弱加上国际炒作,导致了国际石油价格的飙升,国际石油价格的飙升又推动了钢材等原材料价格飞速上涨,从外围给国内和浙江省带来了生产原材料价格的飙升。另外,欧元区经济也开始出现放缓的迹象。国际贸易保护主义抬头,发达国家不断利用技术、关税等壁垒,大大增加了我国出口成本,给以出口为导向的浙江省中小企业再次带来了巨大的成本压力。占浙江省主要出口份额的中小企业总体数量大,但单个规模小,相互之间没有建立良好的价格协调机制,因此,出口议价能力并未随总量不断增大而提高,成本的上升很难通过价格的提高进行转嫁。出口企业生产经营利润空间受到挤压,导致浙江省中小企业出口迅速下滑,产品卖不出去,使企业迅速陷入困局。

人民币汇率变化使得对外贸易中的汇率风险不断增大。浙江省中小企业在出口时多采用美元结算,人民币对美元不断升值导致了出口企业的利润被吞噬。2006年至2013年年底,人民币升值超过20%,这就意味着以出口贸易为主的浙江省中小企业利润成本增加了20%。由于人民币升值和美元贬值,结汇时间延长,工业资金链绷紧甚至出现断链,使得不少中小企业难以为继,甚至出现了企业家"跑路"的现象。此外,周边国家货币总体呈贬值态势,人民币相对竞争对手货币大幅升值,后续叠加影响持续发酵,对劳动密集型产品出口都带来了负面影响。

出口竞争力面临多重挑战。2013年,浙江省中小企业的劳动力、土地等要素成本仍处于持续上涨期,传统劳动密集型产业竞争力不断削弱。企业用工成本在连续多年上涨后,已相当于越南、印度、柬埔寨等周边国家的2~3倍甚至更高。受成本上涨影响,传统劳动密集型产业出口订单和产能向周边国家转移趋势明显。2013年,中国七大类劳动密集型产品占美国、欧盟、日本市场份额比2010年高峰时期下降2.8个百分点。近年来,浙江省机械装备等高端制造业技术实力和出口竞争力明显提升,成为出口稳定增长和转型升级的重要支撑,但在国际营销、售后服务、融资支持等方面与发达国家仍存在不小差距。随着发达国家加大对先进制造业的重视和投入,浙江省相关出口产业面临的国际竞争日趋激烈,扩大市场份额的难度增大。

四、企业内部管理等问题依然突出

首先,浙江省中小企业品牌建设无论在意识上还是实践中都存在一定问题。浙江省是全国首批实施名牌战略的省份。1992 年省政府提出了宣传和发展名牌产品的战略部署,浙江省名牌战略围绕重塑浙江省产品质量新形象和提高市场竞争力的基本目标,坚持突出重点,扶优扶强,推动了经济的持续健康快速发展。目前,浙江省拥有中国名牌产品数位居全国第一。实施名牌战略,对地方经济健康发展发挥了积极作用。浙江省不少地方坚持"抓质量、扩规模、增实力、上水平、树形象"的工作思路,内练素质,外树形象,取得了丰硕的成果。但整体来看,浙江省有些中小企业虽然在国际上有一定知名度,但是具有国际竞争力的世界级名牌尚未出现。

浙江省中小企业普遍存在品牌培育意识淡薄的现象。主要体现在普遍采用贴牌加工(OEM)生产模式,这在家具、玩具、服装等传统行业中更为明显。不可否认,由于 OEM 模式风险小、资源投入少,可以使中小企业迅速完成原始资本积累,并通过这一方式建立完善的生产体系,培养生产管理人才,获得较为先进的生产技术和管理经验。但这也从主观上导致不少企业培育自主品牌的积极性不高。一些企业尽管意识到品牌的重要性,但因资产专用性等原因,多采取以 OEM 生产外销为主、培育自主品牌内销为辅的发展战略。2010 年,浙江省注册商标 41.64 万余件,占全国注册商标总量十分之一,位居全国第一。马德里体系是世界上加入国家最多,最为省时、省力、省钱的国际商标注册体系。2009 年,中国共有马德里体系国际注册商标8607 件,其中浙江省以 2189 件位居全国第一。然而,与全省 90 多万家中小微企业相比,比例并不高。从 2008 年到 2013 年,大量 OEM 企业的倒闭证明,尽管 OEM 能够带来短期利润,但相比于自主品牌,其缺乏高附加值来源,国际渠道单一,抗经济风险能力弱,不利于企业长久竞争优势的确立。

必须承认,浙江省中小企业品牌在建设中始终存在着企业文化建设滞后、专业人才缺乏等问题。企业文化建设滞后会导致品牌缺少文化内涵。文化是企业和产品品牌内涵的核心,塑造品牌及品牌文化要有先进的企业文化支撑。但项目组于 2013 年调查发现,浙江省中小企业文化的塑造过于形式化,大多企业仅以企业内刊、员工活动、空洞的企业理念等形式建立表层文化,并未形成深层的文化体系,因而不能起到增强企业内部凝聚力和外部竞争力的作用。同时,品牌建设需要培育一支专业化的人才队伍,但目前大多数中小企业缺乏品牌经营的能力和从事品牌运作的人才,同时也没有制定长远的品牌战略,难免在品牌建设中出现定位同质、定位模糊、传播手法单一等问题。

其次,浙江省中小企业普遍存在创新能力弱化的问题。主要体现在以下几个方面:

(1)中小企业研发投入不足。以 2012 年为例,浙江省全省科研经费支出占生产总值的比重上升到 2.08%,超过全国平均水平 0.1 个百分点。但从企业研发投入情况来看,虽然总体上浙江省规模以上企业的研发投入稳步增长,但研发投入强度依然不高,仅为 0.81%,比北京和上海分别低 0.14 和 0.12 个百分点,企业自主创新经费投入强度明显不足。而且从研发机构设立情况看,R&D(Reacher and Development)投入极不平衡,多以大中型企业为主。大型企业科研机构设置率为 77.8%,中型企业科研机构设置率为 44.4%,而小型企业科研机构设置率仅为 6.0%。

(2)中小企业创新活跃,但创新成果层次偏低。2012 年浙江省大、中、小型企业对全省新产品产值的贡献率分别是 25.18%、45.37%、29.45%,中、小型企业总贡献率达到 3/4。小型企业全年新增新产品产值相当于大型、中型企业新增新产品产值之和。这些数据表明浙江省中小企业在新产品开发方面比较活跃。但中小企业新产品的"新"更多的在于实用新型、外观设计等方面,大多停留在小改进、小创新、实用型的层次上。发明专利所占比重很小,表明企业创新活动并没有专注于核心技术的积累,因此难以帮助中小企业构建核心能力。

(3)中小企业能力要素分布不均衡,缺乏核心能力。浙江省中小企业创新能力的各能力要素分布不均衡,市场能力较强是浙江省中小企业的普遍特征,技术能力是浙江省中小企业能力体系中的"短板"。有研究表明,浙江省中小企业创新能力包含的所有要素中,市场能力最强,战略能力次之,其他如组织能力、技术能力等都较为薄弱。这说明了浙江省中小企业在构筑核心能力方面还存在很大不足,这也是浙江省中小企业目前创新能力中的薄弱环节。

(4)浙江省经济特征不利于吸引高层次、创新型人才。浙江省中小企业的特征之一就是劳动密集、外向型、加工制造为主,这一特征有利于吸引和集聚大批专业化劳动力,但对高素质的专业技术人才、产品设计人才和经营管理人才缺乏吸引力。同时,随着土地、原料等要素成本上涨,大多企业经营者的观念仍然是压低工资、降低成本,而不是通过吸纳人才,提高创新能力来提高利润。这一点,从浙江省中小企业对初中及以下文化程度的求职者需求比重达到44%(明显高出全国的22.1%的需求水平)也可以看出。而且,浙江省的科技资源在高校、科研院所、大中企业以及小企业中分布不平衡,使得中小企业的创新人才缺乏的问题比较显著。

(5)浙江省中小企业人力资源现状和管理都存在不少的问题。一是缺乏"以人为本"的管理思想。近几年,浙江省中小企业对人才的重视力度有所加强,但是,目前大多企业仍然没能摆脱传统人事管理观念的影响,没有真正地树立起"人力资源是第一资源"的理念和"以人为本"的管理思想。它们往往以事为中心,视人为成本而非资源,把人当作一种"工具",强调"事"的单一方面的静态的控制和管理,属"权力中心",其管理的形式和目的是"控制人"。它们注重人力资源管理的成果而非过程,注重人员的调配,因事择人,过分强调员工适应岗位工作,而不重视员工潜能的开发和利用,这样的结果是"头痛医头、脚痛医脚"。它们为了提升业绩,常常不合理地分配工作时间与强度,认为物质上的补贴就够了,而忽视了对人的重视和尊重。这也导致了"难招人、难留人"的用工荒局面的出现。

(6)人力资源开发意识薄弱。浙江省中小企业在发展过程中的人力资本与知识积累相对迟缓。在浙江省的工程技术人员中,大约有70%分布在大中型国有以及外资企业中,而占全省生产总值3/4的中小企业拥有工程技术人员却不到30%。大多数企业在人才培养上都存在着只用人而不育人的现象,对人力资源的资金投入不足。许多企业不愿意在培养人才上面花工夫,更希望在招聘时能够觅得有经验有能力的人才。另外,不少企业主对人才的诸多要求中,忠诚排在第一,能力排在第二。他们既担心投入的人力、物力得不到相应的回报,又担心培训的人才不能长期为他们服务,怕是"为他人作嫁衣裳",最后落得"人财两空"的下场。因此,很多中小企业还处在强调对员工控制和利用的阶段,忽视对员工潜能的开发,致使员工缺乏适应现代市场竞争需求的新技能和创造力。

(7)普遍缺乏人力资源战略规划。人力资源战略规划是人力资源具体管理工作的根本出发点,是人事行动指南和工作纲领,对人事发展、绩效管理、薪酬管理、培训管理等业务管理起着重要的引导作用。但是,目前浙江省大多数中小企业在制定发展战略时,往往忽视人力资源规划,或者仅仅是传统意义上对企业人员短期的需求和供给规模进行预测和平衡,在人员选聘、使用、考核、培训、激励各方面缺乏有效的长期的战略部署和规划,且存在很大的随意性。普遍存在的问题有:只追求人员数量上的满足,而忽视企业未来对于人力资源质量方面的要求;只侧重整体人员规模与企业发展的匹配,而没有关注企业员工个体的发展期望;只着眼于对现状问题的审视,没有对未来发展提出人力资源对策措施等。人力资源管理缺乏战略规划,使企业的人力资源管理无法和企业发展战略相匹配,使人才的发展跟不上企业的发展,从而严重阻碍了企业发展战略的实现。

(8)缺乏科学、严格的考评制度。目前,虽然有很多企业采用了报酬与工作绩效挂钩的分配方式,但是仍有一些中小企业没有规范的绩效考核与评估体系,评价的标准和方法存在缺乏科学性、公平性和客观性的问题,往往重短期、轻长期,重结果、轻过程。绩效考评的一个重要目的是实现绩效工资,但很多企业却把工资评定作为考评的唯一目标,只注重考核结果,不注重评价过程,有损员工长期工作的积极性,使其短期行为得到强化。企业的绩效考评似乎只顾眼前利益,不联系事前与将来;没能从中全面了解员工情况,从而更好地运用和发挥其能力;没能让员工参与进来进行互动,从而增强其主体意识以及工作积极性。

总之,我们在看到中小企业为浙江省经济社会发展做出贡献的同时,也必须认识到其成长过程中存在的种种困难与面临的诸多问题。其中生产要素的制约、国际金融危机的影响、政策调控的管束、企业内部管理的限制等,已成为当今困扰浙江省中小企业,阻止其进一步发展壮大的最大障碍。对此,需要政府、社会和企业自身有清醒的认识。

第三章　浙江省中小企业社会责任的认知及实践

　　社会心理学认为,人的认知会通过态度、情感等影响其行为意愿,最终决定其行为活动。在企业经营管理中,企业经营者的决策制定决定了企业的经济活动,是企业绩效的最直接影响因素,而企业决策的制定直接受到企业经营者认知的内在影响,尤其在中小企业经营活动中,这种表现更为明显。本章在详细介绍相关企业社会责任标准内容的基础上,总结了浙江省中小企业履行社会责任的发展历程;并通过对 312 家浙江省中小企业的调查,分析了这些企业对社会责任的认知状况,以及企业在推进社会责任实践方面所做的工作;根据调查结果,从道德动机、经济动机和制度动机三个层面阐述了促进浙江省中小企业履行社会责任的内在和外在动机。

第一节　全球主要的社会责任标准和守则

　　随着经济的全球化发展,消费者、员工和非政府组织对企业社会责任越来越关注,全球遵循统一的社会责任标准已是大势所趋。在关注企业社会责任标准的过程中,人们有很长一段时间都主要关注 SA 8000 的状况,误以为 SA 8000 就是企业社会责任标准的代名词。其实,国际上各种企业社会责任标准层出不穷,总计超过 400 多个(含企业生产守则)。其中具有代表性的就是 SA 8000 社会责任标准、ISO 26000 社会责任指南以及各类民间组织或企业联盟推出的各类适用于验厂的企业生产守则。

一、SA 8000 社会责任标准

面对日益激烈的市场竞争,很多欧美跨国公司制定了各自的社会责任守则,同时还要遵守行业性的、地区性的、全国性的乃至全球性的守则,以应对不同利益相关团体的需要。为了提高效率和避免不必要的人力、物力和财力浪费在不同规则的实施中,公众和消费者都希望制定一个全球通用的社会责任标准,同时建立一套独立的认证认可机制。SA 8000 社会责任标准就是目前最为公众所熟知的一套标准体系。

（一）SA 8000 标准的产生

SA 8000 标准的制定源自瑞士通用公正行国际认证部执行董事 Reg Easy 和美体国际公司（Body Shop）社会审核部高级经理 David Wheeler 的一次谈话,他们都提议制定一个可用于第三方认证的社会责任标准。

1996 年 6 月,欧美的商业组织及相关组织召开了制定规范的初次会议。该会议在商业（包括大西洋两岸领先的商业公司）和非政府组织中引起了强烈反响。商界和非政府组织对新标准规范的制定极为关注,会议拟定了制定新标准的备忘录。基地设在伦敦和纽约的英美非政府组织——经济优先委员会（Council on Economic Priorities,CEP）积极参加了制定新标准的最初的几次会议,并被指定为维护新标准的组织。1997 年初,经济优先委员会成立了经济优先委员会认可委员会（Council on Economic Priorities Accreditation Agency,CEPAA）,由 CEPAA 负责制定标准和评估认可认证机构。2001 年,经济优先委员会认可委员会更名为国际社会责任组织（Social Accountability International,SAI）,并发表了 SA 8000 标准第一个修订版即 SA 8000:2001。

SA 8000 标准主要源于《国际劳工组织公约》《世界人权宣言》和《儿童权利公约》,标准首先给出了对组织进行独立审核的定义和核心要素,确认审核评判的基本原则。SA 8000 即社会责任标准是全球首个道德规范标准。其旨在通过有道德的采购活动改善全球员工的工作条件,最终达到公平而体面的工作条件。SA 8000 标准不仅适用于发展中国家,也适用于发达国家;不仅适用于各类工商企业,也适用于公共机构;另外,SA 8000 还可以代替公司和行业制定的社会责任守则。

（二）SA 8000 标准的基本内容

SA 8000 标准选取企业员工作为利益相关者,基于《国际劳工组织公约》《儿童权利公约》和《世界人权宣言》的要求,促使员工在多方面的权益获得

保障。其基本内容包括:

1. 童工

公司不应使用或支持使用童工(在我国,童工年龄为未满 16 周岁,而有的国家规定为 14 周岁)。公司不论是否雇用过童工,都必须制定书面的童工救济政策和程序。公司应查验员工的年龄证明,如果发现儿童被雇用,公司不应立即辞退,而应立即报告当地劳动部门,对其进行健康检查。若有疾病,先安排治疗,医药费由公司承担,然后配合劳动部门将其送回父母身边,必要时提供经济资助,支持其接受学校教育到成年人为止。在某些发展中国家和地区,尽管允许雇用 14~16 周岁未成年人从事力所能及的劳动,但是公司必须制定保护这些未成年员工的条款,如每天交通(工作地点和学校之间)、上课和工作所有时间加起来不超过 10 小时,不得将这些未成年员工置于危险、不安全、不健康(色情业)的环境中。

2. 强迫劳动

公司不得使用或支持使用强迫劳动,也不得要求员工在受雇起始缴纳押金或寄存身份证件。所谓强迫劳动即为包括监狱劳动、契约劳动、抵债劳动、奴役劳动、惩罚为恐吓手段的被强迫的或者非自愿的劳动。使用监狱劳动或者监狱服刑人员的劳动是最典型的强迫劳动,犯人由于违反法律而接受国家的惩罚,他们的劳动是非自愿的劳动。拘留所或劳教场所的在押人员的劳动也是强迫劳动。所谓契约劳动是指员工的行动自由被严格限制,而且往往得不到劳动报酬,比较普遍的情况是,雇主往往禁止契约劳动员工自由离开,或者契约劳动员工不能自由选择结束雇佣关系。抵债劳动往往是由于本人或者家庭成员欠下他人债务而不得不为他人工作以抵销债务,抵债劳动工作的目的在于还债而不是取得劳动报酬。强迫劳动还有其他形式,如通过劳动合同不合理地限制员工解除雇佣关系的权利,雇主扣押员工身份证明文件,限制员工下班后离开工厂或宿舍,招工时收取押金等。公司应根据劳动法与员工签署劳动合同,明确雇佣条件,确保员工清楚明白,招工时不得附带任何限制性的、不合理的条件。公司应明确员工的雇佣自由,不得以任何形式收取押金或扣押员工身份证明文件作为雇佣条件,包括通过招工代理机构收取,也不得以任何形式限制员工合法的辞工自由。

3. 健康与安全

公司提供安全卫生的工作环境,确保厂房结构和机器设备安全,有效控制工作场所的职业危险,如有毒有害物质、高温和噪音,为员工提供合适的个人防护用品,确保员工免遭短期和长期的职业伤害;定期为员工进行必要的安全卫生培训,使他们明白工作中存在的职业危害和可能发生的意外事故,懂得如何安全使用机器设备,懂得紧急情况下如何采取有效的保护措施。要为新员工和调职员工安排培训;建立检测、防范及应付任何可能危害员工健康与安全的潜在威胁;为所有员工提供干净的厕所,方便员工使用,保护员工隐私;提供干净卫生的饮用水;提供宿舍,并保证安全和卫生,宿舍面积符合当地法规要求,男女分开,方便员工休息。

4. 结社自由和集体谈判权

公司应尊重所有员工自由组建和参加工会以及集体谈判的权利;在结社自由和集体谈判权利受到法律限制时,公司应协助所有员工通过类似渠道获取独立、自由结社以及谈判的权利,如协助工会争取这些权利;公司保证此类员工代表不受歧视并可在工作地点与其所代表的员工保持接触。

5. 歧视

在涉及聘用、报酬、培训机会、升迁、解职或退休等事项上,公司不得具有或支持基于种族、社会等级、国籍、宗教、身体残疾、性别、性取向、工会会员、政治归属或年龄等方面的歧视;公司不能干涉员工行使奉行信仰和风俗的权利;公司不得允许强迫、威胁、虐待或剥削的侵扰行为,包括姿势、语言和身体的接触。

6. 惩戒性措施

公司不得从事或支持体罚、精神或肉体胁迫以及语言侮辱,只能采取一种公开公平的旨在教育员工的惩罚程序,如对违反厂规的员工采取口头警告、书面警告、严重警告等方式,教育员工认识到自己的错误,纠正自己的不良行为;为违规员工提供申诉的渠道,让员工参与实施程序的有关程序。

7. 工作时间

公司必须遵守各国劳动法规定的工作周劳动时间;如果公司作为谈判的一方,与具有相关代表性的工人组织(符合国际劳工组织的条件)自由谈判达成协议,可要求加班工作以达到短期的商业要求,但是所有加班工作应支付额外津贴,所有加班工作必须是自愿的。

8. 工资报酬

公司保证员工工资达到当地或行业规定的最低工资标准并能满足员工的基本需要,以及提供一些可随意支配的收入;不因惩戒目的扣减工资,应向员工提供工资清单和工资组成;工资按月度用现金和支票支付,不得克扣或拖欠,公司保存员工的工资资料至少两年;公司应为员工提供必要的社会保障和福利,如社会保险、有薪年假和产假;公司不得采用虚假学徒计划或试用期计划而不与员工签订劳动合同或不支付工资。

9. 管理系统

高层管理阶层应制定公司社会责任和劳动条件的政策以确保该政策对公众公开,要对此进行定期审核,公司应指定一位高层管理代表,来确保公司达到本标准要求。公司应协助非管理类人员选出代表以就与本标准相关事项增进与高层管理阶层的沟通。建立并维持适当的程序,使供应商或分包商满足本标准要求。

(三)SA 8000 标准的运行与认证

1. SA 8000 标准的运行

为了使上述九项标准更加具体化和制度化,SA 8000 标准还要求制定相关程序和制度,以验证其实施情况。这些程序和制度对政策、管理评审、公司代表、计划与实施、对供应商(分包商)和分销商的监控、处理疑虑和采取纠正行动、对外沟通、核实渠道、档案记录等问题都做了详细的规定。SA 8000 社会责任管理体系运行模式分为四个阶段。

(1)计划阶段:根据公司政策和客户要求制定公司目标以及实现目标的过程和措施。

(2)实施阶段:根据计划,实施并有效地控制已经制定的过程和措施。

(3)验证阶段:根据公司政策、目标和要求,监督监测过程和措施的运行,必要时采取补救和纠正行动。

(4)改进阶段:根据公司目标要求,定期评审公司管理体系及运行,确保管理体系的持续适用性、充分性和有效性,以达到持续改进的目的。

2. SA 8000 标准的认证

从事 SA 8000 认证的机构,需向 SAI 提出申请,在通过 SAI 审核并获得SAI 授权后方能开展相关认证工作,否则其颁发的认证证书无效。据了解,截至 2013 年 6 月,有 9 家认证机构:SGS(瑞士)、DNV(挪威)、RWTUV(德国)、TUV(中国香港)、ITS(美国)、UL(美国)、BVQI(法国)、CISE(意大利)、RINA(意大利)。企业需向经授权的认证机构申请,接受并通过其核查后方能获得 SA 8000 认证证书。SA 8000 证书有效期为 3 年,认证机构每 6个月或每年进行一次监督审查,每 3 年进行一次全面审查,以延长证书的有效期。

SA 8000 标准具有普遍的适用性,不受地域、行业和公司规模的限制。它是一个通用的标准,既适用于发展中国家,也适用于发达国家;既适用于各类工商企业,也适合于公共机构,重点是劳动密集型产业,关注的是员工工作条件的实质性改善。劳工标准是整个 SA 8000 标准的基础,而劳动者权益是整个标准的核心。现阶段,绝大多数的劳工问题都集中于劳动密集型产业,这一点从近年来发达国家以劳工标准为借口针对我国出口到发达国家产品进行反倾销的投诉中便可以看出。这类投诉主要集中于纺织、服装和玩具等行业,而这些行业又都是劳动密集型产业。在劳动密集型产业中,劳动力成本占据了企业整个生产成本的绝大部分,而劳动力成本作为可变成本本身就具有较大的弹性。所以在这类行业中,企业为了追求利润的最大化,往往竭尽所能地降低劳动力成本。于是随意压低工资,强迫员工加班加点,对保护员工劳动环境的投入不足,雇用童工等问题便接二连三地出现在这类产业中。而 SA 8000 标准正是为了改善企业中存在的劳工问题所制定的。

二、ISO 26000 社会责任指南

(一)ISO 26000 的产生

进入 20 世纪,“社会责任”理念的兴起是希望企业经营者在作经营决策的同时不仅要考虑遵守法律法规和市场经济运作的因素,而且应在道德与伦理方面履行社会义务。就是在“共担责任,实现可持续发展”的时代背景下,国际标准化组织历经十年心血,最终于 2010 年 11 月 1 日在瑞士日内瓦国际会议中心的新闻发布会上正式对外公布了《社会责任指南》,即 ISO 26000。它的制定是一次从工程技术领域标准化向社会和道德领域标准化迈进的跨越。ISO 26000 旨在促进全球对社会责任的共同理解,按照社会责任的最佳实践,向全世界愿意应用 ISO 26000 的所有组织,提供一个有助于实践社会责任的框架性指南。

ISO 26000 首次从可持续发展的贡献高度统一了现有的社会责任概念,将社会责任定义为:“组织在决策和活动时,以透明和道德的行为来对社会和环境的影响负责。”这种将社会责任融入整个组织的意愿是国际社会责任领域发展的新的里程碑。另外,“ISO 26000 社会责任指南”这样的标题向我们昭示它非强制性的特性,英文版标准中的 ISO 标准用语中,凡是表示要求的“应”(shall)均被替换成了“宜”(should);并且 ISO 26000 对组织这样定义:“对责任、权限、关系做出安排并有明确目标的实体或人与设施的集合。”也就是说,它的适用对象包括企业、政府(不含履行国家职能时的政府)和非政府组织在内的所有组织,这种广泛的适用范围可以不断扩大社会责任的

实施和影响力,同时使 ISO 26000 成为社会各界监督各种类型组织具体行为的有力工具。更重要的一点是,ISO 26000 标准不具有认证性。鉴于社会责任问题的复杂性、敏感性和发展的不均衡性,其自身在理论上和逻辑自洽方面也存在很大的挑战,并不适合以认证的形式推广。

（二）ISO 26000 关于员工权益保护的内容

ISO 26000 标准由八个部分组成,依次是社会责任范围、社会责任术语和定义、理解社会责任、社会责任原则、认识社会责任和利益相关方参与、社会责任核心主题指南、社会责任融入组织指南及附录。其中第六部分的核心议题包含组织治理、人权、劳工实践、环境、公平运营实践、消费者问题、社区参与和发展七个主题,而人权与劳工实践是最重要的两个主题,其中的新内容对弥补我国劳动立法漏洞、加强员工权益法律保护等方面都具有相当大的借鉴意义。

1. 就业与雇佣关系

ISO 26000 充分肯定了就业对于人类社会发展的意义,稳定的就业可以提高人们的生活水平和福利水平,对法律法规的遵守和执行也产生重要影响。"就业和雇佣关系"成了最受社会普遍关注的劳工实践议题,在 ISO 26000 的标准语境下,劳动被解释为是为了获取补偿而进行的工作。"就业和雇佣关系"议题指南为处理这个议题提出了 10 个不同的相关期望,根据性质和内容可以在以下几方面讨论:

（1）保证雇佣关系的合法性。承认和落实规范雇佣关系的恰当法律和制度框架,并且不能通过各种手段来掩饰存在雇佣关系进而逃避义务。另外,即使某些工作并非在某种雇佣关系下而是在相互独立的商业关系下完成,组织也有责任让合同各方了解自身的权利和义务,并在合同条款得不到尊重的情况下享有适当的求偿权,以避免员工无法获得他们本应享有的保护。

（2）强调稳定就业的重要性。作为雇主,要为通过充分的、有保障的就业和体面的劳动提高生活水平这样的社会公认目标做出贡献。针对就业的稳定性,指南在条款中特别提到劳动力计划的合理性,避免使用临时员工,但短期性业务和季节性工作除外。

（3）尊重人权并确保员工之间的公平性。此项要求是人权主题的题中之意,规定组织在雇佣过程中不能直接或间接歧视员工,不能随意解雇和给予差别待遇。

（4）对合作伙伴或价值链上其他相关企业的审核标准。ISO 26000 倡导组织应该与合法、有良好的承担社会责任的能力、可以为员工提供好的工作条件的组织成为合作伙伴，注重人权方面的考核，这种影响力的直接作用是鼓励这些组织积极履行社会责任。

（5）在世界经济一体化的背景下，ISO 26000 充分肯定了社会效益的全球性，要求无论是跨国公司还是全球性非政府组织都要保证东道国的侨民享有公平的求职和晋升机会，促进东道国的发展，这是 ISO 26000 不同于其他标准的典型特征。

2. 工作条件和社会保护

对工作条件的规定大部分来自于国家法律法规，部分来自协议双方相互签订的具有法律约束性的协议。ISO 26000 对工作条件的覆盖范围进行了详尽的阐释，包括薪酬、福利、工作时间、假期、惩戒性措施、孕妇保护、服务事项等，其中与 SA 8000 的十个主题相吻合，同时它还包含社会保障的内容，涵盖法律保障、工伤、疾病、残疾、生育、失业方面的解决办法和保障措施，减少因以上方面导致的收入下降或丧失，提供医疗保健和家庭福利。ISO 26000 充分肯定了良好的工作条件对于员工及其家庭的生活质量、经济社会发展的重要性，认为社会保障在维护员工尊严、建立社会公平、公正的氛围等方面发挥着重要作用。而且它还特别强调，社会保障问题并不是单靠组织的微薄之力可以解决的，国家和政府是保障员工福利和权益的根本。ISO 26000 提出：

（1）要为员工提供符合法律法规、国际行为规范和社会责任基本原则的工作条件和社会保护，强调集体协议的重要性，要求组织提供的工作环境符合适用法律、符合国际员工标准、符合高于法律及国际员工标准约束力的集体协议。

（2）在任何情况下，要尊重民族习惯和宗教风俗。

（3）支付的工资应该满足员工及其家庭的基本需要，ISO 26000 在充分肯定各国差异因素的基础上，强调薪酬、福利、服务对于员工的重要性，要求组织充分考虑员工代表或工会达成的集体协议，对薪酬进行合理定位。

（4）注重员工工作和生活的平衡性，组织应该最大可能地为员工提供适宜的工作条件来缓解工作和生活之间的不平衡，提供合理的工作时间、儿童保育等便利措施，将其作为履行社会责任的人性化措施。

（5）反对任何形式的强制性和无偿性加班，尊重员工在强迫性劳动方面的基本人权，要求组织对员工的加班问题给予应有的补偿，这种补偿要基于法律条例及集体协议的具体规定。

3. 社会对话

在 ISO 26000 标准语境下,社会对话采用国际劳工组织所使用的含义,它是指政府代表、雇主代表和员工代表就经济和社会政策方面共同感兴趣的事宜进行双方或三方的协商、磋商或简单的信息交换。ISO 26000 关于社会对话的内容可以总结为:自由、民主、平等、透明。

(1)自由是指组织可运用三方磋商、多阶层之间的对话、劳资协议会等形式就多方面的经济社会问题,如安全问题、劳资矛盾、法律规制等来进行会议磋商。另外,社会对话应是独立的各方之间的对话,作为工人代表的合适人选不能由组织管理人员指定,只有保持了其独立性才能有效传达员工的权益和志愿。

(2)民主和平等是与自由相生的概念,ISO 26000 赞同劳资双方利益具有竞争和统一的观点,这是社会对话对于组织和社会都深具价值的根本原因,也是确保社会对话富有建设性和对参与对话的各方都有益的基本保障,但是有效的社会对话应该注重发展政策和解决方案的优先次序。

(3)透明是指机制和信息的公开,它决定了组织履行员工社会责任和解决争端问题的效率,也反映了组织对于员工诉求的重视。

(4)ISO 26000 强调了社会对话的全球特性,这种关于劳资双方的沟通可能随着经济的发展和业务的扩展在不同国家间进行,如跨国公司和国际贸易总工会。

(5)为了解决现实中的争议,应建设有效的投诉机制,特别是工作中的基本原则和权利得不到充分保护的国家。这项机制对分包单位的员工也适用。

社会对话在保证社会稳定和繁荣、促进组织与员工之间的相互理解、节省争议成本、增强社会的凝聚力和向心力方面发挥着积极作用,它为制定政策和寻求解决方案提供了一条沟通、协调通道,是鼓励员工参与并在组织营运中贯彻民主原则的重要体现。

4. 工作中的健康安全

工作中的健康安全包括三方面内容:一是促进并保持员工最高程度的身心健康和社会福利;二是防止由于工作条件而造成健康损害,特别是要高度关注源自危险设备、危险工序、危险操作和危险物质对员工的健康与安全的威胁和危险;三是保护员工远离健康风险,以及改变职业环境以满足员工的生理和心理需求。

工作中的健康安全不仅包括工作条件导致的健康、伤残和死亡,还包括不和谐的工作环境造成的心理疾病,ISO 26000 始终秉承健康、安全大于一切的理念,充分强调了健康安全政策的重要性和员工参与的必要性。

(1)企业应该以稳定的安全健康标准为基础,分析和控制活动中可能出现的隐患,对于不安全的因素实施淘汰、替换、控制、管理等,要求员工严格按照安全操作规程完成操作,并为员工提供必要的安全防护措施和急救医疗。

(2)强调安全防护措施要根据性别需求和身体状况进行,给予残疾人和无经验的员工特殊的照顾和培训。

(3)尊重和认可员工在建立健康、安全的工作环境体系方面的参与权,员工有权拒绝那些会威胁生命、健康的工作,也可以向工会组织、管理层或其他咨询机构寻求外部建议,还可以自由调查咨询有关健康安全方面的全部内容。

5. 工作场所中人的发展培训

组织要为人的发展和人的技能提升做出贡献,这是国际社会广泛认可的组织社会责任。个人发展是指组织通过培训、激励员工等政策来提升员工的工作能力,扩展员工的择业范围和晋升空间,让员工在工作中享受自我尊重、激发工作灵感和创造性,加强企业归属感和个人价值感。针对个人发展和职业培训,ISO 26000 指出:

(1)重视平等和免受歧视的权利。组织不能因为员工工作经验和职业技能水平的不同而在提供培训机会和见习期方面进行差别对待,即在所有员工工作经历的各个阶段,应向其提供技能开发、培训及获得职业晋升的机会。

(2)为解雇员工提供职业援助。一般的标准对于解雇员工并没有做出相应的规定,ISO 26000 却遵循了更为人性化的模式,尽可能为解雇员工提供新岗位、培训和咨询。

(3)强调健康福利项目的重要性。应该建立一些劳资合作项目来提高员工的健康水平和改善福利状况,尽管在中国这项政策还发展得不成熟,但通过汲取国际先进经验,组织会有更多值得借鉴的案例来完善健康、安全服务项目。

综上所述,ISO 26000 始终以尊重人权、反对歧视、关注健康安全、维护劳资平等的理念倡导组织积极遵守法律法规和国际行为规范,强调集体协议的重要性,要求劳资双方在平等、合法的雇佣关系中积极进行社会对话和合理地沟通，为改善员工的生产生活条件、提高员工的生活质量及健康水平制定正确、及时、有效的措施以实现和谐的工作氛围，鼓励组织将员工的职业生涯与组织的发展目标相结合，为员工提供个人发展机会和职业培训，在公平、非歧视的基础上提高所有员工的受聘价值。

三、SA 8000 和 ISO 26000 社会责任标准的差异分析

（一）推广主体的差异性

SA 8000 标准和 ISO 26000 标准的推广主体虽然都是非政府机构，但在参与性、认可度和影响力等方面两者具有十分显著的差异。SA 8000 标准是由 SAI 推出的。SAI 旨在通过发展和实施社会责任标准促进员工工作条件的改善和增进劳资双方的理解。其成员主要为热心于企业社会责任事业的非政府和民间组织。SA 8000 标准推广主体的性质，决定了该标准本身只是一个普通的商业认证标准，并非获得广泛认可的国际标准。

而 ISO 26000 标准的推广主体——国际标准化组织是世界上最大的非政府性国际标准化机构，其成员大多为主管标准化工作的政府机构，组织的权威性自然不言而喻。同时，ISO 章程规定了其发布的标准需要由 75% 的成员投票赞成才能通过，因此所有 ISO 发布的标准都被认为是真正意义上的国际标准，在世界范围内得到广泛的认同。2010 年 9 月 12 日 ISO 26000 标准最终稿以 93% 的赞成票获得通过，由此，第一个真正意义上的社会责任国际标准正式诞生。

（二）目的的差异性

虽然 SA 8000 和 ISO 26000 社会责任标准都是国际社会共同遵守的规则，不是强制执行的法律法规，但从标准内容上可以明显看出，两者的目的存在明显的差异。

SA 8000 标准的目的是为履行主体提供管理社会责任的实施要求和符合性证明，该符合性证明可用于购买和采购合同或国际贸易规则。在制定之初，该标准就确定了是被用于认证的标准，所以 SA 8000 标准是一种管理体系。任何希望通过认证的履行主体都要将其纳入自己的整个生产经营过程中，并提供相应的证明材料，经独立的具有 SA 8000 认证资格的外部机构依照统一的标准进行审核，企业的表现如果符合 SA 8000 标准的要求，将给其颁发 SA 8000 标准证书，企业可以根据证书使用的要求，向外界展示其符合性。

不同于国际标准化组织之前颁布的 ISO 9000 和 ISO 14000 标准，ISO 26000 标准并非管理体系，实际上它只是一个指南文件。国际标准化组

织制定该标准的意图是帮助组织促进可持续发展,鼓励组织不仅要遵守法律,而且承认遵守法律是组织的一个基本职责,是自身社会责任的重要部分。可见,该标准的目的是促进社会责任领域的共同理解,并为其他社会责任的工具和倡议提供补充而不是取代它们,更不能用于国际认证、法律和法规、购买或采购合同、国际贸易规则等。这是 ISO 26000 社会责任标准明显不同于 SA 8000 标准之处。

(三)适用范围的差异性

SA 8000 是以保护员工权益为主要内容的管理标准体系,而 ISO 26000标准是促进社会责任领域的共同理解为目的的指南性文件,因此两者所适用的范围也存在着明显的差异性。

SA 8000 标准明确了其适用主体是企业,而不包括其他类型的组织。从现有的实际应用情况看也确实如此,根据 SAI 网站公布的截至 2012 年 6 月的数据,全球共有 65 个国家的 3083 家企业获得该认证证书,其中服装、纺织、建筑等劳动密集型行业所获认证企业数排名比较靠前。

在 ISO 26000 标准第一章中,明确了标准的适用范围。具体而言,ISO 26000 标准适用于所有私有组织、公共组织、公共行业,无论规模大小、业务范围,是位于发达国家还是发展中国家。该标准的适用范围既包括企业,也包括医院、大学等机构,因此明显大于 SA 8000 标准所界定的范围。

(四)社会责任含义及其要素的差异性

SA 8000 标准中社会责任的内涵是企业应对社会承担的责任,在外延上则集中体现在对劳动者权益保护的行为。SA 8000 标准第四章社会责任的规定中详细地规定了企业在员工保护和人权方面必须履行的职责,主要包括九个要素,每个要素又由若干个子要素组成,这九个要素分别为童工、强迫劳动、健康与安全、结社自由及集体谈判权利、歧视、惩戒性措施、工作时间、工资报酬和管理体系。作为用于认证的管理体系,SA 8000 标准用要求型条款对每个要素都提出了具体的评价和执行标准。

ISO 26000 标准则强调社会责任的内涵是组织愿意就其决策和活动对社会和环境的影响承担责任的意愿,其外延则是组织以促进可持续发展为目的,以遵守相关法律法规和国际行为规范以及考虑利益相关方的期望为准则,以全面融入整个组织为路径,以在自身及利益相关方关系中得到落实为符合性的行为。由此,两个标准的社会责任要素侧重点也存在明显差异。

SA 8000 标准更多的是对员工保护方面的规定,而 ISO 26000 标准涵盖的内容更加广泛,尤其是纳入了利益相关方的诉求。

（五）实施规定的差异性

作为认证标准,SA 8000 各项标准要素都有明确的指标要求,企业实施标准必须通过独立的第三方审核后才能得到认可。国际标准化组织发布的 ISO 26000 标准只是一个指南性文件,对组织实施该标准没有具体的指标要求,一切以组织自愿为条件,不存在外部审核的规定。

根据 SA 8000 标准的规定,其实施过程与 ISO 9000 质量管理体系的要求十分相似,包括策划阶段、体系运行阶段、检查和改进阶段、持续改进阶段等四个阶段。实施企业需要编制社会责任管理手册、程序文件、作业指导书,在严格执行上述文件的同时必须保留相应的使用记录。具有资质的认证机构将对企业整个 SA 8000 标准文件及其执行情况进行检查和评价,一旦认证机构审核通过,企业将获得 SA 8000 标准认证证书,并按标准规定使用证书。目前在全球范围内,SAI 授权 21 家机构为 SA 8000 标准的认证机构,希望通过 SA 8000 认证的企业需向这些认证机构而非 SAI 本身提交认证申请,在接受并通过其审核后方能获得 SA 8000 认证证书。SA 8000 证书有效期为 3 年,认证机构每 6 个月进行一次监督审核,每 3 年进行一次复评审核,以确保认证证书持续有效。

与 SA 8000 标准以认证证书形式告知的方式不同,ISO 26000 标准规定了告知的两种表达方式:一是计划实施 ISO 26000 标准的组织,标准建议以"组织承认,将 ISO 26000 标准用作参考文件,提供《社会责任指南》"为告知方式;二是已经实施了 ISO 26000 标准的组织,允许以"组织已应用 ISO 26000作为指南,将社会责任融入价值和实践中"为告知方式。

ISO 26000 标准这种自我践行、客观评价、公开告知的模式,真正体现了组织履行社会责任所应必备的自律性和透明度,以及利益相关方的信任度,相信这比任何外部第三方的断言或承诺更具价值。

四、其他类型的社会责任标准

（一）生产守则运动

20 世纪 90 年代初在西方国家兴起了生产守则运动,当时以世界闻名的国际品牌为线索展开。为了维护品牌形象和市场竞争的需要,西方发达国家的品牌制造商与零售商纷纷开始制定生产守则。这些生产守则通常以联合国《世界人权宣言》和国际劳工组织的"基础性条约"为蓝本,承诺担负社会责任、遵守投资所在国的相关法律、维护员工权益、改善劳动条件,并要求其承包商与转包商遵循同样的产品行为规范。

因此除 SA 8000 外,可用于企业社会责任标准认证的标准还包括各类民间商会、企业联盟以及跨国公司推出的企业生产守则。

(二)生产守则的主要形式和内容

1. 内部生产守则

20 世纪 90 年代初的生产守则运动以世界名牌跨国公司为主展开。最初压力来自于消费者的"不买运动",同时也来自提升自身形象,避免国家干预。制定生产守则的跨国公司主要集中于服装、鞋类、玩具等生产劳动密集产品的行业。这类生产守则由发达国家大型跨国公司自行负责制定、解释、实施并监督其效果,是一种自上而下的"内部法律"。主要通过下订单的方式迫使供应商遵守。比如,耐克公司就在其生产行为守则中规定了:要求合约商在管理实践中尊重所有员工的权利,包括其自由结社和集体协商的权利,禁止基于种族、信仰、性别、婚姻、政治理念、年龄等的各种歧视,并提供相关的培训机会使得员工能够了解该行为守则以及法律所赋予的权利和义务。类似地,迪士尼公司也规定了相应的生产行为守则,包括禁止使用童工、禁止使用强迫劳动、禁止强迫与骚扰行为、禁止歧视行为、结社与集体谈判自由、保障健康与安全、遵守最低工资与最高工时方面的标准等。同时规定"除非分包商向迪士尼公司书面保证遵守本行为守则,并经过迪士尼公司的书面许可,否则制造商不会使用该分包商制造迪士尼的商品或配件"。

2. 外部生产守则

跨国公司内部生产守则的最大弊病在于没有有效的监督机制,其执行的有效性值得怀疑,很可能沦为跨国公司面对消费者和投资国政府的公关工具。因此,以跨国公司自我约束为特征的内部生产守则逐步让步于以社会约束为特征的外部生产守则,这类生产守则按其制定的主体分为以下几类:

(1)行业性生产守则。这类生产守则通常由某一行业的雇主经协商就安全生产和基本劳权保障达成一致意见而形成的。其中具有国际规模的是由国际玩具业协会在 1998 年 6 月通过的商业行为守则。该守则承诺以一种合法的、安全的、有益健康的方式经营玩具工厂。它坚持以下原则:绝不雇用童工、强制劳动力或监禁劳动力;任何人不因性别、种族、宗教、入盟或结社而失去工作机会。守则规定国际玩具业协会成员公司和达成供货协议的公司都应遵守这些原则。

（2）由工会倡导制定的生产守则。1993 年 11 月,中国深圳致丽玩具厂发生火灾,火灾中 87 人丧生、46 人受伤。该厂的发包商是生产 Chicco 玩具的意大利公司 Artsana。经过 4 年谈判,意大利工会与 Artsana 公司最终制定了一个守则。国际自由工会联合会负责这一问题的专家 Dwight Justice 认为该守则具有重要意义:它是有史以来第一个被大型玩具商接受的以国际劳工组织核心标准为基础的守则;它是一个由工会组织促成的守则,它承认工会在监督守则实施中的作用。

该守则以国际自由工会联盟 1997 年 12 月通过的基本守则为框架,制定了一系列基于国际劳工组织核心公约的最低标准。例如,参加工会的权利;工会就工作条件和薪金进行自由谈判的权利;禁止使用强制劳动力和童工;禁止工作领域中的歧视。它的主要目标在于消除最为恶劣的剥削方式,并为工会组织、代表员工谈判提供一个基本框架。

（3）由非政府组织、宗教组织以及其他社会团体倡导的生产守则。洁净衣服运动是活跃于生产守则运动当中非政府组织的典型代表。其主要借助非营利性组织——洁净衣服基金会,旨在改善世界范围内服装产业的工作条件。它是一个国际网络组织,成员组织是多种多样的,包括工会、消费者群体、研究者、妇女组织、教会组织、青年运动组织等。洁净衣服运动通过了《成衣业公平贸易约章》,并在其《成衣业生产行为守则》(以下简称《守则》)中规定了以国际劳工组织核心标准为基础的员工权利,并通过各式各样的志愿者组织开展活动。《守则》的特别之处在于:要求支付给员工生活工资而非法定最低工资;将最低雇佣年龄限定为 15 周岁;强调独立监督。值得一提的是,《守则》特别强调签署《守则》的公司要通过工会和非政府组织的合作建立独立的监测与评估机构,强调检测、评估与认证的独立性。

（4）复合主体推动的生产守则。该类生产守则主要由来自商界工会、人权组织、宗教组织和其他非政府组织的代表组织制定并推动实施,如美国的公平劳工协会(Fair Labor Association,FLA)。1996 年 8 月,由当时的美国总统克林顿任命成立了一个特殊的工作小组——白宫服装产业伙伴关系组织(White House Apparel Industry Partnership),该组织成员包括 13 家大型服装公司、运动鞋制造商与零售商、工会、人权组织等,在政府力量的参与下,共同致力于消除服装业及制鞋业中的"血汗工厂"现象。1997 年 4 月,该组织制定了模范守则并就守则的监督问题达成协议。协议要求参与的公司保证建立内部监督机制并允许独立的外部监督。美国的公平劳工协会制定了《工作场所生产守则》。英国的道德贸易组织由公司、非政府组织以及工会组织联合而成,宗旨是建立由非政府组织、公司、工会及政府共同参与的通用的监督框架,在该框架下,公司也可监督其供应商的劳工标准。道德贸易组织的长远目标是建立"一种关于准则、机构、过程的制度体系,借此公司和其他组织可以为实施生产守则而共同工作"。其特点是:①主要由公司、非政府组织、工会三方参与,公司类型中有超级市场经营者和服装零售商;②该组织致力于传播关于如何在国际商品链中实施国际劳工标准的信息,而非提供认证。所倡导的"道德贸易运动试点计划"的主题也属于生产守则的实施监督问题。该项试点计划由公司、工会和非政府组织共同参与,以国际劳工组织核心条约演化形成的基本守则为执行内容,以检查、监察、核实、认证为核心要素。该项计划选择了三个试验点,即中国深圳制衣行业、南非酒厂以及辛巴威的园艺业。"道德贸易运动试点计划"的突破表现在:对跨国公司各自为政的生产守则进行统一,且是解决生产守则实施监督问题的崭新尝试。

五、各类标准和守则的特点

比较前述的各类社会责任标准,尽管不同主体参与制定的标准或生产守则其内容各有不同,但其基本精神均以联合国《世界人权宣言》和国际劳工组织的"基础性条约"为蓝本,承诺保障基本人权和员工权益,并提供健康安全的工作条件和待遇,其内容一般包括:①禁止使用童工;②禁止强迫劳动,不得要求员工缴纳押金或将身份证件交给企业保管;③禁止辱骂员工,禁止性强迫、性辱骂等行为;④企业的招聘、工资福利、培训、晋升及退休政策不得存在歧视;⑤企业工资不得低于法定和行业最低工资,应按高于普通工资的水平计算加班工资,应以现金或支票方式发放工资福利;⑥保障员工的团结权和集体谈判权,员工有权组建工会,企业不得歧视员工代表或将其与其他员工隔离;⑦企业必须提供安全和整洁的工作环境,采取必要措施避免工伤事故,为员工提供定期的健康及安全培训等。

第二节　浙江省中小企业社会责任的认知和实践分析

企业社会责任的含义和内容,随着社会经济的发展而不断地发生变化。同样,浙江省中小企业履行社会责任的状况,也在随之发生变化。整体而言,从改革开放至今,共经历了四个阶段。从对 312 家企业的调查来看,企业经营者普遍认同企业社会责任的重要性，但实践过程中也存在不少的问题。

一、浙江省中小企业履行社会责任的发展历程

从总体上看，我国改革开放的深化和扩大使得中小企业承担的社会责任也呈现出逐步演进的历程，并且演进是朝着良性的方向发展的，中小企业后一阶段承担的社会责任在外延和内涵方面都较前一阶段有所拓展。浙江省中小企业承担社会责任实践的发展历程主要可概括为以下四个阶段：

第一个阶段是20世纪80年代初期至80年代初中期，是效益最大化条件下中小企业的社会责任阶段。中国改革开放开始时，浙江省的中小企业陆续产生和发展。这一时期，这些中小企业大多处于创业阶段，企业的股东或投资人往往同时也是经营管理者，企业的股东或投资人直接控制企业，其首要责任就是为企业的股东或投资人谋取最大利润。所以此时企业关键是对企业投资人或股东负责任。并且这一阶段是浙江省中小企业资本原始积累的关键时候，企业要想在市场上立足，就必须尽可能快地完成原始积累，所以此刻的企业的利润最大化观念是最强烈的。

第二个阶段是20世纪80年代末期至90年代初期，是中小企业内部视角下的社会责任阶段。企业经历了萌芽和创业时期后，进入了比较曲折的发展道路。企业的规模不断扩大，人员结构和状态也有变化，包括增加员工、扩大生产规模、进一步细化分工等。为提高自身的盈利能力，管理者认为最便捷和直接的方式就是强化企业的内部通力协作，企业内部协作的基础是内部人员之间的相互信任和相互依赖。因此，这些企业管理者开始注重内部人际关系，开始改善员工的生活条件和生产条件，同时实施企业培训和个人职业生涯规划，关注企业人力资源方面的优势。所以，此阶段浙江省中小企业的社会责任开始超越利润最大化这一目标，承担起对企业员工的社会责任。

第三个阶段是20世纪90年代中期至20世纪末，是中小企业外部视角下的社会责任阶段。企业的队伍逐步扩大，信心也不断增强，浙江省中小企业涌现了一批向"专、精、特、新"发展的某些细分行业的"隐形冠军"。有的企业几乎完全主宰着各自所在的市场领域，往往占很高的细分市场份额，有独特的竞争策略。此时，企业的经营目标也开始变得更加长远，着眼于企业生产经营的长期可持续发展以及规划意义上的利润最大化。这一时期，企业开始关注与其利益相关的外部环境，包括企业产品的消费者、企业生产经

营所需相关资源的供应者以及政府的相关管理部门等。在市场经济中,企业与这些相关者之间一方面存在平等交易的关系,另一方面也存在相互依赖的利益关系,企业的生存和发展是建立在几方利益的共同维护基础之上的。此时,企业的社会责任不限于内部员工而关注企业产品的消费者、与企业合作的供应商以及相关的政府管理部门等利益相关者,同时开始履行和实践与利益相关者有关系的社会责任。这标志着浙江省中小企业的企业社会责任承担和履行意识和行为的不断演进。

第四个阶段自 21 世纪初开始,是国际视角下中小企业的社会责任阶段。21 世纪是浙江省中小企业飞速发展的新阶段。2006 年,在国家发改委中小企业司等部门评定的全国 500 家最具成长性中小企业中,浙江省以 105 席居全国之首。尤其是中国加入世界贸易组织后,一方面给浙江省中小企业提供了更广阔的发展空间,另一方面也使国际社会开始关注浙江省中小企业应该承担和履行的社会责任,给浙江省中小企业带来了新的企业社会责任理念。在这一阶段,三个重要因素促进企业承担和履行其社会责任:一是浙江省中小企业的发展在这一时期得到了各级政府的政策扶持,因此增强了企业回报社会的意愿;二是经历过前面的几个阶段,企业拥有了大量的财富,此时的企业一方面仍然在追求企业财富额的增加,另一方面也更加愿意承担和履行社会责任;三是作为外向型经济发展大省,浙江省中小企业的出口额,占全省出口总额的近 3/4。国外采购商开始要求浙江省中小企业承担和履行其社会责任,甚至要求通过验厂等手段迫使企业必须承担和履行社会责任。

总而言之,浙江省中小企业规模的发展和壮大以及改革开放的深入和扩大,使得浙江省中小企业的社会责任也开始了新的提升。

二、浙江省中小企业社会责任的认知

(一)调查样本的选取

基于浙江省中小企业分布的特点,本书选取了浙江省杭州、宁波、温州、绍兴、金华、台州 6 个地区的 312 家中小企业,整个调查主要针对企业和部门负责人,采用随机问卷调查和访谈的方式进行,每个企业选取 1 名管理人员填写问卷。调查的主要内容包括调查对象及所在企业基本情况,企业管理人员对社会责任的认知和理解,企业现阶段实施社会责任的情况等内容。

在随机调查的 312 家企业中,杭州有 55 家,宁波有 53 家,温州有 51 家,绍兴有 49 家,金华有 53 家,台州有 51 家。具体地域分布如表 3-1 所示。

表 3-1   调查样本的地域分布情况

	杭州	宁波	温州	绍兴	金华	台州
企业数/家	55	53	51	49	53	51
所占百分比	17.6	17.0	16.3	15.7	17.0	16.3

（二）调查对象基本情况及对社会责任的认知

1. 调查对象的个体情况

此次调查的 312 名管理人员中，以主管企业人力资源部门的中层管理者居多，共 243 人，占 77.9%；其余为总经理与副总经理级别的管理人员，共 69 人，占 22.1%。其中，在中层管理者这一级别的管理人员中，男性和女性的比例分别为 53.5% 和 46.5%；在总经理与副总经理这一级别的管理人员中，男性远高于女性，两者的比例分别为 65.2% 和 34.8%。所有调查对象的男女比例如表 3-2 所示。

表 3-2   调查对象性别分布情况

性别	人数/人	所占百分比/%
男	175	56.1
女	137	43.9

从表 3-3 可以看出，从受教育程度分析，剔除 17 名信息不详的调查对象后发现，硕士研究生学历人员为 67 人，占完整回答问卷总人数的 22.7%；本科学历 92 人，占 31.2%；大专学历 104 人，占 35.3%；大专以下学历人数为 32 人，占 10.8%。总体分析，所调查企业管理者的受教育程度较高，本科及以上学历的人员占了一半以上的比例。

表 3-3   调查对象学历情况

学历	人数/人	所占百分比/%
硕士研究生	67	22.7
本科	92	31.2
大专	104	35.3
大专以下	32	10.8

2. 调查企业的基本情况

从表 3-4 的企业所有制分布情况分析，私营企业为 217 家，占 69.6%；

其次是外商独资或合资企业,共 81 家,占 26.0%;余下的为国有或国有控股企业,共 14 家,占 4.4%。

表 3-4　调查企业所有制情况

所有制形式	企业数/家	所占百分比/%
私营	217	69.6
外商独资或合资	81	26.0
国有或国有控股	14	4.4

依据浙江省统计局统计出口主要商品的口径,从行业分布来看,生产机电产品的企业 46 家,占 14.7%;生产农副产品的企业 37 家,占 11.9%;生产服装及衣着附件产品的企业 35 家,占 11.2%;生产纺织纱线、织物及制品的企业 29 家,占 9.3%;生产塑料制品的企业 28 家,占 9.0%;生产钢铁或铜制标准紧固件的企业 22 家,占 7.1%;生产电线和电缆的企业 20 家,占 6.4%;生产灯具、照明装置及类似品的企业 19 家,占 6.1%;生产医药品的企业 18 家,占 5.8%;生产汽车零件以及水海产品的企业各 14 家,各占 4.5%;生产鞋类产品的企业 12 家,占 3.8%;生产床垫、寝具及类似品的企业 10 家,占 3.2%;生产箱包及类似容器的企业 6 家,占 1.9%;生产家具及零件的企业 2 家,占 0.6%。具体如表 3-5 所示。

表 3-5　调查企业的行业分布情况

行业	企业数/家	所占百分比/%
机电产品	46	14.7
农副产品	37	11.9
服装及衣着附件产品	35	11.2
纺织纱线、织物及制品	29	9.3
塑料制品	28	9.0
钢铁或铜制标准紧固件	22	7.1
电线和电缆	20	6.4
灯具、照明装置及类似品	19	6.1
医药品	18	5.8
汽车零件	14	4.5

续表

行业	企业数/家	所占百分比/%
水海产品	14	4.5
鞋类	12	3.8
床垫、寝具及类似品	10	3.2
箱包及类似容器	6	1.9
家具及零件	2	0.6

从表 3-6 的企业规模情况分析,100 人及以下的企业为 124 家,占 39.7%;101~200 人的企业为 78 家,占 25.0%;201~300 人的企业为 47 家,占 15.1%;301~400 人的企业为 39 家,占 12.5%;401~500 人的企业为 20 家,占 6.4%;501 人及以上的企业为 4 家,占 1.3%。

表 3-6   调查企业规模情况

员工规模(人)	企业数/家	所占百分比/%
100 及以下	124	39.7
101~200	78	25.0
201~300	47	15.1
301~400	39	12.5
401~500	20	6.4
501 及以上	4	1.3

从表 3-7 的企业销售额情况分析,1000 万元以下的企业为 77 家,占 24.7%;1000 万(含)~5000 万元的企业为 106 家,占 34.0%;5000 万(含)~10000 万元的企业为 86 家,占 27.6%;10000 万(含)~30000 万元的企业为 34 家,占 10.9%;30000 万元(含)以上的企业为 9 家,占 2.9%。

表 3-7   调查企业销售额情况

销售额(万元)	企业数/家	所占百分比/%
1000 以下	77	24.7
1000(含)~5000	106	34.0
5000(含)~10000	86	27.6
10000(含)~30000	34	10.9
30000(含)以上	9	2.9

3. 管理人员对企业社会责任的认知

(1)对企业社会责任概念的认知。在企业的实际运作过程中,企业对概念的理解会直接影响企业的社会责任行为,从概念来看,企业不仅要承担经济责任,以利润最大化为目的,而且要把自己看成社会的公民,承担起社会共同进步、可持续发展的责任。如果企业只看重经济责任而忽略了其他的社会责任,极有可能发生以下社会问题:①过度的开发和环境的污染,导致资源存量锐减和环境恶化,不利于可持续发展;②消费者和投资者的利益受到损害,破坏市场秩序,不利于国家乃至全球的经济发展;③员工的权益无法得到保障;④两极分化严重。因此,了解企业对社会责任认识的现状显得较为重要。

此次调查结果显示,所有调查对象中57.1%的人听说过"国际劳工组织公约",61.5%的人听说过"企业社会责任报告",可见这两个概念被较多人所了解。同时,"社会责任标准SA 8000"和"公司生产守则",分别有45.5%和32.4%的人听说过。而关于"全球契约""OECD公司治理结构原则""企业公民"等几个比较专业的概念,听说过的人很少。该结果表明,所调研的企业对企业社会责任相关概念的认识还比较单一,仍需进一步普及。

(2)对社会责任内容的认知。对于企业社会责任的内容,不同的组织和学者有不同的表述。相对而言,美国经济发展委员会提出的企业社会责任内容较为全面,它包括经济增长与效率、教育、用工与培训、公民权与机会均等、城市建设与开发、污染防治、资源保护与再生、文化与艺术、医疗服务、对政府的支持10个方面的内容。现阶段,我国企业的社会责任主要包括企业的基本责任和企业的非基本责任。企业的基本责任包括两个层次,即经济责任和法律责任。

经济责任概括地说,就是为消费者提供安全可靠的商品和提升经营业绩。法律责任包括依法尊重及维护员工的利益、自行防治环境污染、正当经营并依法纳税。企业的非基本责任主要依赖企业道德自觉,它包括三个方面:第一个方面是社会参与的责任,包括尊重社会习俗和文化遗产等,有选择地参与文化和政治生活等;第二个方面是道义责任,包括加强自我教育并协助员工发展、遵守同行之间的竞争伦理、正当运用企业资产;第三方面是企业的自发责任,具体包括促使国内的科技发展、承担社区责任、支持慈善和公益事业等。

必须指出的是,企业社会责任内容是动态调整的,而非一成不变的。它的内涵与外延是随着经济社会的发展而不断变化并及时调整的。因此,讨论企业社会责任内容时,不仅应包括法律等强制性要求,也必须涉及超越法律的道德和伦理等层面。

为客观反映调查对象对企业社会责任内容的认知情况,本次调查采用多选的方式由调查对象自行选择。其中,调查对象认同度比较高的企业社会责任依次为:为顾客提供优质的产品(83.0%)、依法纳税(81.1%)、保护环境(80.1%)、保障员工权益(77.9%)、节约资源(76.6%)、遵守国家法律法规(75.6%)、参与社会慈善活动(59.6%)。其中,为顾客提供优质的产品选择比例最高,说明企业管理人员的社会责任认知偏向经济责任。

从调查对象关于我国现阶段可实施的社会责任项目的认知情况分析,认知程度最高的是为顾客提供优质的产品(97.2%),其余依次为遵守国家法律法规(96.2%)、依法纳税(95.8%)、保障员工权益(95.2%)、保护环境(94.9%)、节约资源(89.4%)、参与社会慈善活动(86.2%)。可以看出,浙江省中小企业管理人员对于现阶段企业应该履行什么样的社会责任有高度的共识。

(3)对企业社会责任影响的认知。企业主动积极地承担社会责任,可为企业赢得良好的社会信誉。承担社会责任的企业为顾客着想,提供优质服务和产品,能真正做到让顾客满意,从而赢得顾客对企业的信赖,在顾客心中树立起良好的企业形象,创造企业的品牌效应,对于产品的推销和优秀员工的招聘会产生积极的促进作用。

同时,企业主动积极地承担社会责任,可以增强企业的竞争力。经济全球化使企业之间的竞争激烈,竞争的范围也逐步扩大。现代企业的竞争已不仅仅是市场份额的竞争、产品的竞争或品牌的竞争,而且是人才的竞争,高质量的人力资源是获得竞争优势的可靠保证。而承担社会责任的企业主张尊重人权,施行以人为本的企业管理策略,促使员工实现自我价值,从而有利于发挥员工的积极性和创造性,在公平的环境中发挥其最高的工作效率,提高企业的劳动生产率和企业的整体竞争力。

此外,企业主动积极地承担社会责任,将促进企业的可持续发展。企业承担社会责任有利于企业创造更广阔的生存环境,如提高企业员工的责任感、积极性和创造性,有助于企业生产活动的有序进行,使决策者和经营者具有更大的灵活性和自主性,有利于获得相关企业的信任、合作与帮助。同时,企业承担社会责任也是一种长期的促销手段,一种长期吸引顾客的广告形式,从而能够长期、稳定地获得大量的客户。所有这一切,都为企业的可持续发展创造了条件。

当然,企业承担社会责任,必定要产生相应的成本,主要包括职工福利改善支出、各种税金及附加费、工资及福利费、员工社会统筹保障金、矿产资源补偿费、产品售后服务费、退货或返修费、环境治污费、环境绿化保护费、社区服务费、公益福利及公益捐赠支出、各种社会责任资产投资的每期摊销费、其他社会责任成本费等。

调查中,绝大多数调查对象并不赞成社会责任与己无关的看法,大多赞成履行社会责任可以为企业赢得良好的社会信誉(93.6%)、可以增强企业的竞争力(91.6%)、将促进企业的可持续发展(87.6%)的观点。但在认同社会责任的同时,企业也较为关注社会责任履行的成本问题。结果显示,88.4%的调查对象接受履行企业社会责任会增加企业的成本这一情况。这说明,一方面企业认可履行社会责任对企业发展的正向促进作用,但另一方面,也担心由此会降低企业的经济效益。这看似矛盾的结果,反映了企业在履行社会责任方面的两难处境,即如何兼顾短期效益和长期效益的问题。

三、企业社会责任实践情况

(一)企业是否履行过社会责任

在回答企业是否履行过社会责任的问题时,根据调查对象的回答,其所在企业或多或少履行过的社会责任依次为为顾客提供优质的产品(83.0%)、依法纳税(77.2%)、遵守国家法律法规(75.6%)、保障员工权益(73.4%)、节约资源(68.6%)、保护环境(63.5%)、参与社会慈善活动(51.2%)。

调查对象认为企业实施比较成功的社会责任行为前三位分别是:为顾客提供优质的产品和服务、依法纳税、遵守国家法律法规。可以认为,就目前大多数企业而言,其参与社会责任的程度尚属第一代,即被动反应阶段,企业做得最多也相对较为成功的只是履行最基本的经济责任。

(二)企业如何履行社会责任

所调查的企业中,40.1%的企业没有借鉴过其他企业的经验,32.3%的企业借鉴过国内相关企业的经验,5.4%的企业借鉴过国外相关企业的经验,22.2%的企业同时借鉴过国内外相关企业的经验。总体来看,59.9%的企业在要不要履行社会责任、履行哪方面的社会责任、履行到什么程度等方面,都或多或少地借鉴了国内外相关企业的做法与经验。

同时,调查发现,31.7%的调查对象指出其所在企业有专门的机构或人员负责社会责任的履行,71.5%的企业制定了相应的规章制度,25.3%的调查对象则指出其所在企业为企业社会责任的履行设置了相应的监督机制，而 20.8% 的管理者提到，为了企业社会责任的履行，其所在企业设置了长期有效的投入机制。总体来看，企业为社会责任的履行都进行了或多或少的制度安排。

（三）企业社会责任认证的情况

目前，国内企业社会责任认证主要有社会责任审核、社会责任稽核、社会责任工厂评估等，即客户对供应商的员工权益、工作条件以及环境保护三方面的情况进行审核。按类型可以分为第二方审核和第三方审核，第二方审核即由客户自己进行审核，第三方审核即由客户委托第三方机构进行的审核。按审核标准分，可以分为企业社会责任标准认证和客户方标准审核。

此次所调查的 312 家企业中，已经通过相关社会责任认证的企业只有 75 家，占总数的 24.0%。所通过的认证均为采购方要求的认证。问及为什么企业未进行相关社会责任认证的原因时，调查对象给出的排在前三位的理由分别是：企业目前没有这方面的压力（35.9%）、履行成本太高（28.5%）、形式大于实际（15.7%）。这说明浙江省中小企业在履行企业社会责任认证方面较为被动，缺乏主动性和积极性。

（四）企业发布社会责任报告的情况

广义的企业社会责任报告包括以正式形式反映企业承担社会责任的某一个方面或某几个方面的所有报告类型，即包括了雇员报告、环境报告、环境健康安全报告、慈善报告等单项报告和囊括经济、环境、社会责任的综合性报告。

企业之所以以发布社会责任报告的方式进行非财务信息披露，是因为企业身处的经营环境越来越复杂。传统的以股东利润最大化为目标的运营方式所带来的员工福利问题、环境污染问题、产品质量问题等越来越受到社会各方面的关注，由此带来的压力要求企业对除股东之外的更广大利益相关方负责，以实现可持续发展。

也就是说，在日趋复杂的经营环境中，以货币的方式对企业的历史经营活动进行计量的财务信息无法将企业面临的机会和风险充分反映出来，也不能将企业的价值充分体现出来。企业社会责任报告所披露的非财务信息弥补了这一不足，两者的结合可以更好地反映企业未来的财务状况。因此，越来越多的企业在投资者、消费者等利益相关方的压力下，从企业内部运营的需要出发，选择了发布企业社会责任报告。

但是调查结果显示,经常发布社会责任报告的企业有 16 家,仅占总数的 5.1%,其中 8 家为国有或国有控股企业,占经常发布社会责任报告企业的一半。偶尔或曾经发布过社会责任报告的企业有 57 家,占总数的 18.3%。这也从一个侧面反映出大多数企业对履行社会责任并不热心。

（五）制约企业履行社会责任的因素

目前中小企业履行社会责任仍然是一个难点问题。从调查对象反馈的情况看,企业经营者对企业社会责任的认识度低、企业社会责任只会增加企业成本而很难提升效益,以及国内没有形成履行社会责任的社会环境三个方面成了最重要的制约因素,分别有 61.5%、56.1% 和 40.1% 的参与者选择。

首先,必须承认,不少企业经营者对企业社会责任概念、内容等的认识较浅薄,与前面的定性分析结果一致。这在一定程度上阻碍了企业社会责任在企业内部的深入宣传。企业没有树立以人为本的经营理念就难以保证企业对员工、顾客等利益群体履行社会责任。而高层管理者的社会责任意识不强势必影响企业的社会责任决策,进而影响社会责任行为。

其次,浙江省是外向型经济发展大省,大多数中小企业都从事外贸业务,在当前外贸形势十分严峻的经济背景下,很多中小企业经营者都将经营效益的提高作为首要目标,而企业社会责任的履行往往从长期来看才能产生效益。企业履行社会责任的成本太高也给中小企业履行社会责任带来了障碍。

最后,对企业履行社会责任制约较大的是制度方面的因素。国内没有形成履行社会责任的社会环境这一制约因素反映出在中小企业经营者看来,政府并没有发挥其积极的引导、宣传、促进作用,全社会也没有形成良好的实施氛围,实施社会责任的企业并不能在市场竞争中获得优势。

总之,目前浙江省中小企业社会责任的制约因素不仅存在于企业内部,如管理者意识不强,过于追求短期利益,没有形成企业文化,同时也受外部因素的影响,如法律法规不健全,政府部门没有发挥积极作用等。因此,为了解除这些制约因素的影响,引导中小企业履行社会责任,需要从企业内部和外部共同努力。

四、调查小结

从整个问卷调查的结果来看,目前企业管理者的社会责任认知偏向于经济责任,同时对于现阶段企业应该履行的社会责任有高度的共识。企业在社会责任方面做得相对不错的是为顾客提供优质的产品、依法纳税、遵守国家法律法规,但企业社会责任的履行却相对被动,局限于最基本的层面。

第三节　浙江省中小企业社会责任实践的动机分析

自从企业社会责任在我国受到越来越多的重视,我国的企业已逐步开始采取各种各样的方式参与社会责任实践,浙江省中小企业也不例外。这说明,企业履行社会责任的方式、态度,直接影响到企业履行社会责任的效果,对企业的生存和发展有着至关重要的推动和促进作用。鉴于现实中企业履行社会责任的行为源自于各种不同的动机,学术界已逐渐认识到此类研究的重要性。一般来说,企业履行社会责任的动机可分为道德动机、经济动机与制度动机三种。

经济动机是指出于利己观念的企业价值增值的考虑;道德动机是指完全出自利他观念的道德伦理行为;制度动机是指企业建立政府或非政府组织关联,寻求某种制度保护的动机。对于同一性质的企业而言,履行社会责任动机的不同势必导致企业在履行社会责任的行为特征和产生的效果方面存在差异。现实中企业界履行社会责任的行为源自于各种不同的动机,学术界将履行社会责任的动机归纳为基于企业经营者自身慈善意识的道德动机、基于价值增值考虑的经济动机以及基于寻求政治保护的制度动机。其中道德动机和制度动机也可以视作非经济动机。

一、道德动机的影响

自20世纪70年代以来,越来越多的国家及国际组织、社会组织甚至企业自身,为推动企业社会责任的履行进行了一系列的尝试和实践。但是,对处于不同地域、不同文化中的企业,甚至是处于同一地域、同一文化中的不同企业来说,其履行社会责任的状况仍然千差万别。这是因为企业履行社会责任的状况除了受法律、制度等因素的影响以外,在很大程度上取决于其行为主体的道德素养。毫无疑问,如果没有道德的内生驱动,所有的外在影响必将大打折扣。

虽然人们对道德的界定尚不统一,但通常将其归为上层建筑的范畴,是对人们的行为进行善恶评价的心理意识、原则规范和行为活动的综合。一般而言,道德主要是通过影响人之内心来实现控制其行为的效果的。因此,道德动力可以有两种解释:一是道德行为的限制;二是道德行为的教化和内驱。前者是外在的表现形式,后者是内在的作用机制。只有内在与外在、限制性与教化性实现有机结合,才能构成完善的道德动力机制。相对于强制性的制度动力而言,道德动力显然是一种软性约束。

从道德的演变历程来看,能够对道德发挥影响的机制性力量主要包括教育、风俗习惯、社会舆论和个人的内心信念。道德动力往往先作用于人,然后才作用于能够被人影响的组织。就浙江省中小企业社会责任问题而言,其道德动力主要来自于能够对企业行为产生重大影响的个人或组织的道德水平,只有他们由内而外地意识到履行企业社会责任的重要意义,才能产生履行企业社会责任的道德动力。显然,能够对企业行为产生重大影响的个人当属企业所有者,即企业的股东。调查显示,有61.5%的调查对象表示,制约浙江省中小企业履行社会责任的最主要影响因素是企业经营者对企业社会责任的认识度低,这一因素明显高于其他两个因素。而能够对企业行为产生重大影响的组织则是各种大众传媒机构。基于此,履行企业社会责任的道德动力便主要涉及两个方面,即企业经营者的道德影响和大众传媒的道德导向。

(一)企业经营者的道德影响

无数中外企业的成功经验已经表明,多数成功的企业,其内部均有一股巨大的道德力量。企业的道德力量不是与生俱来的,都是企业有目的地进行道德建设的结果。而在众多影响企业道德建设的因素中,企业经营者的道德素养及其拥有的道德影响力无疑是具有决定性作用的因素。

之所以这样说,是因为企业经营者对企业的贡献大,影响也大,他们拥有最终的决策权,能够决定企业的发展方向、经营战略和管理模式,他们有更多的机会为企业确定道德伦理基调,企业的行为会在很大程度上体现企业经营者的意愿和偏好。因此,企业经营者在社会中不仅仅是单独的经济主体,而且是道德主体,他们有着"经济人"和"道德人"的双重身份。如果企业经营者能够坚守健康的、积极的道德底线,着力推进企业的道德文化建设,充分发挥他们在企业道德文化建设中的倡导者、提炼者、设计者、表率者、传播者、更新者作用,便会引领企业不断突破发展瓶颈,实现可持续发展。

从此次调查来看,尽管绝大多数调查对象并不赞成社会责任与己无关的看法,但仍有众多企业时不时地产生令人心颤的不道德行为,如长期拖欠工资、让员工在恶劣的环境下工作等。这固然有市场经济体制不够健全与不完善等原因,但企业经营者的道德责任意识和道德自律意识不强、企业经营者自身的道德素质与道德境界不够高尚也是其中重要的原因。由于企业规模等影响,浙江省中小企业的企业所有者往往就是企业的经营者,这些企业经营者大多从中小型作坊起步,他们通常具有敏锐的市场意识、风险意识和吃苦耐劳、不断创新的精神,但在激烈的市场竞争中,也形成了"成本为王"、注重短期效益的特点,难免在道德方面体现明显的局限性。因此,有关部门应采用多种方式定期或不定期地对企业经营者进行适当的道德责任教育,提高企业经营者的道德责任意识和素养,努力使越来越多的企业经营者能够以社会企业家精神为内在的道德指引和外在的行为准则,并将社会企业家所追求的道德取向和价值目标作为其履行企业社会责任的重要组成部分,使企业经营者的道德影响真正成为履行企业社会责任不可或缺的动力因素。

(二)大众传媒的道德导向

众所周知,报纸、杂志、图书、广播、网络等大众媒体对社会具有广泛而深远的影响,它们利用各自的信息载体来传播特定的语言、文字、符号等信息,构建人们的认知概念世界、价值系统,形成对人们社会行为的隐性支配。近年来,随着大众传媒的迅速发展,它已经成为无处不在、无时不在的传播媒介。在企业履行社会责任的进程中,大众传媒的道德导向作用主要通过道德传播者角色、道德教育者角色和道德监督者角色来完成。

从理论上说,大众传媒是整个社会环境的监督者,它监视、督促人们遵守一定的道德准则、维护道德尊严。作为社会道德的"守望人",大众传媒通过引导舆论来实现道德监督的功能。一旦有人违背社会道德,便可以通过媒体曝光对其进行谴责。就浙江省中小企业社会责任问题而言,大众传媒的道德导向作用也是十分巨大的。通过道德传播者的角色传播相关法律和政策,介绍国内外有益的企业管理,尤其是员工管理经验,提高企业经营者及员工的媒介素养,增强企业履行社会责任的自觉性和主动性;通过道德教育者的角色教育企业经营者及相关人员建立以人为本的理念,充分意识到在当今时代员工对企业发展的重要作用,在遵纪守法的基础上,努力改善员工待遇,促进员工的职业发展,提供相应的工作支持,同时为员工创造和谐融洽的工作氛围,积极主动地履行社会责任;通过道德监督者的角色监督企业履行社会责任的状况,对不履行或不能较好地履行社会责任的企业进行信息披露,使其利益相关者及时了解企业在社会责任履行上的不道德行为,并因此做出自己的行为判断,进而督促企业积极地履行相关的社会责任。

二、经济动机的影响

经济动机论认为,企业履行社会责任为的是增加企业价值,目的是帮助企业实现股东价值和公司价值最大化。企业通过履行社会责任增加的股东价值将有助于企业达到其基本的生存与发展的底线。从收益的角度来看,履行社会责任会帮助企业建立良好的公众形象,提高企业的声誉,从而增加消费者对其产品的需求,同时会降低消费者对履行社会责任的企业的价格敏感度。从成本的角度来看,追求自身利润最大化的企业通过履行社会责任也可以降低其产品的成本。

从此次调查的情况看,调查对象也认同企业履行社会责任,可以为企业赢得良好的社会信誉(93.6%),可以增强企业的竞争力(91.6%),将促进企业的可持续发展(87.6%)。

(一)提高员工满意度和忠诚度

员工满意度是与工作相关的一种心理状态,是员工在企业工作中所能感受到的满足感。它是一个综合性的概念,会受到许多因素的影响。国内外学者已进行了许多研究,取得了众多的研究成果。归纳起来,能够影响员工满意度的因素主要有:工作本身(包括员工对工作本身的兴趣、工作的挑战性、学习机会、成功机会等)、报酬(包括报酬的数量、公平性及合理性等)、晋升机会、工作条件(包括工作时间的长短、机器设备及工作环境等)、领导风格、人际关系(包括与同事、领导以及家人的关系)、员工的人格特质、企业发展状况等。显然,这些员工满意度的影响因素中绝大部分与企业社会责任密切相关。因此,一般来说,倘若企业能够很好地履行对员工的社会责任的话,就会提高他们的工作满意度,进而提高他们的忠诚度,尤其在当前用工荒频频出现的情况下更应如此。

(1)较高的员工满意度可以提高员工的工作热情,促使员工加大工作投入。行为科学的研究表明,员工对工作的满意情况会直接影响员工工作时的情绪。心理学家唐纳德·赫布曾指出,人的情绪与工作效率有很大的关系,低水平的员工满意度会导致员工情绪的低迷或过分紧张,从而导致低水平的工作绩效。据《远东经济评论》《亚洲华尔街日报》和美国希维特顾问公司对亚洲9个国家和地区的355家公司的9.2万员工的调查显示,心情愉悦的员工具有更大的创造力,能够为公司带来更好的效益。另外,据世界著名的咨询公司韬睿咨询在 2007 年针对全球 19 个国家的 10 万名员工的一项调查显示,在影响员工工作投入的因素中,企业社会责任超越职业发展前景和有挑战性的工作、与上级的关系等因素,排在了第三位,这说明,企业履行社会责任的状况会在很大程度上影响员工的工作投入。

(2)较高的员工满意度可以降低员工流失率。研究表明,员工对工作不满意的一个直接结果就是离职,由此会造成企业的人才流失。为了维持正常运转,企业往往需要招聘新员工来顶替原有员工的岗位,这就使得企业不得不支出较高的员工替换成本,给企业造成损失。美国管理协会(American Management Association,AMA)的一份报告显示,企业替换一名员工的成本至少相当于其全年薪酬的 30%,对于技能紧缺的岗位,此成本可相当于员工全年薪酬的 1.5 倍甚至更高。

(3)较高的员工满意度可以增强企业的凝聚力,从而更好地为企业可持续发展提供有力保障。研究表明,如果员工对其工作不够满意的话,就有可能产生一些不利于企业发展的行为,如迟到、早退、旷工等缺职行为,以及以非正式形式与管理层进行对抗的行为等。相反,如果员工对其工作较为满意的话,不但不会产生不利于企业发展的行为,而且会增强对企业的认同感和归属感,增大对企业的向心力和凝聚力。

这几年,为了提高员工的满意度和忠诚度,减少员工的流动,浙江省不少中小企业纷纷打出"温情牌",过年免费包车送员工回家等现象屡屡出现,说明浙江省中小企业经营者已经充分体会到提高员工满意度和忠诚度对企业的重要性。

(二)提高顾客满意度和忠诚度

顾客是企业利润的直接源泉,是影响和制约企业生存与发展的战略性资产。在此次对浙江省中小企业经营者的调查中,调查对象针对自己的企业已经在履行的社会责任内容,回答"为顾客提供优质的产品"的占 83.0%,排在第一位。说明,浙江省中小企业已充分认识到顾客对企业生存和发展的重要性。

顾客的满意度和忠诚度正是衡量一个企业与消费者关系优劣的最好标尺。在买方市场的条件下,特别是在全球经济增长明显减速、市场竞争日益激烈、行业利润日趋微薄、消费者维权意识逐步兴起和消费者需求日益个性化、多样化的今天,顾客的满意和忠诚已成为制约企业生存与发展的关键要素。大量的研究表明,影响顾客满意度或忠诚度的因素有很多,但其中一个重要的因素就是员工的满意度。哈佛大学的一项调查研究表明:员工满意度每提高 3 个百分点,顾客满意度就提高 5 个百分点,而利润可增加25%～85%。

根据 James L. Hesket(2002)提出的"服务利润链模型",企业盈利能力的增强主要来自顾客忠诚度的提高,顾客忠诚是由顾客满意决定的,顾客满意则是由顾客认为获得的价值大决定的,而这是由工作富有效率且对公司忠诚的员工决定的,员工对公司的忠诚又取决于其对公司满意,员工满意主要由企业内部高的服务质量决定。由此不难看出,企业内部服务质量是这一逻辑的基础。如果企业不能为其员工提供较高的内部服务质量,那么后续的一切将无从谈起。这里的企业的内部服务质量涵盖的内容复杂,主要指企业为员工营造的微观工作条件和工作氛围等,而这些正是企业社会责任的主要内容。由此不难得出如下结论:企业履行社会责任的状况能在很大程度上影响员工的满意度和忠诚度,进而影响消费者的满意度和忠诚度,最终影响企业效益的好坏。

此外,若从契约理论的观点来考察则会发现,企业与消费者之间也存在着一种隐性的契约关系:如果企业的行为能够得到消费者的肯定,那么消费者就愿意购买企业的产品或服务,否则消费者就不愿意购买企业的产品或服务。国内外许多学者经过研究基本上得到了一个相同的结论,即企业社会责任与顾客的购买意向和行为之间存在着明显的正相关关系。

(三)增强自身竞争力

企业竞争力通常是指作为独立经济实体的企业在竞争的市场经济环境中,通过不断优化企业内外资源的配置,与现实的或潜在的竞争对手在市场竞争中的系统比较能力。纵观企业竞争方式的演变轨迹不难发现,企业之间竞争的焦点正不断地从价格向非价格转移,从产品本身向产品以外延伸。在这一转变过程中,企业的社会责任正逐渐成为提升企业竞争力的新的增长点,责任竞争力的理念便由此产生,并且被看作竞争的顶级阶段,即最高表现形式。

首先,履行社会责任可使企业获得发展所需的优质的人力资源。资源学派的观点认为,企业的竞争优势来源于企业长期累积而成的、能为企业创造价值的、为企业独享的、难以模仿和复制的战略资源。从理论上讲,企业战略资源主要包括人力资源和物力资源两种。在科学技术飞速发展、知识经济悄然临近的今天,相对于物力资源而言,人力资源对企业的生存与发展更具有决定性的作用。因此,致力于优质的人力资本的积累对企业意义重大。而积累优质的人力资本无外乎两种途径:一是保留已有的人力资本,降低员工的离职率;二是吸纳竞争对手的优秀员工加盟自己的企业。企业若能较好地履行社会责任,便可以达到保留企业已有人才和吸纳企业外部人才的双重效果。Turban 在 1997 年的研究中发现,履行社会责任的企业比不履行社会责任的企业对员工有更大的吸引力,社会责任型企业可能有更好的员工实践。

其次,履行社会责任可提高企业价值的创造能力。在当今时代,企业的生存与发展越来越依赖于员工的创造性。企业履行社会责任,不仅有利于提高员工对企业的认同感,从而鼓舞员工的士气、激发员工的潜能,创造出更多更好的关键技术和核心技术成果;而且也有利于关键技术和核心技术的培育与市场化,从而使责任转化为市场机会,构建进入壁垒,形成差别优势,提升企业的竞争力。

再次,履行社会责任可提高企业抵御风险的能力。企业履行社会责任,不但有助于员工对企业产生归属感,降低甚至避免企业发展过程中可能产生的来自于员工的道德风险,而且有助于企业及时发现员工管理中存在的问题,避免劳资矛盾升级;同时,还能增强企业抵御其他风险的能力,将风险造成的企业损失降到最低。

最后,履行社会责任可提高企业的美誉度。美国学者 Michael E. Porter 和 Mark R. Kramer(2002)认为,企业根据其价值链的社会作用致力于解决对企业竞争力具有较大驱动功能的社会问题,不仅能增加商品和服务创新,提高顾客价值,而且能与相关利益者结成更好的关系,有助于树立良好的企业形象,提升外界对企业的认可和评价,进而使企业的美誉度得到提高。

从以上论述不难看出,企业履行社会责任的确可以为企业带来经济收益,尽管有些经济收益是潜在的。但是,这并不意味着企业只要履行了社会责任,就可以获得经济利益,或者说,企业履行的社会责任越多,获得的经济利益就越大。企业履行社会责任的水平应严格遵守管理学大师彼得·德鲁克在 20 世纪 70 年代提出的社会责任限度原则。倘若企业履行社会责任的水平超出了社会责任的限度原则,那么履行社会责任不但不能给企业带来经济收益,反而可能给企业的发展甚至生存带来致命的影响。因此,企业虽然具备履行社会责任的经济动力,但还要根据企业的实际情况量力而行。

三、制度动机的影响

企业的本质属性是逐利性,追求利润是企业运营的根本目的所在。科斯在对企业的性质的分析中也曾得出企业"不可超越逐利边界"的结论。事实上，"自利是人类最持久稳定的动机"，只有在逐利的前提下，企业的行为才具有可预期性和合乎逻辑性。因此，当企业的逐利行为与社会利益的满足发生冲突的时候，企业自然会将赚取高额利润作为首选目标，而把社会利益放在相对次要的位置上。在这种情况下，平衡企业利益和社会利益，单靠经济动力的作用显然是不够的，除此之外，还应构建其他的动力机制，制度动力便是其中之一，这是学者们经过百余年的研究与探讨得到的结论。

按照制度经济学理论，制度是一系列被制定出来的规则、守法程序和行为规范，旨在约束追求主体福利或效用最大化的个人行为，它规定了人们的利益结构及其行为的激励或约束程度，是现代社会得以良好运行的规则体系和有效保证。

与企业社会责任相关的制度主要包括两大类，一类是国家与企业社会责任相关的法律法规，这些法律法规无疑具有强制性的特点；另一类是非政府组织发布的与企业社会责任相关的准则或规范等，虽然这些准则或规范不具有强制性，但对企业的生存与发展也有着非常重要的影响。本书将企业社会责任的制度动力的主要来源确定为法律法规、政策、对企业行为的约束和奖励三个方面。其中，对企业行为的约束主要是指通过相关法律法规和准则规范等约束企业行为，使其按照企业社会责任的引导来行事，避免企业行为侵害员工权益；而对企业行为的奖励则主要是指当企业较好地履行社会责任时可以得到相关的奖励，以调动企业自主履责的积极性。在我国企业缺乏履行社会责任主动性且履行社会责任水平不高的今天，制度的作用不容小觑。

（一）法律法规和政策

为加强对劳动者的保护，更好地促进企业履行社会责任。近年来，我国在相关法律法规的修订与完善过程中，已对企业社会责任进行了法律上的规定，这标志着我国企业社会责任问题已经进入法律化的轨道。

首先将"社会责任"一词写入我国法律的是于 2005 年 10 月修订、2006年 1 月开始实施的《中华人民共和国公司法》（以下简称《公司法》）。该法第 5 条规定："公司从事经营活动，必须遵守法律、行政法规，遵守社会公德、商业道德、诚实守信，接受政府和社会公众的监督，承担社会责任。"不过，这里所说的公司仅仅是指有限责任公司和股份有限公司。2006 年 8 月修订、2007 年 6 月开始实施的《中华人民共和国合伙企业法》（以下简称《合伙企业法》）也规定，合伙企业应当履行社会责任。该法第 7 条规定："合伙企业及其合伙人必须遵守法律、行政法规，遵守社会公德、商业道德，承担社会责任。"其实，于 2002 年年初出台的《上市公司治理准则》第 81 条就明确规定："上市公司应尊重银行及其他债权人、职工、消费者、供应商、社区等利益相关者的合法权利。"虽然这些规定仅仅是原则性的，但它至少反映出我国立法机关对企业履行社会责任的提倡和鼓励。

事实上，除了在总体上规定了企业应该履行社会责任以外，《公司法》还对企业如何履行社会责任进行了规定。例如，《公司法》第 17 条规定："公司必须保护职工的合法权益，依法与职工签订劳动合同，参加社会保险，加强劳动保护，实现安全生产。""公司应当采用多种形式，加强公司职工的职业教育和岗位培训，提高职工素质。"第 18 条规定："公司应当为本公司工会提供必要的活动条件。公司工会代表职工就职工的劳动报酬、工作时间、福利、保险和劳动安全卫生等事项依法与公司签订集体合同。""公司依照宪法和有关法律的规定，通过职工代表大会或者其他形式实行民主管理。"第 45 条和第 68 条规定，有限责任公司和国有独资公司的"董事会成员中应当有公司职工代表，董事会中的职工代表由公司职工通过职工代表大会、职工大会或者其他形式民主选举产生"。第 52 条、第 71 条和第 118 条规定，有限责任公司、国有独资公司和股份有限公司的"监事会应当包括股东代表和适当比例的公司职工代表，其中职工代表的比例不得低于三分之一，监事会中的职工代表由公司职工通过职工代表大会、职工大会或者其他形式民主选举产生"。

如果说《公司法》《合伙企业法》等仅对我国企业履行社会责任做出了原则性规定的话，那么于 1995 年 1 月开始施行的《中华人民共和国劳动法》（以下简称《劳动法》）、于 2008 年 1 月开始施行的《中华人民共和国劳动合同法》（以下简称《劳动合同法》）和《中华人民共和国就业促进法》（以下简称《就业促进法》）、于 2008 年 5 月开始施行的《中华人民共和国劳动争议调解仲裁法》（以下简称《劳动争议调解仲裁法》）等进一步明确了我国企业社会责任的主体内容，具体将在本书第四章中分析。

为从制度上促进企业更好地履行社会责任，这些年，浙江省也从实际出发，围绕相关的劳动法律法规，先后制定或修订《浙江省集体合同条例》《浙江省企业民主管理条例》《浙江省劳动合同办法》《浙江省工资支付规定》《浙江省女职工劳动保护办法》《浙江省禁止使用童工规定》等 10 多个地方性法规和政府规章；省委省政府也先后出台《关于深入发展和谐劳动关系的意

见》《关于全面推进职工工资集体协商工作的意见》《关于切实维护劳动者合
法权益　进一步发展和谐劳动关系的若干意见》《创建无欠薪浙江行动方案
的通知》等一系列政策文件。根据劳动法律法规的要求,浙江省还认真做好
政府规章和规范性文件清理工作,共清理规范性文件 1400 件,初步形成具
有浙江省特色,与《劳动法》和《劳动合同法》相配套的地方法规和政策体系,
为浙江省全面贯彻实施劳动法律法规提供了强有力的保障。

　　从劳动争议发生和处理的情况来看,法律法规对浙江省中小企业履行
社会责任具有明显的强制性动力。几年来,浙江省各市劳动争议处理案件
数量变化不一,总体呈上升趋势。2009 年,全省受理劳动争议案件 40560
件,是 2006 年的 1.9 倍。2012 年,宁波市共受理劳动争议案件 10143 件,同
比增长 7.5%,结案率为 93%,同比提高了 1.5 个百分点,调解率达到
73.5%,同比提高了 4.7 个百分点。温州市共受理劳动争议案件 10004 件,
比上年同期减少 23%,补发、清欠工资金额 29449 万元,比上年同期增加
54%,涉及劳动者 4.4 万人(跟上年持平)。台州市共受理劳动争议案件
1776 件,处理了 1533 件。湖州市共受理劳动争议案件 2931 件,与上年同期
相比上升 40.85%;当期审结 2718 件,结案率为 92.73%,调解结案 2183 件,
调解率为 80.32%;案外调解 5361 例。2013 年上半年,湖州市共受理劳动争
议案件 1374 件。截至 2013 年 9 月,舟山市共受理劳动争议案件 940 件,涉
及劳动者 940 人,办结案 892 件,结案率 94.9%;从案件处理方式来看,仲裁
裁决 353 件,仲裁调解 454 件,仲裁撤诉 85 件。2010—2012 年(截至 8 月 31
日)衢州市共受理劳动争议案件 5340 件,涉及劳动者 8142 人,经处理,为劳
动者挽回直接经济损失 14413.77 万元。

　　(二)非政府组织的约束

　　随着非政府组织的数量、活动领域以及社会影响等的不断发展,非政府
组织在很多领域已日渐成为权力结构中的一个不可或缺的部分。尽管人们
对非政府组织的界定仍很模糊,但利他主义和自愿性原则依然是其关键的
决定性特征。联合国对非政府组织的界定较具代表性,即在地方、国家或国
际级别上组织起来的非营利性的、自愿性的组织。应该说,不同的非政府组
织具有不同的功能,但基本上可以分为三种:一是准则或标准的制定,包括
企业社会责任标准或社会责任活动规范的设立;二是准则或标准的管理,包
括标准信息的提供、培训、认证等;三是准则或标准的执行,包括仲裁、调节
和监督等。

一是准则或标准的制定。在 20 世纪 90 年代初期,美国劳工及人权组织针对美国服装制造商李维斯"血汗工厂"事件,迫使其制定了世界第一份企业生产守则,之后陆续建立了相应的社会责任审核体系。此后,在美国劳工及人权组织等各国非政府组织的压力下,许多世界知名品牌公司如沃玛特、锐步、迪士尼等都相继制定了自己的生产守则。如今全球各种类型的生产守则数量繁多。

二是准则或标准的管理。为了推进相关准则或标准的有效实施,许多非政府组织承担起了相关的管理责任。为了促进企业履行社会责任,他们积极开展各种与之相关的活动。例如,组织企业社会责任培训,以使有关人员,如政府官员、企业经营者或管理者等理解企业社会责任对企业发展和地方经济发展的重要意义,建立健全企业社会责任理念;加强企业社会责任的宣传,使全社会不但能够关注企业社会责任,而且能够参与到企业社会责任运动中来,以营造出一种推进企业社会责任的社会氛围,对企业形成强大的社会压力;以评价机构或第三方认证机构的身份介入企业社会责任相关准则或标准的认证、评估与审核等。

三是准则或标准的执行。为了激发企业践行社会责任的热情,一些非政府组织举行了丰富多彩的活动,如优秀企业公民的评选、最具社会责任企业家的表彰、举办企业社会责任年会或论坛、企业社会责任战略或策略的制定与实施、与企业开展相关合作等。

此次所调查的 312 家企业中,有 75 家通过了相关社会责任守则或标准的认证,占调查总数的 24.0%。所通过的认证均为一些由非政府组织制定的企业社会责任守则。说明非政府组织及其相关守则或标准在浙江省中小企业推进企业社会责任过程中发挥着重要的作用。

综合来看,如果抛开纯粹的道德伦理驱动和经济驱动,不少浙江省中小企业履行社会责任通常是源于制度驱动,即通过履行社会责任,企业经营者向外界传达一种敢于担当的信息。此次调查显示,除了为顾客提供优质的产品外,依法纳税和遵守国家法律法规成了企业对社会责任认知和实践的重要选项,在认知选项中两者所占比例分别为 95.8% 和 96.2%,在实践选项中两者所占比例为 77.2% 和 75.6%。中小企业希望通过履行社会责任的行为建立与地方政府的密切联系,寻求最大程度的政治保护。中小企业的性质和目标决定了其在履行社会责任时相对大型企业而言更有追逐价值增值的经济动机,也更加受到寻求政府政策保护等制度动机的驱动。

正是由于现阶段浙江省中小企业受到的经济驱动和制度驱动的影响远

远大于道德驱动的影响,导致了企业经营者在履行社会责任时较多地考虑与政府或非政府组织的密切联系,以及企业价值的增加,因而很容易忽略对包括劳动者权益保护在内的利益相关者的责任(具体调查结果见第四章)。在今后的实践中,受到多重动机驱使的企业在履行社会责任方面应强化道德驱动,更加重视劳动者的生存环境的改善、产品质量的提高等亟待解决的问题。明确履行社会责任动机,树立良好的社会责任观,从而更加科学合理地承担其相应的社会责任,这对浙江省中小企业来说至关重要。

第四章　浙江省中小企业承担员工社会责任的调查

　　2008年1月1日开始实施的《中华人民共和国劳动合同法》(以下简称《劳动合同法》),以原有的《中华人民共和国劳动法》(以下简称《劳动法》)为依据,针对目前我国企业社会责任承担中的现实问题做出了规定。特别是与原有的《劳动法》相比较,《劳动合同法》增强了法律的可操作性,并在保护劳动者合法权益方面做出了20多项具有创新性的规定。《劳动合同法》对实施多年的各地劳动合同条例确定的劳动关系立法模式有重大的调整,它的实施,对企业劳动力成本的观念、企业人力资源管理,甚至企业战略都产生了重大的影响。2013年7月1日,修改后的《劳动合同法》经全国人民代表大会常务委员会讨论通过并实施,此次修改主要涉及劳务派遣方面的条款,其他部分与2008年1月1日开始实施的《劳动合同法》一致。本章对《劳动合同法》主要条款的变动情况进行了解读,分析了《劳动合同法》实施后对企业可能产生的影响,并在对浙江省中小企业897名员工展开企业承担员工社会责任调查的基础上,从地域、企业性质等层面对调查结果进行了分析。

第一节　《劳动合同法》主要条款的解读

　　《劳动合同法》共有8章98条,该法不但明确了立法宗旨、适用范围,而且还分别对劳动合同的订立、履行与变更、解除和终止等环节做出了具体的规定。应该说,《劳动合同法》是在对我国劳动关系现状及发展趋势做出准确判断的基础上,科学地制定出来的一部调整劳动关系的重要法律。

一、立法宗旨、原则和范围

《劳动合同法》的第 1 条到第 6 条对立法宗旨、适用范围等做出了规定。《劳动合同法》第 1 条指出,制定《劳动合同法》的目的在于:"完善劳动合同制度,明确劳动合同双方当事人的权利和义务,保护劳动者的合法权益,构建和发展和谐稳定的劳动关系。"

第 2 条阐述了《劳动合同法》的适用范围:"中华人民共和国境内的企业、个体经济组织、民办非企业单位等组织(以下称用人单位)与劳动者建立劳动关系,订立、履行、变更、解除或者终止劳动合同,适用本法;国家机关、事业单位、社会团体和与其建立劳动关系的劳动者,订立、履行、变更、解除或者终止劳动合同,依照本法执行。"

第 3 条规定了订立劳动合同的原则,即"订立劳动合同,应当遵循合法、公平、平等自愿、协商一致、诚实信用的原则"。第 4 条到第 6 条规定了用人单位、工会与职工的基本行为准则:"用人单位应当依法建立和完善劳动规章制度,保障劳动者享有劳动权利、履行劳动义务。用人单位在制定、修改或者决定有关劳动报酬、工作时间、休息休假、劳动安全卫生、保险福利、职工培训、劳动纪律以及劳动定额管理等直接涉及劳动者切身利益的规章制度或者重大事项时,应当经职工代表大会或者全体职工讨论,提出方案和意见,与工会或者职工代表平等协商确定。在规章制度和重大事项决定实施过程中,工会或者职工认为不适当的,有权向用人单位提出,通过协商予以修改完善。县级以上人民政府劳动行政部门会同工会和企业方面代表,建立健全协调劳动关系三方机制,共同研究解决有关劳动关系的重大问题。工会应当帮助、指导劳动者与用人单位依法订立和履行劳动合同,并与用人单位建立集体协商机制,维护劳动者的合法权益。"

二、合同的订立

《劳动合同法》第 7 条到第 28 条对劳动合同的订立做出了规定,主要涉及六个方面。

(1)劳动关系确立的时间。《劳动合同法》第 7 条规定:"用人单位自用工之日起即与劳动者建立劳动关系。"

(2)用人单位招工时应尽的义务。第 8 条和第 9 条规定:"用人单位招用劳动者时,应当如实告知劳动者工作内容、工作条件、工作地点、职业危害、安全生产状况、劳动报酬,以及劳动者要求了解的其他情况。""用人单位招用劳动者,不得扣押劳动者的居民身份证和其他证件,不得要求劳动者提供担保或者以其他名义向劳动者收取财物。"

（3）劳动合同的类型及其订立。第12条规定:"劳动合同分为固定期限劳动合同、无固定期限劳动合同和以完成一定工作任务为期限的劳动合同。"其中,"固定期限劳动合同是指用人单位与劳动者约定合同终止时间的劳动合同","无固定期限劳动合同是指用人单位与劳动者约定无确定终止时间的劳动合同","以完成一定工作任务为期限的劳动合同是指用人单位与劳动者约定以某项工作的完成为合同期限的劳动合同"。任何一种劳动合同的订立均需要"用人单位与劳动者协商一致,并经用人单位与劳动者在劳动合同文本上签字或者盖章"才能生效。

（4）劳动合同涵盖的内容。第17条规定:"劳动合同应当具备以下条款:用人单位的名称、住所和法定代表人或者主要负责人;劳动者的姓名、住址和居民身份证或者其他有效身份证件号码;劳动合同期限;工作内容和工作地点;工作时间和休息休假;劳动报酬;社会保险;劳动保护、劳动条件和职业危害防护;法律、法规规定应当纳入劳动合同的其他事项。"此外,还可以将用人单位与劳动者约定的试用期、培训、保守秘密、补充保险和福利待遇等其他事项一并写入劳动合同中。

（5）试用期限及其待遇。《劳动合同法》第19条规定:"劳动合同期限三个月以上不满一年的,试用期不得超过一个月;劳动合同期限一年以上不满三年的,试用期不得超过二个月;三年以上固定期限和无固定期限的劳动合同,试用期不得超过六个月。同一用人单位与同一劳动者只能约定一次试用期。以完成一定工作任务为期限的劳动合同或者劳动合同期限不满三个月的,不得约定试用期。试用期包含在劳动合同期限内。劳动合同仅约定试用期的,试用期不成立,该期限为劳动合同期限。"《劳动合同法》第20条规定:"劳动者在试用期的工资不得低于本单位相同岗位最低档工资或者劳动合同约定工资的百分之八十,并不得低于用人单位所在地的最低工资标准。"

（6）设立违约金的法定情形和违约金数额。第22条规定:"用人单位为劳动者提供专项培训费用,对其进行专业技术培训的,可以与该劳动者订立协议,约定服务期。劳动者违反服务期约定的,应当按照约定向用人单位支付违约金。违约金的数额不得超过用人单位提供的培训费用。用人单位要求劳动者支付的违约金不得超过服务期尚未履行部分所应分摊的培训费用。"第23条规定:"用人单位与劳动者可以在劳动合同法中约定保守用人单位的商业秘密和与知识产权相关的保密事项。对负有保密义务的劳动者,用人单位可以在劳动合同或者保密协议中与劳动者约定竞业限制条款,并约定在解除或者终止劳动合同后,在竞业限制期限内按月给予劳动者经济补偿。劳动者违反竞业限制约定的,应当按照约定向用人单位支付违约金。"第 25 条规定:"除本法第 22 条和第 23 条规定的情形外,用人单位不得与劳动者约定由劳动者承担违约金。"

三、合同的履行和变更

《劳动合同法》第 29 条到第 35 条对劳动合同的履行与变更进行了规定。

(1)对劳动合同履行的规定。《劳动合同法》第 29 条规定:"用人单位与劳动者应当按照劳动合同的约定,全面履行各自的义务。"用人单位不但"应当按照劳动合同约定和国家规定,向劳动者及时足额支付劳动报酬",而且"应当严格执行劳动定额标准,不得强迫或者变相强迫劳动者加班",若安排加班应当按国家有关规定向劳动者支付加班费。同时,第 22 条到第 24 条对不影响劳动合同履行的情形进行了规定:"劳动者拒绝用人单位管理人员违章指挥、强令冒险作业的,不视为违反劳动合同","用人单位变更名称、法定代表人、主要负责人或者投资人等事项,不影响劳动合同的履行","用人单位发生合并或者分立等情况,原劳动合同继续有效,劳动合同由承继其权利和义务的用人单位继续履行"。

(2)对劳动合同变更的规定。《劳动合同法》第 35 条规定:"用人单位与劳动者协商一致,可以变更劳动合同约定的内容;变更劳动合同,应当采用书面形式;变更后的劳动合同文本由用人单位和劳动者各执一份。"

四、合同的解除和终止

《劳动合同法》第 36 条到第 50 条对劳动合同的解除和终止做出了规定,主要涉及 6 个方面的内容。

(1)劳动者可以解除劳动合同的情形。《劳动合同法》第 37 条规定:"劳动者提前三十日以书面形式通知用人单位,可以解除劳动合同。劳动者在试用期内提前三日通知用人单位,可以解除劳动合同。"第 38 条规定:"用人单位有下列情形之一的,劳动者可以解除劳动合同:未按照劳动合同约定提供劳动保护或者劳动条件的;未及时足额支付劳动报酬的;未依法为劳动者缴纳社会保险费的;用人单位的规章制度违反法律、法规的规定,损害劳动者合法权益的;因用人单位过错致使劳动合同无效的;法律、行政法规规定劳动者可以解除劳动合同的其他情形"或者"用人单位以暴力、威胁或者非法限制人身自由的手段强迫劳动者劳动的,或者用人单位违章指挥、强令冒险作业危及劳动者人身安全的,劳动者可以立即解除劳动合同,不需事先告知用人单位"。

(2)用人单位可以解除劳动合同的情形。第39条规定:"劳动者有下列情形之一的,用人单位可以解除劳动合同:在试用期间被证明不符合录用条件的;严重违反用人单位的规章制度的;严重失职,营私舞弊,给用人单位造成重大损害的;劳动者同时与其他用人单位建立劳动关系,对完成本单位的工作任务造成严重影响,或者经用人单位提出,拒不改正的;因劳动者过错致使劳动合同无效的;被依法追究刑事责任的。"第40条规定:"有下列情形之一的,用人单位提前三十日以书面形式通知劳动者本人或者额外支付劳动者一个月工资后,可以解除劳动合同:劳动者患病或者非因工负伤,在规定的医疗期满后不能从事原工作,也不能从事由用人单位另行安排的工作的;劳动者不能胜任工作,经过培训或者调整工作岗位,仍不能胜任工作的;劳动合同订立时所依据的客观情况发生重大变化,致使劳动合同无法履行,经用人单位与劳动者协商,未能就变更劳动合同内容达成协议的。"但不管是劳动者还是用人单位,在解除劳动合同时,通常应当"协商一致"。

(3)经济性裁员的限制。《劳动合同法》第41条规定:"有下列情形之一,需要裁减人员二十人以上或者裁减不足二十人但占企业职工总数百分之十以上的,用人单位提前三十日向工会或者全体职工说明情况,听取工会或者职工的意见后,裁减人员方案经向劳动行政部门报告,可以裁减人员;依照企业破产法规定进行重整的;生产经营发生严重困难的;企业转产、重大技术革新或者经营方式调整,经变更劳动合同后,仍需裁减人员的;其他的因劳动合同订立时所依据的客观经济情况发生重大变化,致使劳动合同无法履行的。"同时规定,裁减人员时,应当优先留用与本单位订立较长期限的固定期限劳动合同的、与本单位订立无固定期限劳动合同的、家庭无其他就业人员、有需要扶养的老人或者未成年人的人员。另外,为限制用人单位任意裁员,保护被裁减人员的合法权益,《劳动合同法》规定,用人单位在六个月内重新招用人员应当通知被裁减人员,并在同等条件下优先招用被裁减人员。

(4)用人单位不得解除劳动合同的情形。《劳动合同法》第42条规定:"劳动者有下列情形之一的,用人单位不得解除劳动合同:从事接触职业病危害作业的劳动者未进行离岗前职业健康检查,或者疑似职业病病人在诊断或者医学观察期间的;在本单位患职业病或者因工负伤并被确认丧失或者部分丧失劳动能力的;患病或者非因工负伤,在规定的医疗期内的;女职工在孕期、产期、哺乳期的;在本单位连续工作满十五年,且距法定退休年龄不足五年的;法律、行政法规规定的其他情形。"

（5）经济补偿及其支付标准。第 46 条规定:"有下列情形之一的,用人单位应当向劳动者支付经济补偿:劳动者依照本法第三十八条规定解除劳动合同的;用人单位依照本法第三十六条规定向劳动者提出解除劳动合同并与劳动者协商一致解除劳动合同的;用人单位依照本法第四十条规定解除劳动合同的;用人单位依照本法第四十一条第一款规定解除劳动合同的;除用人单位维持或者提高劳动合同约定条件续订劳动合同,劳动者不同意续订的情形外,依照本法第四十四条第一项规定终止固定期限劳动合同的;依照本法第四十四条第四项、第五项规定终止劳动合同的;法律、行政法规规定的其他情形。"第 87 条对经济补偿的标准进行了规定:"经济补偿按劳动者在本单位工作的年限,每满一年支付一个月工资的标准向劳动者支付。六个月以上不满一年的,按一年计算;不满六个月的,向劳动者支付半个月工资的经济补偿。"若"劳动者月工资高于用人单位所在直辖市、设区的市级人民政府公布的本地区上年度职工月平均工资三倍的,向其支付经济补偿的标准按职工月平均工资三倍的数额支付,向其支付经济补偿的年限最高不超过十二年"。这里的月工资是指劳动者在劳动合同解除或者终止前十二个月的平均工资。第 48 条对用人单位违法或违反约定解除劳动合同的行为制定了两个惩罚性的规定:一是劳动者要求继续履行劳动合同的,用人单位应当继续履行;二是劳动者不要求继续履行劳动合同或者劳动合同已经不能继续履行的,用人单位应当依照本法第 47 条规定的经济补偿标准的两倍向劳动者支付赔偿金。

（6）合同随附义务。第 50 条规定:"用人单位应当在解除或者终止劳动合同时出具解除或者终止劳动合同的证明,并在十五日内为劳动者办理档案和社会保险关系转移手续。"

五、集体合同、劳务派遣和非全日制用工

《劳动合同法》第 51 条到第 72 条对集体合同、劳务派遣和非全日制用工做出了规定。

（一）对集体合同的规定

《劳动合同法》第 51 条规定:"企业职工一方与用人单位通过平等协商,

可以就劳动报酬、工作时间、休息休假、劳动安全卫生、保险福利等事项订立集体合同。集体合同草案应当提交职工代表大会或者全体职工讨论通过。集体合同由工会代表企业职工一方与用人单位订立;尚未建立工会的用人单位,由上级工会指导劳动者推举的代表与用人单位订立。"第 54 条规定:"集体合同订立后,应当报送劳动行政部门;劳动行政部门自收到集体合同文本之日起十五日内未提出异议的,集体合同即行生效。"第 56 条规定:"用人单位违反集体合同,侵犯职工劳动权益的,工会可以依法要求用人单位承担责任;因履行集体合同发生争议,经协商解决不成的,工会可以依法申请仲裁、提起诉讼。"

（二）对劳务派遣的规定

2013 年实施的修改后的《劳动合同法》第 57 条规定了劳务派遣单位的资质,即应当依照公司法的有关规定设立,注册资本由不得少于五十万元改为注册资本不得少于人民币二百万元。同时还规定,劳务派遣单位是本法所称用人单位,应当履行用人单位对劳动者的义务;劳务派遣单位与被派遣劳动者订立的劳动合同,除应载明本法第 17 条规定的事项外,还应载明被派遣劳动者的用人单位以及派遣期限、工作岗位等;劳务派遣单位应当与被派遣劳动者订立二年以上的固定期限劳动合同,按月支付劳动报酬;被派遣劳动者在无工作期间,劳务派遣单位应当按照所在地人民政府规定的最低工资标准,向其按月支付报酬;劳务派遣单位不得克扣用人单位按照劳务派遣协议支付给被派遣劳动者的劳动报酬;被派遣劳动者享有与用人单位的劳动者同工同酬的权利;劳务派遣用工只能在临时性、辅助性或者替代性的工作岗位上实施等。

（三）对非全日制用工的规定

《劳动合同法》第 68 条将非全日制用工界定为"以小时计酬为主,劳动者在同一用人单位一般平均每日工作时间不超过四小时,每周工作时间累计不超过二十四小时的用工形式",并规定"非全日制用工双方当事人可以订立口头协议";从事非全日制用工的劳动者在不得影响先订立的劳动合同履行的情况下,可与一个或一个以上的用人单位订立劳动合同;非全日制用工双方当事人不得约定试用期;非全日制用工双方当事人任何一方都可以随时通知对方终止用工;非全日制用工小时计酬标准不得低于用人单位所在地人民政府规定的最低小时工资标准;非全日制用工劳动报酬结算支付周期最长不得超过十五日等。

六、监督检查和法律责任

《劳动合同法》的第 73 条到第 79 条和第 80 条到第 95 条还分别对监督检查和法律责任做出了规定。例如，《劳动合同法》第 73 条规定："国务院劳动行政部门负责全国劳动合同制度实施的监督管理。县级以上地方人民政府劳动行政部门负责本行政区域内劳动合同制度实施的监督管理。"其后续的 6 个条款对如何进行监督检查做了明确的规定。《劳动合同法》第 80 条规定："用人单位直接涉及劳动者切身利益的规章制度违反法律、法规规定的，由劳动行政部门责令改正，给予警告；给劳动者造成损害的，应当承担赔偿责任。"后续的 15 个条款分别规定了违法的类型及其补充标准，这就为《劳动合同法》的贯彻与执行提供了法律上的保证。

毫无疑问，劳动合同在明确劳动合同双方当事人的权利和义务的前提下，重在对劳动者合法权益的保护，被誉为劳动者的"保护伞"，为构建与发展和谐稳定的劳动关系提供法律保障。作为我国劳动保障法制建设进程中的一个重要里程碑，《劳动合同法》的颁布实施有着深远的意义。

第二节　实施《劳动合同法》对浙江省中小企业影响的理论分析

《劳动合同法》的实施对企业用工会产生明显的影响，这种影响既有短期的，也有长远的。其中最直接的和最明显的短期影响就是，《劳动合同法》会直接增加企业的劳动力成本。在招聘环节，企业需要更加慎重。更为重要的是，随着员工雇佣年限的延长和劳动执法的日益严格，劳动力价格将会不断提升。这对于绝大多数从事外贸业务的浙江省中小企业而言，参与国际竞争的劳动力成本优势将会被不断侵蚀。因此，浙江省中小企业只有不断提升自身的创新能力，创建品牌优势，才能在竞争中立于不败之地。

一、浙江省中小企业在人力资源管理上存在的主要问题

浙江省中小企业普遍存在员工收入低、人才成长环境欠佳的问题，加之家族式的管理对人才晋升等要求的局限，引进并留住人才有一定的难度，这使得人才匮乏成为企业可持续发展面临的首要问题。仔细分析不难发现，浙江省中小企业人才匮乏的症结在于以下几个方面。

（一）观念上缺乏正确的认识

浙江省中小企业的大部分经营者还没有对人力资源管理有一个深层次

的正确认识和了解。一方面,有些企业由于规模小、经营状况不稳定,企业员工往往都身兼数职,企业没有人力资源管理的概念;另一方面,有些企业发展到一定的规模后,虽然有了进行人力资源管理的意愿,但也不得其法。有的借助一些管理咨询机构进行规划设计,但真正对企业有帮助的却不是很多。究其原因,这与企业的人力资源观念有关,在许多企业经营者看来,劳资关系是一种"零和博弈":一方的收益必然意味着另一方的损失,博弈各方的收益和损失相加总和永远为"零"。企业要想控制人力成本必然要降低员工工资,员工收入提增高必然造成较高的用工成本。其实不然,人力成本的管控目的不是要减少人力成本的绝对额,因为绝对值必然随着社会的进步而逐步提高。正如经济学家吴敬琏所说,"成本控制是一门花钱的艺术,而不是节约的艺术。以节约为成本控制基本理念的企业只是土财主式的企业,他们除了盘剥工人和在原材料上大打折扣以外,没有什么过人之处"。

(二)制度上随意性较强

浙江省中小企业的经营管理机制从根本上有别于国有企业,具有很大的自主性和灵活性,这有它适应市场供求关系积极性的一面,但表现在人力资源配置方面,基本人事制度不健全,对员工的招聘、录用、培训、晋升和辞退等没有一套科学、合理的制度规范和操作程序,往往凭经营者以往的经验和主观判断,随意性很大,而且大多感情多于理智,内外有别。对家族成员因人设职,不管能力高低把亲朋好友安排在重要的岗位;家族以外的员工岗位设计不合理,职责过大,要求苛刻,一旦违规处罚过重,不仅挫伤了非家族成员的工作积极性,而且很容易违反劳动法律法规。因此,中小企业在规模扩大以后,必须建立科学、公正的用人机制,用"规制"代替"人治",按照制度规范招纳贤才,充分发挥人力资本潜力,适应多层次、宽跨度的综合性企业管理对人力资本的需求。

(三)人才结构上重技术、轻管理

科学技术进步已经成为企业发展的重要基础,没有先进的技术支撑,产品在市场上必然缺乏竞争力,影响其经济效益。但很多企业人才结构单一,过分注重技术领域,而忽视管理人才的引进与培养。在浙江省中小企业中,尤其是高科技企业中,创业者往往是企业的专业技术人员,是本行业的行家里手,在技术创新、产品开发方面有着自己的优势。但作为企业主,易陷入经验主义,片面认为有了先进技术就能生产出高质量的产品,就能占领市场,从而获得利润,甚至为了追求技术先进而进行研究开发。

一些企业大手笔地引进专业技术人员,而不注意管理部门人员的配备,缺乏人力资源管理的统一部署和协调配合,忽视了科学管理在企业经营中的重要作用,形成了发展不协调的局面,结果企业虽然有先进的技术能力,产品性能也很好,但由于管理跟不上,成本下不来,销售上不去,售后服务搞不好,企业的整体经济效益并没有很大改观。实际上,家族企业规模扩大以后,更为缺乏的是高素质、复合型的高层经营管理人才,特别是企业策划、资本运营、职业经理等方面的管理人才,企业人、财、物的配置,产、供、销的衔接,技术、资源、信息的利用,都离不开管理人员的指挥和协调,在企业生产经营的每一个环节都有合适的人才,才能使企业所有的经济资源得到合理利用和形成最佳组合,发挥企业的最大潜力,获得最大的经济效益。

(四)激励机制上强调物质刺激

有效的激励机制能够极大地激发员工的潜能,调动员工的工作热情,为企业创造出更多的财富。激励是一项科学含量很高的复杂工作,浙江省中小企业要结合本企业的实际,建立科学合理的激励机制,运用有效的激励方法,提高员工的士气和忠诚度。

但在一些企业中,企业与员工之间基本上是一种雇用与被雇用、命令与服从的关系,企业主对激励的理解十分简单,认为激励就是"奖励加惩罚",把员工看成是为自己挣钱的"机器",不仅缺乏长期、有效的激励机制,激励手段也过于简单,主要就是物质激励形式,做得好就加薪,做不好则扣钱。从理论上分析,当员工的货币收入达到一定数额后,再增加单位货币收入的边际激励效果将呈递减趋势,金钱的激励功能弱化,激励强度下降,物质激励并不总能起到预期的作用。按照行为科学理论,企业员工不仅是"经济人",更是"社会人",他们是复杂社会系统的成员,不仅追求物质利益,更有社会心理方面的需求。因此,企业在物质激励方面,也要进行激励手段的创新,可以采用工资、奖金、红利、利润分享、员工持股、股票期权等多种方式;特别是在精神激励方面,把企业目标与员工利益结合起来,使其产生强烈的责任感和归属感,使工作本身变得更富有挑战性和开拓性,给员工创造实现人生价值的机会,创造有特色的企业文化,注重感情投入与人文关怀,在提高员工的自我发展意识中从整体推动企业的发展。

(五)人才管理上重引进、轻培养

企业人才的引进与培养是一项长期而细致的工作,企业必须制定完善的人力资源开发与培养战略,并在企业中形成合理的人才梯队,才能使企业的发展长盛不衰。但浙江省中小企业有严重的急功近利思想,短期行为较为普遍。表现在人力资源开发管理上,不愿意自己投资培养,不愿承担人才投资成本与人力资源投资风险,总想坐享其成;或者等到人员空缺影响正常运作时才急急忙忙向外界招聘,由于时间仓促,很难保证录用人员的质量。从长远看,企业必须创造具有自身特色的人才培养与再生机制,以自己培养为主,外来引进为辅,企业的发展规划必须与相应的人力资源开发培养计划相配套,制定继续教育和终身教育规划,把人才培养作为部门领导绩效考核的重要内容,为员工提供一个继续学习和自我发展的空间,关心员工的工作环境和发展环境,使其有一个施展才华的舞台,保证企业对人力资源的吸引力,维持人才数量和质量的稳定性,这样才能解决中小企业的人才流失问题。

(六)规章制度上缺乏法律意识

浙江省中小企业中,大多数经营者都知道科学技术、产品与市场的重要性,而对人力资源管理的重要性认识较少。人力资源管理者基本上身兼多职,既不懂劳动法规、政策,又没有劳动人事管理专业知识和经验,在管理上根本不考虑劳动法规政策,完全依照企业主的旨意行事,让怎么干就怎么干,企业的建章建制、医疗保险、社会保险等管理也不健全。该与员工签订劳动合同的不签,该给员工缴纳社会保险的不缴,由于劳动力市场的买方特点,员工只得接受不合理条件的限制,这就使员工缺乏归属感、稳定感,增加了员工的流失率。更有部分企业为了点滴的局部小利,经常大规模换人,造成员工流失率大,员工的基础队伍不稳,事业发展受到影响。有的企业甚至害怕员工在本单位工作时间过长,企业将要给予其较多的福利待遇,而有意借故解雇资深员工,伤害了一些员工的感情。在劳动合同法实施后,这些做法直接转化为企业的违法成本,使企业得不偿失。

二、《劳动合同法》对浙江省中小企业的影响

《劳动合同法》对实施多年的各地劳动合同条例确定的劳动关系立法模式进行了重大的调整。新法的实施对企业原有规章制度、人力资源管理模式、企业用工成本与用工模式甚至对企业的长远规划方向、政策带来了全方位的深远影响。

(一)对企业的短期影响

《劳动合同法》的实施,对企业短期内的用工成本和利润、人力资源管理体制和制度,造成了一定的影响。

（1）对中小企业用工成本和利润的影响。《劳动合同法》对企业用工成本的影响可分为直接影响和间接影响。直接影响有由强制缴纳职工社会保险、加班费用的增加以及辞退员工的经济补偿等引起用工成本增加。一些原本用工不规范的企业或商品生产中人工占比较重的生产、销售企业随着《劳动合同法》的实施，直接致使企业由原来的微薄盈利进入亏损，劳动成本的突然增加远远超过了这些企业的承受能力，这也就使得一大批这样的企业宁可停业或者破产也不坚持生产。相对而言，《劳动合同法》的实施对劳动成本占产品成本比例小的高科技企业和产品附加值高的企业以及原来用工就比较规范的规模以上企业影响不大。相反，这类企业主认为《劳动合同法》的实施，提高了员工队伍的稳定性，为企业营造了公平的竞争环境，在一定程度上还增加了企业的竞争力和企业的盈利能力。《劳动合同法》对企业用工成本增加的间接影响有职工流动率增加、企业培训费用增加、员工维权意识和谈判能力增强、企业用工管理成本增加等。

具体而言，企业合法用工的实际成本和违法成本都将增加。合法用工的实际成本增加，是指守法企业因《劳动合同法》新增规定而使用工成本直接增加。从目前来看，合法用工的实际成本增加主要包括四个方面：①劳动合同到期终止补偿金增量；②试用期员工工资成本增量；③劳动保护与劳动条件达标导致的成本增量；④企业为加强管理而增配的人手及配套投入增量。企业违法成本增加，主要是指那些过去不守法的企业因《劳动合同法》实施而带来的追加成本，其来源主要包括三个方面：①解决社保与加班工资拖欠的成本增量；②实行同工同酬的成本增量；③其他违法成本增量。

（2）对劳动关系以及民主管理的影响。《劳动合同法》实施以来，全国各地劳动举报投诉案件急剧上升，《劳动合同法》的实施似乎使劳资关系更趋紧张，但实质上，由于《劳动合同法》保护劳动者的权益，增强了劳动者的维权意识，把劳动关系中以前积聚的压力释放了出来，这从长期看有利于实现劳资关系的和谐，可以预见，劳动举报投诉案件在经历一段时间的急剧增长后会逐渐稳定下来。《劳动合同法》由于明确了企业在制定、修改或者决定直接涉及劳动者切身利益的规章制度或者重大事项时，应当经职工代表大会或者全体职工讨论，提出方案和意见，与工会或者职工代表平等协商确定。在规章制度实施过程中，工会或者职工认为用人单位的规章制度不适当的，有权向用人单位提出，通过协商做出修改完善。现在企业在制定制度时会主动邀请工会或职工代表参与，涉及职工利益的制度会以不同的方式预先告知员工。因此，《劳动合同法》的实施对中小企业的民主管理有很大的促进作用。

（3）对企业建章立制和用工管理的影响。《劳动合同法》提高了企业建章立制和用工管理的规范性。《劳动合同法》对企业在人员招聘、使用、辞退等都做了明确的规定，并规定在劳资双方产生纠纷时企业有举证责任，这要求企业对已建立的厂规、员工守则等从内容到程序的合法性进行重新审视，许多企业都对以前制定的规章制度做了重新修订，尤其是对劳动纪律、员工行为规范、奖惩制度等方面进行了细化和规范，对选人、用人、留人和辞退也做到细致谨慎。因此《劳动合同法》促进了企业建章立制和用工管理的规范性，减少了随意性。

（二）对企业的长期影响

《劳动合同法》对浙江省中小企业来说是压力也是动力，如果企业能以《劳动合同法》为契机，在保障员工社会责任的前提下，考虑如何完善内部规章制度和激励措施，致力于构建和谐稳定的劳动关系，从长期看，这必将增强企业的核心竞争力，促进自身的发展。

（1）有利于企业文化的继承、提高和繁荣。优秀的企业文化的形成需要一个长期的过程，积淀、创新、传承、实践和发展企业文化最主要的主体是员工。浙江省中小企业在创业阶段，往往积累了丰富的优秀企业文化。尤其企业的老员工，通常经历了企业从创建到发展的每个阶段，他们在工作经验、技能、敬业精神方面，都是新员工无法比的。他们是推动企业文化传承、发展、繁荣的核心力量，是企业忠诚的、珍贵的、具有可开发价值的宝贵资源。新员工进入企业需要适应环境，对企业文化的认同则需要一个较长过程，这个时候老员工的作用不可忽视，他们帮助新员工更快地融入企业环境，更深入地了解企业文化，如果员工的流动率过大，企业将很难形成核心的企业文化，因为缺少认同者和传承者，企业也将缺乏凝聚力。一盘散沙似的团队何来战斗力？那样的企业将不攻而破。

（2）《劳动合同法》将带动浙江省中小企业的可持续发展。现代企业管理中，越来越强调人力资源的重要性，尽管《劳动合同法》给企业带来了增加生产成本的影响，但企业经营者也要看到人力资源在企业生产中的重要作用，可以说人力资源是企业经营中最具创造性的资源，并且具有不可取代性。与其他成本最本质的区别在于，人力资源成本不是一次消费资源，它不仅仅可以满足企业的生产需要，还为企业战略目标的实施以及企业的持续发展奠定了一定基础，成为实现储备的未来动力。《劳动合同法》规定企业需要为员工缴纳相关的社保、医保等,这种举动会让员工产生一定的归属感,更愿意与企业形成一个利益共同体。《劳动合同法》与以往的法律相比有许多创新点,在实践中可能还需要社会的一个适应过程。但由于大多数浙江省中小企业本身存在问题,比如未形成规模、较弱的市场竞争力以及资本结构不合理等,因此企业要根据自身的实际情况,对《劳动合同法》带来的各种正面或者侧面的影响做具体的分析,从而使企业既依法经营,又能长期稳定发展。

三、浙江省中小企业所面临的挑战与机遇

《劳动合同法》正式实施,是中国劳动关系管理史上一个具有里程碑意义的重大事件,也将在诸多方面给浙江省中小企业的经营管理带来重大的机遇和挑战。

(一)企业所面临的挑战

《劳动合同法》对浙江省中小企业人力资源管理提出更高的要求。

首先,对职位管理的挑战。《劳动合同法》第8条明确规定:"用人单位招用劳动者时,应当如实告知劳动者工作内容、工作条件、工作地点、职业危害、安全生产状况、劳动报酬以及劳动者要求了解的其他情况;用人单位有权了解劳动者与劳动合同直接相关的基本情况,劳动者应当如实说明。"这意味着员工对于工作本身信息的知情权以及企业对于员工任职资格及其他相关信息的知情权都要得到切实有效保障。从员工的角度来讲,其对于工作本身信息的了解主要来源于以职位说明书为核心的企业职位管理文件;当员工对工作本身信息的知情权受到侵害时,企业与员工双方订立的劳动合同有可能被视为无效合同或部分无效合同。从企业的角度来讲,只有当员工任职资格条件及其他相关信息的预设标准明晰时,企业才能判定员工是否符合录用条件并可依法与不符合录用条件的员工解除劳动合同。这就对企业职位管理的科学化、标准化和精细化程度提出了更高的要求。

其次,对人力资源管理的挑战。《劳动合同法》第46条规定的劳动合同到期自然终止需要支付补偿金,增加了企业用工成本,使得如何订立经济的合同成为难题。而且,《劳动合同法》扩大了签订无固定期限劳动合同的范围,员工拥有了更多与企业对话的权利,这对于创新性要求较高、需要经常保持员工流动性的企业来说无疑是一大新挑战。同时,《劳动合同法》要求企业在破产、重组、转产和技术变革中需裁员的情形下,优先留用订立较长期限的固定期限劳动合同者、无固定期限劳动合同者、家庭无其他就业人

员、有需要扶养的老人或者未成年的劳动者。这将加深企业的无效率,对人员的新陈代谢有一定阻碍作用。对订立书面劳动合同或无固定期限劳动合同的时效性漠然置之的企业将在经济上蒙受更大的损失。事实上,在劳动合同变更、终止和解除等管理方面,若违反《劳动合同法》规定的管理规程,企业同样要蒙受不必要的经济损失。

最后,对企业文化的挑战。《劳动合同法》第 4 条规定:"用人单位在制定、修改或者决定有关劳动报酬、工作时间、休息休假、劳动安全卫生、保险福利、职工培训、劳动纪律以及劳动定额管理等直接涉及劳动者切身利益的规章制度或者重大事项时,应当经职工代表大会或者全体职工讨论,提出方案和意见,与工会或者职工代表平等协商确定。""用人单位应当将直接涉及劳动者切身利益的规章制度和重大事项决定公示,或者告知劳动者。"《劳动合同法》正式颁行后,直接涉及员工切身利益的规章制度、重大事项协商权和知情权的保障已成为现代企业人力资源管理必不可少的重要环节。浙江省的大多数中小企业往往存在企业所有者"一言独大"的现象,《劳动合同法》在这方面的变革,对这些企业的管理价值观提出了重大挑战。

(二)企业所面临的机遇

浙江省中小企业在面临挑战的同时,《劳动合同法》的实施同样给善于把握机会的浙江商人带来了新的机遇。

首先,企业知情权在法律上确立,有利于企业控制员工的入职风险。《劳动合同法》第 8 条规定:"用人单位有权了解劳动者与劳动合同直接相关的基本情况,劳动者应当如实说明。"也就是说,企业在招聘员工时,有权了解劳动者的年龄、学历、工作经验、身体状况等与工作相关的信息。求职者在简历中"注水"的现象比较严重,如假学历、假证件、虚构的工作经历等,企业知情权在法律上的确立,为企业详细了解求职者的"底细"提供了法律支撑,既有利于培育社会的"诚信"意识,也有利于企业防范员工入职的法律风险、控制员工入职的成本。

其次,商业秘密保护纳入法制轨道,有利于企业保护知识产权。《劳动合同法》第 23 条规定:"用人单位与劳动者可以在劳动合同中约定保守用人单位的商业秘密和与知识产权相关的保密事项。"保护商业秘密已成为各国发展经济、维护市场秩序的必要法律措施之一。在现代社会,商业秘密的重要性对企业来说是不言而喻的,商业秘密的价值犹如工厂之于企业的价值一样,盗窃商业秘密所造成的损害甚至要比纵火者将工厂付之一炬所带来的损害还要大。在竞争日益激烈的无硝烟的商战中,企业保持核心竞争力的要素之一的无形资产商业秘密,就成了重中之重。保护商业秘密有多种手段,在劳动合同中约定商业秘密保护条款是重要措施之一。《劳动合同法》将商业秘密保护纳入其中,并对竞业限制做出了比较全面的规定,有利于企业保护知识产权,激发企业的创新热情。

最后,经济补偿金限制,有利于企业节约用工成本。《劳动合同法》第47条规定:"劳动者月工资高于用人单位所在直辖市、设区的市上年度职工月平均工资三倍的,向其支付经济补偿的标准按职工月平均工资三倍的数额支付,向其支付经济补偿的年限最高不超过十二年。"由此可见,法律对高收入劳动者的经济补偿金设定了两个限制条件:一是计算经济补偿金的工资基数设限,即按照当地上年度月平均工资三倍计算;二是计算经济补偿金的工作年限设限,即最高不超过十二年,劳动者的工作年限超过十二年的,也按照十二年计算。这一规定可以降低企业在解雇高收入员工时所要支付的人工成本,同时也可以合理调节高收入员工的收入水平,促进社会公平。

第三节　浙江省中小企业承担员工社会责任的实证分析

中小企业是浙江省企业的主体,在推动全省经济社会发展、创造就业机会等方面起着不可替代的重要作用。但目前而言,大多浙江省中小企业属于产品技术含量较低、劳动密集型的轻工制造业。对浙江省中小企业承担员工社会责任的状况进行调查与分析,有助于为建立健全企业社会责任外部推进机制、提升企业社会责任内部效应、促使企业自觉履行社会责任、促进企业转型升级等方面提供参考和借鉴。同时,在中小企业层面上研究和探讨社会责任问题,不仅有助于全面而深刻地理解社会责任,更有助于推动浙江省经济和中小企业的可持续发展。

一、调查样本选取

基于浙江省中小外贸企业分布的特点,调查了浙江省杭州、宁波、温州、绍兴、金华、台州6个地区的312家中小企业的897位普通员工,以随机问卷调查和访谈的方式进行,由调查员填写调查问卷。

在随机调查的312家企业、897名员工中,杭州有55家,159人;宁波有53家,147人;温州有51家,138人;绍兴有49家,140人;金华有53家,161

人;台州有 51 家,152 人。具体分布如表 4-1 所示。其中,外地务工人员 631 人,本地员工 266 人,分别占被调查总人数的 70.3% 和 29.7%。男性调查对象 373 人,女性调查对象 524 人,分别占 41.6% 和 58.4%。

表 4-1　调查样本的地域分布情况表

	杭州	宁波	温州	绍兴	金华	台州
企业数	55	53	51	49	53	51
占总体比例/%	17.7	17.0	16.3	15.7	17.0	16.3
员工数	159	147	138	140	161	152
占总体比例/%	17.7	16.4	15.4	15.6	17.9	17.0

二、调查结果分析

(一)劳动合同签订

根据《劳动合同法》的规定,劳动合同是劳动者与用人单位之间确立劳动关系,明确双方权利和义务的协议。根据这个协议,劳动者加入企业、个体经济组织、事业组织、国家机关、社会团体等用人单位,成为该单位的一员,承担一定的工种、岗位或职务工作,并遵守所在单位的内部劳动规则和其他规章制度;用人单位应及时安排被录用的劳动者工作,按照劳动者提供劳动的数量和质量支付劳动报酬,并且根据劳动法律、法规规定和劳动合同的约定提供必要的劳动条件,保证劳动者享有劳动保护及社会保险、福利等权利和待遇。也就是说,劳动者一旦与用人单位确立了劳动关系,都应本着平等、自愿、协商一致的原则,以书面形式签订劳动合同,明确双方的权利、责任和义务,特别是合同期限、劳动报酬及支付时间、社会保险和福利待遇、工作时间与休息休假等核心劳动保障内容,必须明确。

此次调查结果显示,绝大多数被调查者均与企业签订了劳动合同,这一比例达到了 93.8%,未与企业签订劳动合同的调查对象仅为 5.3%,还有 0.9% 的员工表示自己不清楚是否签订了劳动合同。在已签订劳动合同的 841 人中,固定期限的劳动合同比例为 86.0%,非固定期限劳动合同比例为 11.2%,其余的为实习合同或者试用合同。这些年,随着有关法律的不断完善和地方执法的不断加强,绝大多数企业与其员工签订了劳动合同。但在实地调查中也发现,在较高的劳动合同签订率的背后,依然存在不少有待改进的地方,具体体现在以下几个方面:

(1)有些企业与员工签订劳动合同的时间不符合法律要求。根据我国

《劳动合同法》的有关规定,当企业与员工发生劳动关系时,即需要与员工签订劳动合同。但在被调查的已经与企业签订了劳动合同的员工中,仍有高达 23.2% 比例的员工,是在企业工作一段时间后才签订的,说明这种现象在浙江省中小企业中具有一定的普遍性。

(2)劳动合同的公平性还有待改进。那些签订了劳动合同的员工中,有 25.7% 的员工在签订劳动合同之前,企业并没有如实告诉其关于企业的基本情况、劳动合同期限及试用期、工作内容、工作条件、工作地点、休息休假及发薪时间、职业危害、安全状况、劳动报酬等情况,有的劳动合同订立了一些减轻、免除企业义务而加重劳动者义务的条款,甚至规定一些明显违反法律法规规定的条款。从企业所在地看,企业未告知员工合同相关信息的比例由高到低分别是:温州 31.1%、绍兴 28.4%、台州 28.1%、金华 26.0%、宁波 21.2%、杭州 19.0%。从企业所有制形式分析,国有企业在这方面做得相对较好,其次是私营企业,最不理想的是外商独资或合资企业。

(3)劳动合同签订形式化。部分企业在与员工签订劳动合同之后,没有及时地将应由员工保留的合同文本交给员工保管,而是将其保留在企业。全部被调查对象中,20.5% 的人未持有劳动合同副本。从企业所在地分析,员工未持有劳动合同副本的比例由高往低分别是:金华 34.2%、温州 28.9%、杭州 22.3%、台州 20.6%、宁波 19.9%、绍兴 17.2%。从企业所有制看,外商独资或合资企业员工持有合同副本的比例最高,为 87.2%。

(4)部分企业采取措施刻意规避《劳动合同法》的相关规定。具体做法有三种:一是尽量避免与员工签订无规定期限的劳动合同。其采取的措施是提前解雇员工,使员工工龄"归零"。《劳动合同法》规定,劳动者已在用人单位连续工作满十年或连续订立二次固定期限劳动合同,便可与用人单位订立"无固定期限劳动合同",成为企业的永久性员工。这一规定给企业造成了压力。于是,在《劳动合同法》实施前夕,许多企业开始辞退员工或要求员工辞职,使员工的工龄"归零",其目的是使企业的用人机制富有"竞争力"。二是将现有的劳动合同改为劳务合同。有些企业在进行人力资源体系改革时,只和很小一部分人重新签订正式的劳动合同,大部分员工只能签订非正式的劳动合同。由于非正式劳动合同没有社保、住房公积金等福利,一旦出现问题,企业不负任何责任。而要由非正式的劳动合同转为正式的劳动合同,则需要完成近乎"天文数字"的考核指标,几乎没有人能做到这一点。三是大量使用劳务派遣工。一些用人单位设法终止现有的劳动合同,令其员工改签劳务中介公司,借劳务派遣的形式来规避自己对员工应该承担的社会责任。还有的企业想方设法解聘正式员工,然后通过劳务派遣公司派遣用工,从而达到既节约成本又规避责任的目的。企业通过将正式员工转换为劳务派遣工的方式,变更了用工主体,撇开与员工的劳动关系。

值得一提的是,未签订劳动合同的主要原因在于企业。对未签劳动合同的原因进行进一步调查发现,员工本人不想签的比例不足10%,其余都是因为企业不愿意签订或者有意忽略所造成的。此次调查显示,浙江省中小企业劳动合同签订率较高,达到了93.8%。但需要引起各级地方政府注意的是:在关注劳动合同签订率的同时,更应该关注高签订率背后的细节问题。只有把这些细节问题解决了,才能使劳动合同起到减少劳动争议、构建和谐劳动关系的作用,中小企业才能更好地履行劳动合同管理方面的社会责任。

(二)工资报酬

我国相关法律和浙江省地方法规均要求,企业应按时向员工支付工资,工资水平不应该低于法律、法规要求或行业的最低标准。《劳动合同法》还特别强调"企业工资分配应当遵循按劳分配原则,实行同工同酬、不得克扣或者无故拖欠劳动者的工资"。根据上述规定要求,本次问卷调查主要考察了员工的工资水平、员工对工资构成的了解以及工资发放的情况。

自改革开放以来,随着中国经济持续快速的增长,浙江省人均经济收入水平得到快速的增长。从现有的统计数据和各类研究报告反映的资料来看,快速的经济增长带来了普通劳动者工资水平的持续提高。从表4-2可以清晰地看到,浙江省城镇单位在岗员工工资总额占国内生产总值的比重由2007年的10.33%上升到2013年的15.93%,比重总体上呈上升的趋势。

表4-2   2007—2013年浙江省城镇单位在岗员工工资总额与国内生产总值的变动情况

年份	国内生产总值/亿元	工资总额/亿元	工资总额占比/%
2007	18753.73	1937.41	10.33
2008	21462.69	2359.05	10.99
2009	22990.35	2752.31	11.97
2010	27722.31	3305.34	11.92
2011	32318.85	4039.88	12.50
2012	34665.33	5138.49	14.82
2013	37568.49	5985.13	15.93

整体而言,调查对象对所在企业的工资标准和发放情况较为满意。统计显示,只有0.9%的调查对象表示自己的工资未达到当地的最低工资标

准。但高达 12.5％的调查对象表示不清楚自己工资的构成情况。通过访谈了解到，主要是员工对各类社保缴纳的标准、缴纳额度等理解不充分，导致对工资构成的情况产生歧义。

但从此次调查的情况分析，企业对员工工资报酬方面的社会责任尚存在一些明显的不足，主要表现在加班工资未按《劳动合同法》相关规定执行。关于加班工资支付问题，国家有如下规定：

（1）安排劳动者延长工作时间的，支付不低于工资的 150％的工资报酬。

（2）休息日安排劳动者工作又不能安排补休的，支付不低于工资的200％的工资报酬。

（3）法定休假日安排劳动者工作的，支付不低于工资的 300％的工资报酬。

即凡是安排劳动者在法定工作日延长工作时间或安排在休息日工作而又不能补休的，均应支付劳动者不低于劳动合同规定的劳动者本人小时或日工资标准 150％、200％的工资；安排在法定休假日工作的，应另外支付劳动者不低于劳动合同规定的劳动者本人小时或日工资标准 300％的工资。实行计件工资的劳动者，在完成计件定额任务后，由用人单位安排延长工作时间的，应根据上述规定的原则，分别按照不低于其本人法定工作时间计件单价的 150％、200％、300％支付其工资。经劳动行政部门批准实行综合计算工时工作制的，其综合计算工作时间超过法定标准工作时间的部分，应视为延长工作时间，并应按规定支付劳动者延长工作时间的工资。实行不定时工时制度的劳动者，不执行上述规定。

在调查中发现，浙江省中小企业违反相关规定的情况十分严重。只有近 1/3 的被调查对象表示，企业完全按照法律规定给员工发放了加班工资；另有近 1/3 的被调查对象表示，企业在加班的情况下只是象征性地支付一定的加班工资，但远远没有达到国家法律规定的水平。从企业所在地分析，回答加班无加班工资的比例由高往低分别是：温州 36.2％、宁波 34.8％、绍兴 32.1％、杭州 29.6％、金华 28.5％、台州 25.7％。

其实，现实中的情况可能比问卷显示的结果要差得多。在实地走访中发现，有的企业采取在不影响正常岗位工作的情况下安排补休的办法规避加班工资的发放，如果因为工作忙，在年底前没有安排补休，应该发放的加班工资也就不了了之了。有的企业还采取降低单价、提高定额、身兼数职等"软加班"手段侵害劳动者的合法权益。由于举证难、风险大，要改变免费加班或廉价加班的现状显得较为困难。

此外,不按时和不足额发放工资的情况依然存在。所有调查对象中,只有 66.2% 的员工表示工资总是能够按时发放,经常不能按时发放的比例高达 14.2%。

(三)工作时间

我国《劳动合同法》明文规定,劳动者每日工作时间不得超过 8 小时,平均每周工作时间不超过 44 小时。在保障劳动者身体健康的条件下延长工作时间每日不超过 3 小时,每月不超过 36 小时。在下列节日期间还应依法安排劳动者休假:①元旦;②春节;③国际劳动节;④国庆节;⑤法律、法规规定的其他休假节日。但此次调查的结果显示,近一半的企业在工作时间方面,存在违反《劳动合同法》的问题。

调查结果显示,每周工作 44 小时以内的员工仅占被调查员工总数的 47.6%。其他被调查对象称,自己每天的工作时间会大大地超过国家规定的 8 小时标准,每周的工作时间均在 44 个小时以上,有的甚至超过了 60 个小时。

从企业所有制看,超时劳动最多的是合资企业,其次是私营企业,超过法定最高限劳动时间相对较少的是国有企业。从企业所在地看,超时劳动依照超过最高法定劳动时间的数量依次为宁波、台州、金华、杭州、绍兴和温州。这表明,浙江省不少中小企业均不同程度地存在员工加班问题,许多企业的加班时间大大超过了我国《劳动合同法》规定的上限。

此外,所调查的企业中,只有 47.2% 的企业实行了每周 5 天工作制。有 9.3% 的被调查者称,自己休息的时间很少,有的甚至说根本没有休息日,如果有事只能请假。这一点在纺织企业等劳动密集型企业较为严重。所调查的 35 家生产服装及衣着附件产品和 29 家纺织纱线、织物及制品的企业中,有 59 家无法实施每周 44 时、每月加班不超过 36 个小时的劳动标准,占 64 家调查企业总数的 92.2%;有 55 家没有实行每周 5 天工作制,占比为 85.9%。在访谈过程中,很多员工表示,由于不少纺织企业实施计件的加班制度,即所谓多劳多得的方式计算报酬,员工特别是外来务工人员为了保住自己的工作岗位,增加收入,"自愿"延长工作时间,即使用人单位违反了《劳动合同法》的相关规定,员工也不会关注。

调查中,很多企业的管理者也坦言,对于出口加工、纺织企业等劳动密集型企业而言,要完全遵守《劳动合同法》规定的工时标准很难。一方面,企业为完成订单必须延长工时,减少休息天数,尤其在 2011 年至 2013 年,国外采购商逐渐采用小批量、短周期订单的方式采购,使得企业不敢保持充足的生产储备,突击性生产增多,加班加点已经成为一些外贸类企业的常态;同时,政府劳动部门对企业工时方面的检查不是很严格,只要没有超过员工可承受的上限,没有员工投诉,基本上不会对企业进行处罚。更有甚者,有些企业将加班加点作为一种企业文化,将其与员工的敬业精神、职务升迁等挂钩,把员工超时劳动作为赢得市场优势、求得利润最大化的基本手段。其实,从长远来看,超时劳动不仅直接危害劳动者的身心健康和生命安全,而且也会对企业和社会的可持续发展构成威胁。

(四)社会保障

劳动力的可流动性,能给经济带来活力,提高经济运行效率,是企业应对市场变化的必要条件,也是企业不断获得新动力的一个有力保障。但它以健全的员工养老、医疗和失业等社会保障为基础,因此完善社会福利与保障刻不容缓。自 1994 年以来,我国参加养老保险、医疗保险、失业保险、工伤保险和生育保险的人数在逐年上升。应该说,这是令人欣慰的。但是,由于我国的人口基数较大,进一步提高社会保险的参保水平仍是未来较为艰巨的任务。就浙江省而言,目前,共有三条生活保障线:一是五大基本保险(养老保险、医疗保险、工伤保险、失业保险、生育保险);二是补充保险(医疗辅助保险);三是救助(大病、特病、家庭困难)。在调查内容中,养老保险、医疗保险、工伤保险、失业保险这四险的缴纳情况最为重要。

表 4-3 显示,从浙江省全社会整体分析,2008 年实施的《劳动合同法》大幅度地提高了浙江省企业员工参保的比例。在 2007—2013 年,全省年末总人口增长比例基本保持不变,而 2008 年全社会参保总人数比 2007 年增长了 24.5%,明显高于后面几年的增长率。从与企业从业人员关系最密切的失业保险和工伤保险来看,2008 年比 2007 年增长幅度分别是 25.0% 和 25.8%,也明显高于其他年度的增长率。说明在 2008 年 1 月 1 日开始实施的《劳动合同法》,在鼓励企业为员工缴纳社会保险方面,起到了极大的促进作用。

表 4-3   2007—2013 年浙江省全省参加社会保险人数

人数:万人

项目	2007 年	2008 年	2009 年	2010 年	2011 年	2012 年	2013 年
参保总人数	4114.68	5123.75	5567.38	6260.43	6907.29	7636.29	8207.34
比上年增加	—	24.5%	8.7%	12.4%	10.3%	10.6%	7.5%
养老保险人数	1167.10	1386.91	1527.43	1702.22	1821.76	2083.30	2272.50
比上年增加	—	18.8%	10.1%	11.4%	7.0%	14.4%	9.1%
失业保险人数	584.75	731.10	784.46	874.95	980.59	1065.56	1144.53
比上年增加	—	25.0%	7.5%	11.5%	12.1	8.7%	7.4%
医疗保险人数	854.97	1053.92	1173.73	1344.42	1514.39	1670.97	1791.08
比上年增加	—	23.3%	11.4%	14.5%	12.6%	10.3%	7.2%
工伤保险人数	1002.90	1261.84	1331.09	1475.11	1610.76	1731.68	1826.06
比上年增加	—	25.8%	5.5%	10.8%	9.2%	7.5%	5.5%
生育保险人数	504.96	689.98	750.67	863.73	979.79	1084.78	1173.17
比上年增加	—	36.6%	8.8%	15.1%	13.4%	10.7%	8.1%

首先看企业缴纳医疗保险的情况。问卷调查显示,员工参加医疗保险的比例为 88.3%,没有参加的为 10.4%,不知道自己是否参加的为 1.3%。从地域分布来看,参加的比例由高往低分别是杭州、温州、宁波、绍兴、台州和金华。从企业性质分析,员工缴纳医疗保险比例从高到低依次为国有企业、外商独资或合资企业、私营企业。

其次看缴纳养老保险的情况。问卷调查显示,企业员工参加养老保险情况更加乐观,总体比例达到了 90.2%,未参加的比例仅为 8.3%,不知道自己是否参加的为 1.5%。从地域分布来看,参加的比例较高的地区为杭州、温州、宁波、台州、绍兴和金华。从企业性质分析,员工缴纳养老保险比例从高到低同样为国有企业、外商独资或合资企业、私营企业。调查中还发现,企业对城镇员工履行养老保险责任的情况要好于外来务工人员。

再次看承担失业保险的情况。总体来看,897 名调查者中有 81.8%的人参加了失业保险,16.8%的人没有参加失业保险,1.4%的员工回答不知道自己是否参加了失业保险。和缴纳养老保险的情况一样,比例最高的三个地区分别是杭州、温州和宁波。相比而言,在失业保险方面承担比例稍微高一些的是国有企业,外商独资或合资企业以及私营企业的承担比例基本一致。

最后看承担工伤保险的情况。80.3％的调查对象表示参加了工伤保险,17.8％表示没有参加,余下1.9％的员工不知道自己是否参加了工伤保险。比例最高的分别是杭州、宁波和温州的企业。在承担工伤保险方面比例稍微高一些的是国有企业,但基本和外商独资或合资企业、私营企业的承担比例一致,并没有明显的差异。

对问卷调查分析得知,企业在以上四项社会保险责任的承担方面整体都较为理想,这与浙江省近几年出台相关法规、加大劳动用工督查有密切的关系。另一方面,访谈中也发现企业员工,尤其是外来务工人员,对养老金跨省转移难等有明显的不满情绪,拒绝参保的比例较高,使得不少企业陷入两难境地。

同时,通过本次问卷调查了解到,有94.2％的被调查者都不同程度地参加了社会保险。有的参加了包括养老、医疗、工伤、生育和失业在内的五种社会保险,有的仅参加其中的一种或多种,完全没有参加任何社会保险的被调查者不到5％。尽管本次问卷调查所反映的情况较为乐观,但企业在履行社会保险方面的社会责任仍有值得思考的地方。

许多企业表示,社会保险增加了企业的负担。访谈中发现,社会保险加上住房公积金已经使企业的用工成本明显上升。为了降低这方面的用工成本,有的企业瞒报员工人数;有的企业瞒报工资总额,仅以少数固定收入报缴费基数,而瞒报了占较大比例的绩效收入;有的企业将单位应缴纳的社会保险费发给员工,要求员工以个人的身份参保,以降低员工的参保标准;有的企业还游说政府相关部门,以达到被允许按照核定的比例缴纳各项社会保险的目的等。

同时,部分企业选择性地为员工缴纳社会保险。这体现在两个方面,一是选择性地挑选社会保险种类。调查结果显示,并不是所有员工都能够享受包括养老、医疗、工伤、生育和失业在内的五种社会保险。其中,部分企业普遍存在少缴、漏缴的问题。至于参加何种保险,主要取决于当地政府相关部门的稽查力度、保费额的高低以及与企业利益结合的紧密程度等。二是选择性地挑选员工购买社会保险。也就是说,企业并非为其所有在职的员工购买社会保险,而是仅为其中的一部分员工购买社会保险。有的仅为其骨干员工购买社会保险,有的仅为其亲属办理社会保险,还有的仅为企业所在地的员工办理社会保险,这也是外来务工人员的参保比例低于当地员工的原因之一。

(五)职业安全卫生管理

众所周知,劳动生产过程存在各种不安全因素,如不采取措施对劳动者进行有效的保护,就有可能危害劳动者的生命安全和身体健康。为此,我国相关法律法规规定,企业出于对普遍行业危险和任何具体危险的了解,应提供一个安全、健康的工作环境,并采取必要的措施,在可能条件下最大限度地降低工作环境中的危害隐患,以避免在工作中发生事故对健康造成危害。

不可否认的是,我国各级政府部门依据职业安全卫生相关的法律法规,采取多种措施,如建立和完善安全生产责任制度、建立安全生产考核指标体系、整合煤炭资源并强行关闭小煤窑、加强对重点行业和领域(煤矿、危险化学品、民用爆破器材和烟花爆竹、道路和水上交通运输、公共聚集场所的消防安全等)的安全专项整治工作等。这些措施在一定程度上保障了员工的职业安全。同时,通过明确相关部门对职业卫生的监管职责、加强对职业危害源头的预防控制、开展职业病危害专项整治、强化企业的职业病防治责任等措施,使我国的职业卫生状况也得到了较大的改善。然而,由于部分企业片面追求经济效益,相关的法律法规执行不力、政府监管不到位、员工整体素质低下等,致使职业安全事故依然频频发生。

此次调查也显示,浙江省中小企业在制定劳动安全与保护措施方面,在日常运行中的落实情况并不乐观。从企业提供职业健康和安全培训的调查分析,只有52.3%的员工给出了肯定的回答,40.2%的员工给出了否定回答,其余员工表示没有注意到这一问题或者自己不清楚。从地域分布来看,企业提供相关培训比例较高的地区为杭州和绍兴,也只分别为63.5%和57.2%。从企业性质分析,外商独资或合资企业在这方面明显好于国有和私营企业。

关于企业是否配备防护设备的问题,56.6%的员工表示企业提供了劳动防护设备,24.3%的员工表示企业没有提供,19.1%的员工表示不清楚。从地域分布来看,企业提供防护设备比例较高的地区为宁波、台州和绍兴,分别为68.3%、59.8%和53.4%。从企业性质分析,国有企业在这方面明显好于外商独资或合资和私营企业。

对企业是否制定了安全生产责任制度的调查显示,高达63.8%的员工表示不知道或者没有关注过,这从一个侧面反映了企业职业健康和安全培训不到位的问题。从地域分布来看,明确表示企业有相关制度的比例较高地区为杭州、绍兴和台州,比例分别为46.3%、40.2%和38.6%。从企业性质分析,国有企业在这方面做得较好,而外商独资或合资和私营企业则不然。

对工作场所紧急出口是否畅通的调查显示,企业在这个方面的责任意识普遍较高,只有11.8%的员工指出工作场所中无畅通的紧急出口,另有5.6%的员工表示根本没有注意过这一问题。从区域和企业性质来看,基本没有明显的差异。

对女职工与未成年职工权益保护方面的调查显示,312家中小企业中没有一家有使用童工的现象,这一结果令人较为满意,说明调查的企业在这方面做得较为理想。但有47名调查对象年龄在18周岁以下,占调查总人数的5.2%,并且这些员工中已经有部分在企业工作一段时间,因此从调查情况看,浙江省中小企业依然存在招聘未成年人的现象。但在现场访谈中发现,一些企业根本不对女职工进行法律规定的特殊劳动保护,女职工在孕、产、哺乳期被企业解雇或者扣发工资的现象时有发生。

整体来看,浙江省中小企业履行职业安全卫生方面的社会责任情况,明显不如承担社会保险的情况。一方面是因为企业存在侥幸心理,总认为出现安全或者健康方面的事故是小概率事件;另一方面也与当地政府督查不力有关。总体来看,浙江省中小企业履行职业安全卫生管理方面的社会责任工作还是任重而道远的。

(六)工会组织

在浙江省,中小私营企业在企业总数中所占比例较高。这些年,经过各地总工会大力推广企业工会的组建工作,成立工会的企业数量虽然已经有大幅的增加,但调查结果显示,成效并不明显。

本次调查的312家企业中,已经建立工会组织的有189家,占调查总数的60.6%。但统计中企业有工会且员工也参与的只占37.9%,企业有工会但员工不参与的占22.7%。结合问卷调查和个案访谈发现,工会组织和参与方面还很不尽如人意,具体体现在以下方面:

(1)在工会的组织方面,部分企业的工会组织架构尚需完善。根据《浙江省工会推进企业普遍建立工会组织三年规划(2011—2013)》的要求,截至2013年年底,全省基层工会组建率、职工入会率要分别达到76%和83%。但访谈中发现,在已经组建了工会的企业中,许多企业组建工会并不是自愿的,而是为了完成上级工会下达的指标才组建工会的,呈现出明显的"先搭台子后规范"的现象。导致员工普遍对工会组织缺乏应有的认知,不知道工会组织的职能究竟是什么,更不关心工会组织的建设。最终,这种自上而下的"运动式"建会的方式很难避免出现一些不提取工会经费、不参加上级工会活动、不发工会会员证、职工不知情的"四不"基层工会。这种现象在外商独资或合资和私营企业较为严重。

(2)不同所有制形式的企业在工会的组建方面存在差异。问卷调查发现,14家国有企业均组建了工会,工会会员人数也较多。而一些外商投资企业和非公有制企业的管理层则对工会表现出了明显的抵触心理,从他们的角度来看,不希望因为工会组织的存在而降低其管理的效率。

(3)工会缺少独立性,作用发挥不够。在调查中发现,许多企业的工会受所在企业的制约较大。独立性缺损带来的一个重大弊病就是工会的代表性不够充分,从根本上影响了工会维权功能的发挥。工会工作者多是企业的员工,在经济上对企业有依赖,因而无法独立自主地维护员工利益,致使工会的维权作用难以有效发挥。久而久之,员工感觉工会与自己并无关联,当自身的利益受到侵害时,往往会把工会搁置或者遗忘,只身或私下组织起来去维权,不但缺乏合法性,而且维权的效果也不理想。

(七)体面劳动和尊严地位

1999年6月,国际劳工局局长索马维亚在第87届国际劳工大会上首次提出了体面劳动的新概念,明确指出所谓体面劳动,意味着生产性的劳动,包括劳动者的权利得到保护、有足够的收入、充分的社会保护和足够的工作岗位。也就是说体面劳动主要是针对从事生产一线的劳动者而言的。工作中的尊严地位包含许多的内容,主要体现在工作环境中人格的被尊重、工作的被尊重、权利的不受侵犯和情感的被尊重。人性因尊严而闪光,人生因尊严而有价值,团队因尊严而强大,社会因尊严而和谐。

社会学家艾君也曾阐述说,从社会观点和文化角度看,体面劳动的本质含义反映着一种广义的社会劳动关系,而这种劳动关系,并非是一种纯粹的经济利益关系,它是一种反映了组织内部与外部,组织与员工之间所体现的劳动地位、劳动者行为和价值观念的文化,体现的是包括社会政治、价值、法律、道德、习俗、礼仪等关系的文化范畴。一个企业或组织没有和谐的劳动关系就难以实现体面劳动和尊严地位。员工只有在工作中感知体面工作和自身的尊严地位,才可能给企业带来无穷的力量,为企业的发展做出积极的贡献。

为进一步了解浙江省中小企业在履行体面劳动和保障员工尊严地位方

面的社会责任状况,本次问卷调查主要从企业保障员工人身安全与自由、待遇改进、和谐工作氛围营造三个方面设计了不同的题项。

从企业保障员工人身安全与自由方面的调查发现,整体状况不容乐观。首先,不少企业存在扣押证件与财物的情况。调查对象中,有 125 人表示,企业要求缴纳押金(或保证金),占 897 名调查对象的 13.9%;13 名调查对象表示企业要求保存自己的身份证原件,占调查对象的 1.4%。其次,浙江省中小企业基本没有发生体罚、肉体胁迫员工的情况,但调查对象中的 437 人表示,曾经在企业中受到过言语上的侮辱,占调查对象的 48.7%。尤其是外来务工人员,在 437 人中占到 67.9%。从地域分布来看,杭州、绍兴和宁波三地企业这方面的情况相对较好。从企业性质分析,国有企业和外商独资或合资企业在这方面做得较好,而私营企业则存在较多问题。

调查显示,浙江省中小企业在员工待遇改进方面还是做了大量工作。65.4%的被调查者认为,其所在的企业为员工提供的薪酬较具有竞争力;74.5%的被调查者认为,自己的工资收入与工作绩效存在较大的关联;73.6%的被调查者反映,其所在的企业每年都会有计划地组织员工旅游或联欢等活动;88.3%的被调查者表示,企业在节假日会发放一定的福利,如福利卡、现金、年货等;67.4%的被调查者表示,其所在的企业会给员工发放一定的补助。在为员工提供补助的企业中,为员工提供基本的餐补和车补的占 74.3%;而提供房补和通讯等补助的企业数量较少,只有 9.8%的调查对象表示享受过此类补助。在员工待遇改进方面,无论从地域分布还是企业性质来看,均没有明显的差异和变化。由此不难看出,浙江省许多的中小企业在保证员工获得国家法律法规规定的种种待遇的前提下,均积极地采取措施,增加员工的福利,改进员工的物质待遇。一方面,可以提高员工的凝聚力、向心力与忠诚度;另一方面,也可以降低员工的流动率,降低企业的监管成本和替换成本,进而提高企业对外的竞争力,实现双赢。

关于和谐工作氛围营造的调查显示,68.9%的被调查者表示,企业的团队合作氛围一般;48.3%的被调查者表示,企业没有为员工提供良好的与上级进行沟通的渠道,遇到问题时不知找谁沟通,有时即使知道找谁沟通,往往也不能如愿;86.6%的被调查者表示,其所在企业的同事之间的沟通较为顺畅;认为同事之间关系较为和睦的被调查者占总数的 83.2%;同时,有34.8%的被调查者称,其所在企业的企业文化是较为和谐和快乐的;认为其所在企业能够公平地对待每一位员工和其所在企业较关心员工个人生活的被调查者分别占 71.2%和 68.3%。从地域分布来看,台州、金华和杭州这 3

个地区的企业在这方面的情况比较理想。从企业性质分析并没有明显的差异。

近年来,浙江省各地屡屡出现用工荒的现象,大多数中小企业已逐渐认识到了员工对企业发展的重要作用以及员工离职给企业带来的严重不良后果,因而都在努力改进员工管理策略,期望通过积极的举措,改善与员工的关系,实现企业的和谐发展。

(八)职业发展

职业发展指一个人从首次参加工作开始,根据个人动态调整的职业期望和职业能力,逐步展开职业选择的过程,贯穿一个人的整个职业生涯。简单说来就是指员工的事业发展,是指在自己所选定的领域内,积累深入和广泛的经验。目前,企业员工对其自身职业发展施加控制的欲望和力量越来越强,他们不再乐意被视为同生产工具一样的客观生产要素,而是有较强的自我意识和对本身权利的要求。特别是知识型员工身怀可交易的从教育中而非当学徒中得到的技术,他们有兴趣和能力对自身职业生涯施加有力的控制。随着企业对知识型员工需求的增长,这些人在他们整个工作过程中要求有更多的职业发展控制权,范围包括获得成就、被提升、达到升级点以及最终面对的退休。另一方面,科技的迅速发展与市场竞争的加剧,使得企业对员工自身、对他们的主动性与创造性越来越依赖。如果员工在其职业选择上有更大的控制权,他就越有可能选择一条适合他主要能力和价值观的职业道路,由此能促进他的成长。因此,只有将员工个人的职业发展与企业长远发展有机结合,并找到与企业发展战略一致的职业发展的起点、方向和路径,才能带来双赢的格局。

为了解浙江省中小企业履行员工职业发展方面的社会责任状况,本次问卷调查分别考察企业开展员工培训的状况、企业员工职业发展规划的状况和企业员工晋升的状况。

(1)企业开展员工培训的状况。本次问卷调查显示,有74.5%的被调查者认为,其所在的企业或多或少地开展过员工培训;有63.2%的被调查者认为,通过企业的培训,自己的综合竞争力有所提高。从地域分布来看,宁波、金华和杭州这3个地区的企业这方面的情况较为理想,参加培训的员工比例分别为83.6%、78.4%和77.6%。从企业性质分析,外商独资或合资企业在这方面做得最好,其次为国有企业和私营企业。

(2)企业员工职业发展规划的状况。本次问卷调查结果显示并不理想。

只有 29.6％的被调查者表示,其所在的企业曾经为其提供过专业的职业发展评估;认为企业为员工提供的职业发展空间较为广阔的被调查者也仅为34.9％;而认为企业为员工提供了完善的职业生涯规划的被调查者也仅有26.8％。从地域分布来看,并没有明显的差异。从企业性质分析,外商独资或合资企业好于国有企业和私营企业。

(3)企业员工晋升的状况。调查显示,浙江省中小企业对此也十分重视。有 70.3％的被调查者认为,其所在企业为员工提供了较为明确的晋升通道,而认为为员工提供了公平合理的职位晋升机制的占被调查者比例也高达 62.8％。从地域分布来看,台州、绍兴和宁波这 3 个地区的企业这方面的情况比较理想。而从企业性质分析则没有明显的差异。

综合分析,浙江省中小企业在劳动合同签订、社会保险缴纳等方面做得较为完善。从全省范围看,根据浙江省统计局的统计,2007—2013 年,在全省年末总人口增长比例基本保持不变的情况下,与企业从业人员最密切相关的失业保险和工伤保险,2008 年比 2007 年增长幅度分别高达 25.0％和25.8％,明显高于后续年度 10％左右的增长率。浙江省中小企业劳动合同签订率、社会保险缴纳率普遍较高的原因有:①缴纳社会保险是每个员工关心的大事,按相关规定,员工缴纳社会保险以签订劳动合同为前提,因此两者有一定的联动性;②根据《劳动合同法》的规定,一旦发生劳务纠纷,这两项内容由企业提供指证材料,因此容易被员工举报,被政府稽查和监督,这也是促使企业严格按相关规定执行的原因。这说明《劳动合同法》在促进企业为员工缴纳社会保险方面,确实起到了极大的推动作用。但浙江省中小企业在员工工作时间、工会组织和参与、职业安全管理、体面工作与尊严地位、职业发展等方面,与政府、社会和企业自身发展要求相比,尚存在一定的差距。这与纠纷中取证困难、企业与员工地位不对等、员工意识弱化等原因有很大关系。

第五章　企业社会责任与人力资源成本的理论分析

随着经济的发展和社会的进步,企业社会责任正受到越来越多的关注和重视。企业积极承担社会责任,可以通过改善员工工作环境、增加员工培训机会、提高员工待遇等方式来改善企业与员工之间的关系,可以调动员工工作的积极性,提高劳动生产率,最终达到提升企业价值和影响力,提高企业的竞争能力,增加企业利润的目的。因此,认真研究、分析企业社会责任与人力资源成本,分析企业社会责任运动可能对企业人力资源产生的影响,积极推动中小企业的相关工作,并帮助企业寻求最佳应对策略,将是目前企业改革和发展面临的十分重要而且紧迫的课题。

第一节　企业社会责任成本的构成及影响因素

企业履行社会责任,在一定时间内必将引起其成本的增加,此增加的成本即可理解为企业社会责任成本。由于企业是否履行以及如何履行社会责任在一定程度上具有很大的不确定性,因此企业社会责任成本的大小在一定程度上也具有不确定性。下文在阐述企业社会责任成本内涵、内容及其特点等知识的基础之上,从各构成要素、企业社会责任成本转嫁给消费者情况以及企业社会责任供给弹性与需求弹性三个方面探讨企业社会责任成本如何变动。

一、企业社会责任成本内涵、内容及特点

与传统成本理论相比，企业社会责任成本在内涵、内容和特点等方面都有所不同。

（一）企业社会责任成本内涵

广义的企业社会责任成本以多元责任论为理论基础，其具体类别和内容取决于企业社会责任活动的不同领域和不同层次。从广义看，企业社会责任实践活动主要包括劳动者等利益相关者合法权益维护、生态环境保护与治理、企业内部制度建设以及慈善捐赠等方面，相应会产生人力资源投资成本、员工福利成本、对政府和公共事业的支出成本以及资源和生态环境支出成本四类企业社会责任成本。不仅如此，每类企业社会责任成本还具有层次性，由"底"至"顶"依次为经济责任与法律责任、伦理责任与自愿性慈善责任、其他相关责任，三个层次是一种递进关系：经济责任与法律责任是企业必须承担的最基本责任，经济责任是企业的目标，法律责任是企业必须履行的社会义务；伦理责任与自愿性慈善责任是除经济责任与法律责任之外的受伦理道德约束而承担的责任；其他相关责任指未来可能出现的责任或新出现但还没有明确的责任。

狭义的企业社会责任成本以非经济责任论为理论基础，不包括经营责任成本，只包括维权责任成本、环境责任成本、制度责任成本三类，每类成本同样也包括经济责任与法律责任、伦理责任与自愿性慈善责任、其他相关责任。

（二）企业社会责任成本内容

在成本内容上，由于企业社会责任成本在成本内涵上的变化，其相应的成本内容构成也较以前有所不同。主要包括以下几个方面的内容：

1. 经营责任成本

经营责任成本包括企业生产经营过程中发生的产品生产成本、经营业务成本、期间费用及其他必要支出，企业应根据《会计法》《企业会计准则》的要求保证其支出的合理性、合法性和道义性。

2. 消费者责任成本

消费者责任成本指企业对现实的和潜在的使用其产品或劳务的顾客履行相应的责任和义务过程中所发生的各项耗费与支出。

3. 人力资源投资成本

人力资源投资成本是指企业为发展人力资源所发生的耗费与支出。这里认为人力资源问题是一个社会性问题,所以,人力资源成本也是一种社会责任成本。其表现形式有对员工的招募录用费用、劳动报酬、集体福利、教育培训支出、员工社会统筹保障金等。

4. 对政府和公共事业的支出成本

对政府和公共事业的支出成本指企业为社区、公共事务、公益事业和社会福利事业所发生的各项耗费和支出。

5. 保护和改善生态环境的成本

企业发展应以保护和改善环境为前提,切不可以牺牲环境为代价去换取暂时的发展。

6. 其他责任成本

包括企业对国家、企业所有者、债权人等的责任成本,如税务成本、企业长期发展成本(研发费用等)、诉讼费用等。

不加快社会责任成本的研究,就无法满足成本内容不断扩大的要求,使新增的成本对象得不到相应的核算和反映。

(三)企业社会责任成本特点

企业作为独立的法人主体,在计算其产品成本时也是相对独立的,一般以生产的产品为成本核算对象,很少考虑社会经济运行的宏观要素,这也决定了成本内容的相对单一性。直接性表现为,企业内部产品发生的成本直接由企业本身承担,不能转嫁给他人。但是社会责任成本与其他成本相比具有复杂性和其特殊性,主要表现在以下六个方面。

1. 社会性

社会性是社会责任成本的首要特征。社会责任成本应从宏观上考量,这就需要挣脱原来以企业为立足点的束缚,站在整个社会的立场上考虑企业在市场经济条件下彼此之间的利益关系,以及这种利益关系的矛盾冲突和协调而发生的社会代价。正是这种社会性,使社会经济成本在空间上涉及的范围更广泛,且在时间上影响的跨度更大。

2. 间接性

社会责任成本在更多的情况下并不表现为某个经济组织经济行为的直接耗费结果,而是某个经济组织的经济行为通过社会联系和彼此之间的相互作用,导致其他经济组织或整个社会承受由此而产生的损失或代价。这种耗费的间接性,也决定了社会责任成本在补偿上的间接性。既然转嫁给其他经济组织或整个社会的耗费或损失产生于某个经济组织的经济行为,那么,这种耗费或损失的补偿理所应当地由该经济组织承担。

3. 主观性

这里主要指计量方法上的主观性。由于社会责任成本涉及未来的潜在损失,往往无法直观地通过已发生耗费或损失的原始数据进行核算。在许多情况下只能依靠职业判断来确认,因而必然带有一定的主观性。

4. 模糊性

社会成本的多重性和计量方法的主观性,必然导致计量结果上的模糊性。社会责任成本涉及的内容不但多,而且有些损失还不可能予以量化。在这样的情况下不可能得到预期的精确结果。

5. 滞后性

社会责任成本与其补偿之间存在着一定的时间差,这不仅因为社会责任成本的间接性,使社会责任成本的计量存在一定困难,还因为社会责任成本在时间上的转移,使其不能及时获得补偿。这种补偿滞后使得大多数社会责任成本通过时差而被"放大",即所要求的物质和价值补偿往往大于所发生的社会耗费和损失,甚至难以得到足额补偿,使社会经济系统的运行渐趋恶化。

6. 多重性

社会责任成本是社会经济系统运行中,对社会经济资源耗费的价值反映。由于社会经济系统受诸多因素的影响,涉及自然环境、社会环境、人力资源等方面,使社会责任成本的成本内容异常丰富。

二、各构成要素对社会责任成本的影响

关于企业社会责任构成要素的影响,可以从人力资源投资成本、员工福利成本、对政府和公共事业的支出成本以及资源和生态环境支出成本四个方面来探讨。

(一)人力资源投资成本对企业社会责任成本的影响分析

随着知识经济的兴起,人对经济发展的贡献越来越大,加大人力资源的投资也是一个有远见的企业战略规划中的重要部分。作为企业社会责任成本一部分的人力资源投资成本,人力资源投资的增加必将导致企业社会责任成本的增加。

人力资源投资成本主要由员工技能培训支出、职务轮换与晋升成本以及员工职业人格素质提高支出三块组成。其中,员工技能培训支出主要是反映企业对员工进行相关劳动技能培训或相关综合业务素质培训而发生的支出,包括培训费用、离职离岗培训期间的工资与福利费用等;职务轮换与晋升成本反映企业为员工职务轮换或晋升而支付的除劳动技能培训费用或离职离岗培训期间的工资与福利费用以外的相关费用支出,以及由于职务轮换而引起的企业损失;员工职业人格素质提高支出反映企业对员工的政治思想教育及其他职业人格魅力提高进行培训而产生的费用。

面对激烈的全球化市场竞争与合作,广大企业在获取货币资本投资、扩大企业生产经营规模的同时,更需获取人力资本,充分发挥各种人才的才智,通过有效的管理和研发来提高企业管理水平和生产力水平,创造更多的财富。因而,加大人力资源的投资具有重要意义。

(二)员工福利成本对企业社会责任成本的影响分析

一个企业的员工福利成本主要包括员工正常工资支出、超过平均水平的工薪奖金支出、员工福利费用支出、工伤与职业病支出、改善劳动保护条件的支出、美化工作环境支出以及员工享受公共福利支出等。其中,员工正常工资支出是指企业支付的相当于行业一般水平的员工的正常工资和奖金;超过平均水平的工薪奖金支出是指企业支付给员工的工资超过行业一般水平的部分;员工福利费用支出是指企业以现金或实物形式支付给员工个人的福利费,包括各种补贴;工伤与职业病支出反映企业实际支付的员工工伤与职业病支出以及相关保险的购买支出等,但不包括相关的防护支出;改善劳动保护条件的支出是指企业为改善劳动保护条件而实际支付的各种费用;美化工作环境支出是指企业实际支付的用于美化工作环境的支出;员工享受公共福利支出则是指企业实际承担的员工享受公共福利的一次性支付,以及按员工使用比例摊销的可以重复使用的员工福利设施投资和维护成本。

企业福利是企业发展所必需的一种激励手段,并且适度的企业福利对企业发展具有极大的促进作用。这种作用主要表现在:协助吸引员工、协助保持员工的稳定性、提高企业在员工及其他企业心目中的形象、协助提高员工对职务的满意度。

(三)对政府和公共事业的支出成本对企业社会责任成本的影响分析

对政府和公共事业的支出主要包括实际上缴的税费、公共事业投入或资助支出、慈善事业投入和慈善捐赠支出、扶助弱势群体的投入或资助支出、无偿留归社会的资产成本以及其他直接资助或捐赠支出。

随着社会意识的逐步增强,不少顾客不仅注重产品是否能满足自己对关键购买因素的期望,如价格、质量、安全、便利等,也关心产品是如何生产出来的以及其企业自身的形象。这时,那些承担慈善捐赠的企业较之那些社会责任意识弱的企业就更能受到投资者和消费者的青睐,其产品和服务就更有可能获得更大的市场份额,这些企业的整体回报率、销售增长率和利润增长率以及净利润率和股东权益报酬率就更高。除了慈善事业投入和慈善捐赠支出,如实上缴税费、增加公共事业投入或资助支出、增加扶助弱势群体的投入或资助支出、增加无偿留归社会的资产成本同样能提升品牌形象,从而给企业带来直接的经济利润。

(四)资源和生态环境支出成本对企业社会责任成本的影响分析

资源和生态环境支出成本主要有:企业缴纳的生态补偿或占用费、环境保护费、资源补偿或占用费、缴纳的资源和生态环境损害罚款,支付的资源与生态环境侵害赔款,以及企业主动进行生态环境保护或维护所发生的费用支出和资源节约活动的支出。

目前我国企业环境问题比较严重,主要表现在:第一,主要污染物排放量超标,生态环境受到不同程度的破坏,环境污染事故时有发生,给居民造成了不可弥补的损害。第二,企业恶性消耗自然资源现象比较普遍,缺乏节约资源的观念,单位能源效益水平远低于发达国家平均水平。如受利益驱动的影响,一些污染严重的小煤矿、小炼油厂、小水泥厂、小发电厂、小钢铁厂、小造纸厂等,在国家相关法律规定明令禁止下,仍然肆意消耗水资源,一些用水量或排污量比较大的工业企业规划建设在沿江、沿海地带,将污染物直接排入水体,结果导致水质变差。

增加资源和生态环境方面的支出,对企业对外树立良好形象至关重要。另外,增加资源和生态环境方面的支出,认真履行企业社会责任也有助于企业减少因环境污染等受到法律制裁的隐性成本。

三、成本转嫁状况对企业社会责任成本的影响分析

(一)相关概念界定

企业社会责任成本转嫁是指企业在生产商品或提供服务时,为承担社会责任不需要直接支付或不需要全部支付的成本,而将一部分成本或者全部成本转嫁给其他机构或个人,转嫁对象多为消费者。

在其他条件不变的情况下,消费者对企业社会责任的需求量与为之支付的成本之间是一种反比关系;企业对社会责任的供给量与社会责任成本之间也是一种反比关系。根据此结论我们可以绘出企业社会责任的供给曲

线与需求曲线,如图 5-1 所示。

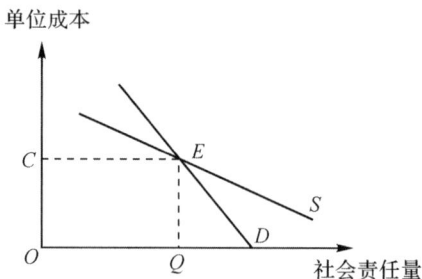

图 5-1　企业社会责任供给曲线与需求曲线

（二）企业社会责任成本转嫁情况分析

下文主要以企业社会责任的供给弹性大于需求弹性为基础分析企业社会责任成本转嫁情况。

1. 企业社会责任成本完全转嫁

如图 5-1 所示,企业社会责任供给曲线 S 与企业社会责任需求曲线 D 相交于均衡点 E,即企业社会责任的供求均衡。此时,企业提供的社会责任量与消费者所需的社会责任量正好相等,均为 Q,而此时为了供给每单位社会责任企业所付出的成本也正好与消费者为了获取每单位社会责任所愿付出的成本相等,均为 C。即均衡条件下,企业提供的社会责任成本总额 $C \times Q$,与消费者愿意为之付出的社会责任成本总额恰恰相等。这就说明,企业提供的社会责任成本正好被消费者为获取社会责任所付出的成本支付了。换句话就是说,在这种情况下,企业的社会责任成本完全转嫁给了消费者。

2. 企业社会责任成本部分转嫁

如图 5-2 所示,当企业在单位成本 C_2（C_2 低于均衡时的单位成本 C_1,即 $C_2 < C_1$）上提供的社会责任量为 Q_3 时,由于单位成本相对较低,企业提供的社会责任量 $Q_3 >$ 均衡时提供的社会责任量 Q_1。同样,在单位成本 C_2 下,由于消费者每需一个单位社会责任的成本降低,消费者对社会责任的需求量也增加至 Q_2（$Q_2 > Q_1$）。但是由于企业社会责任供给弹性大于需求弹性,因此在单位成本由 C_1 下降到 C_2 时,企业社会责任供给量的增加要大于需求量的增加,即 $Q_3 > Q_2$。

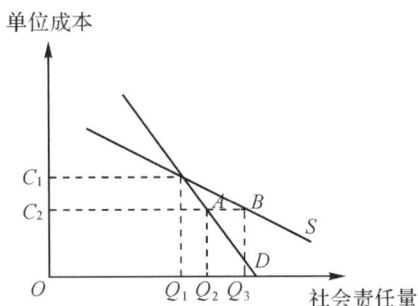

图 5-2　企业社会责任成本部分转嫁

由图 5-2 可知,在单位成本为 C_2 时,企业为提供 Q_3 单位社会责任应该支付的社会责任总成本为 $C_2 \times Q_3$,用图形表示即为矩形 C_2OQ_3B 的面积;而消费者愿意付出的社会责任总成本为 $C_2 \times Q_2$,即矩形 C_2OQ_2A 的面积。由图就可以明显看出,企业提供的社会责任总成本 $C_2 \times Q_3 >$ 消费者愿意付出的社会责任总成本 $C_2 \times Q_2$,多出的额度为 $C_2 \times (Q_3 - Q_2)$,即矩形 BAQ_2Q_3 的面积。

这表明,在企业社会责任供给弹性大于需求弹性的情况下,较低的企业社会责任水平虽然促使企业更乐于提供更多的社会责任,消费者愿意接受更多的企业的社会责任,但是消费者乐意接受社会责任的增加量小于企业供给的增加量,企业的社会责任成本大于消费者愿意承担的成本,也就是说,企业的社会责任成本不能完全转嫁给消费者,剩余的一部分需要企业自身来承担。

3. 企业社会责任成本超额转嫁

如图 5-3 所示,当企业在单位成本 C_2(C_2 高于均衡时的单位成本 C_1,即 $C_2 > C_1$)上提供的社会责任量为 Q_2 时,由于单位成本相对较高,企业提供的社会责任量 $Q_2 <$ 均衡时提供的社会责任量 Q_1。同样,在单位成本 C_2 下,由于消费者每需一个单位社会责任的成本增加,消费者对社会责任的需求量降低至 Q_2($Q_3 < Q_1$)。但是由于企业社会责任供给弹性大于需求弹性,因此在单位成本由 C_1 上升到 C_2 时,企业社会责任供给的减少量要大于社会责任需求的减少量,即 $Q_2 < Q_3$。

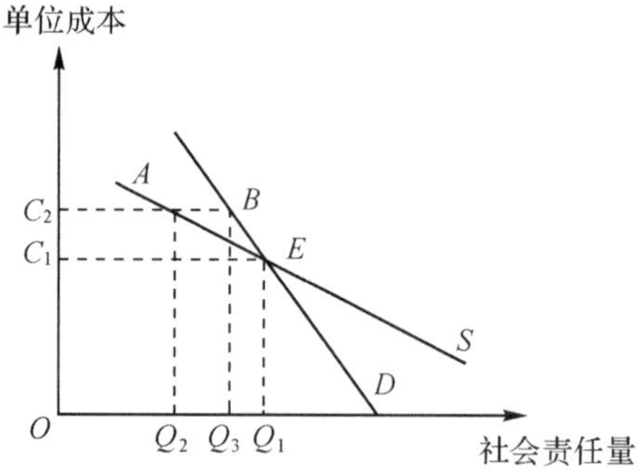

图 5-3　企业社会责任成本超额转嫁

由图 5-3 可知,在单位成本为 C_2 时,企业为提供 Q_2 单位社会责任应该支付的社会责任总成本为 $C_2 \times Q_2$,用图形表示即为矩形 C_2OQ_2A 的面积;而消费者愿意付出的社会责任总成本为 $C_2 \times Q_3$,即矩形 C_2OQ_3B 的面积。由图 5-3 就可以明显看出,企业提供的社会责任总成本 $C_2 \times Q_2$ <消费者愿意付出的社会责任总成本 $C_2 \times Q_3$,少出的额度为 $C_2 \times (Q_3 - Q_2)$,即矩形 BAQ_2Q_3 的面积。

这表明,在企业社会责任供给弹性大于需求弹性的情况下,较高的企业社会责任水平虽然促使企业不乐于提供更多的社会责任,消费者也不愿意接受更多的企业的社会责任,但是消费者不乐意接受社会责任的减少量小于企业不乐意供给的减少量,企业的社会责任成本小于消费者愿意承担的成本。也就是说,企业的社会责任成本不仅能完全转嫁给消费者,而且消费者还支付了一部分额度为 $C_2 \times (Q_3 - Q_2)$ 的超额社会责任成本给企业。

与企业社会责任的供给弹性大于需求弹性相反,当企业社会责任的供给弹性小于需求弹性时,企业社会责任供求相等,单位成本处于均衡点时企业社会责任成本也能完全转嫁给消费者。但是当企业社会责任供给大于需求,单位成本高于均衡状态时,企业社会责任成本能够超额转嫁给消费者;当企业社会责任供给小于需求,单位成本低于均衡状态时,企业社会责任成本却只能够部分转嫁给消费者。

（三）企业对承担社会责任成本的选择

根据以上分析可知,当企业社会责任的供给弹性大于需求弹性时,较高的企业社会责任水平更加有利于企业将支付的社会责任成本转嫁给消费者,此时企业倾向于提供更多的社会责任,有利于整个社会福利水平的提高。而企业社会责任的供给弹性小于需求弹性时,较高的企业社会责任水平不利于企业将支付的社会责任成本转嫁给消费者，此时企业为了实现自己利润的最大化，将会通过各种途径来减少企业社会责任的供给量，不利于整个社会福利水平的提高。

四、企业社会责任供给弹性及曲线弹性对企业社会责任成本的影响分析

（一）相关概念界定

企业社会责任供给弹性是指在一定时期内企业社会责任供给量的变动对于企业社会责任成本变动的反应程度，即企业社会责任供给曲线斜率；企业社会责任需求弹性是指一定时期内企业社会责任需求量的变动对于企业社会责任成本变动的反应程度，即企业社会责任需求曲线斜率。

当企业社会责任的供给弹性大于需求弹性时，如图 5-3 所示，供给曲线 S 相比需求曲线 D 更加平缓一些，这意味着与消费者相比，企业对社会责任成本的反应更加敏感。相反地，当企业社会责任的供给曲线弹性小于需求曲线的弹性时，供给曲线 S 相对于需求曲线 D 更加陡峭一些，这意味着相比消费者，企业对社会责任成本的反应没有那么敏感。

（二）三种不同条件下企业社会责任成本选择分析

假设产品供给弹性与需求弹性绝对值相等，从企业社会责任供给弹性大于、小于、等于需求弹性三个角度来分析企业社会责任成本情况。

1. 企业社会责任供给弹性大于需求弹性

企业社会责任供给弹性大于需求弹性，是指在一定时期内企业社会责任供给量的变动对于企业社会责任成本变动的反应程度要强烈于企业社会责任需求量的变动对于企业社会责任成本变动的反应程度。反过来说，是指企业为多付出一个单位的社会责任愿意花的成本比消费者为了多得到一个单位社会责任愿意多支付的成本低，如图 5-4 所示。

当单位产品生产成本因企业社会责任成本增加(P_2-P_E)时，企业单位成本也将上升(P_2-P_E)，如图 5-4 所示，供给曲线将由 S_1 向左移动至 S_2；而对消费者来说，为了多获得一个单位富有更多社会责任的产品，他将愿意多付出的价格为(P_1-P_E)，需求曲线由 D_1 向右移动至 D_2。在厂商与消费者共同的博弈之下，市场最后的均衡价格和产量分别为 P'_E、Q'_E，企业在新的均衡条件下营业收入增加额为$(P'_E \times Q'_E - P_E \times Q_E)$。假设原来单位成本为 C，则新增成本为$\{[(P_2-P_E)+C] \times Q'_E - C \times Q_E\}$，新增加利润＝新增加营业收入额－新增加成本，即新增加利润＝$(P'_E \times Q'_E - P_E \times Q_E) - \{[(P_2-P_E)+C] \times$

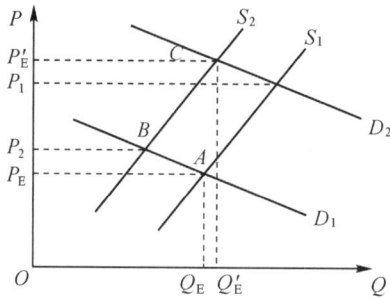

图 5-4　企业社会责任供给弹性大于需求弹性时

$Q'_E - C \times Q_E\} = P'_E \times Q'_E - P_2 \times Q'_E + (P_E - C) \times (Q'_E - Q_E) > 0$，即此时企业提高社会责任水平有利于企业利润的增加，企业将倾向于提高社会责任水平。

2. 企业社会责任供给弹性小于需求弹性

同理，企业社会责任供给弹性小于需求弹性，是指在一定时期内企业社会责任供给量的变动对于企业社会责任成本变动的反应程度要弱于企业社会责任需求量的变动对于企业社会责任成本变动的反应程度。反过来说，是指企业为多付出一个单位的社会责任愿意花的成本比消费者为了多得到一个单位社会责任愿意多支付的成本高，如图 5-5 所示。

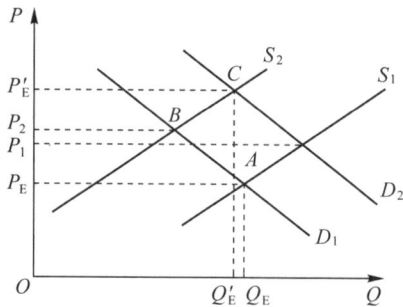

图 5-5　企业社会责任供给弹性小于需求弹性时

当单位产品生产成本因企业社会责任成本增加$(P_2 - P_E)$时，企业单位成本也将上升$(P_2 - P_E)$，如图 5-5 所示，供给曲线将由 S_1 向左移动至 S_2；而对消费者来说，为了多获得一个单位富有更多社会责任的产品，他将愿意多付出的价格为$(P_1 - P_E)$，需求曲线由 D_1 向右移动至 D_2。在厂商与消费者共同的博弈之下，市场最后的均衡价格和产量分别为 P'_E、Q'_E。此时，$Q'_E < Q_E$，企业为社会责任增加的成本，已经超出了消费者的预期，反而导致消费者购买量

的下降。企业在新的均衡条件下营业收入增加额为$(P'_E \times Q'_E - P_E \times Q_E)$；假设原来单位成本为$C$，则新增成本为$\{[(P_2 - P_E) + C] \times Q'_E - C \times Q_E\}$，新增加利润＝新增加营业收入额－新增加成本，即新增加利润＝$(P'_E \times Q'_E - P_E \times Q_E) - \{[(P_2 - P_E) + C] \times Q'_E - C \times Q_E\} = P'_E \times Q'_E - P_2 \times Q'_E + (P_E - C) \times (Q'_E - Q_E) < 0$，即此时企业提高社会责任水平不利于企业利润的增加，企业将不热衷提高社会责任水平。

3. 企业社会责任供给弹性等于需求弹性

企业社会责任供给弹性等于需求弹性时，企业为多付出一个单位的社会责任愿意花的成本与消费者为了多得到一个单位社会责任愿意多支付的成本相等，如图 5-6 所示。

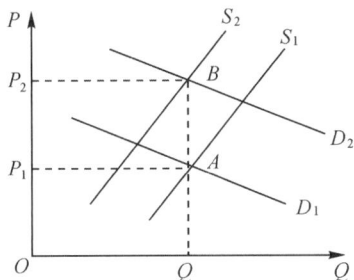

图 5-6　企业社会责任供给弹性等于需求弹性时

当单位产品生产成本因企业社会责任成本增加$(P_2 - P_1)$时，企业单位成本也将上升$(P_2 - P_1)$，如图 5-6 所示，供给曲线将由 S_1 向左移动至 S_2；而对消费者来说，为了多获得一个单位富有更多社会责任的产品，他将愿意多付出的价格也为$(P_2 - P_1)$，需求曲线由 D_1 向右移动至 D_2。在厂商与消费者共同的博弈之下，市场最后的均衡价格和产量分别为 P_2、Q。此时，企业因社会责任成本增加而增加的成本完全转嫁给消费者，企业新增利润为零。此时，从企业利润最大化角度来说，企业将不会关注社会责任水平是否提高，但是在现实生活中，一个履行社会责任的企业将会得到社会的尊重，有利于企业的长远发展，因此企业将会倾向于增加社会责任成本的支出。

第二节　人力资源成本影响因素分析

人力资源管理把"人"作为一种资源,通过培训等手段使其经验和价值得到增值,从而带给企业预期的回报和效益。当今世界经济已进入了知识经济时代,人力资源成为社会最宝贵的财富之一。如何分析人力资源成本的构成及其影响因素也已经成为理论界关注的一个重点。

一、人力资源成本的概念及构成要素分析

（一）人力资源成本的概念

人力资源成本是指企业在一定时间内为其员工支付的全部费用。人力资源成本的高低可以用劳动力绝对成本和劳动力相对成本两个指标来衡量。作为生产要素之一,劳动力同土地、资本、技术等其他生产要素一样也有价格,企业在一定时期内从劳动力市场雇用一定数量的社会劳动力同样需要支付一定的费用,这部分费用的绝对额即为劳动力绝对成本。

劳动力相对成本是一种更加综合的成本衡量标准,它不仅仅考虑人力资源成本（价格）的绝对值,还以劳动者素质（劳动生产率）为考察重点,同时兼顾产业特点以及其他社会因素等。该指标可通过单位产品的工资含量、销售收入的工资含量、增加值的工资含量等来衡度。由于劳动生产率等因素的不同,劳动力相对成本与劳动力绝对成本并不成比例。

（二）人力资源成本的构成要素

一般情况下,我们习惯将支付给员工的工资称为人力资源成本,但这只是狭义的人力资源成本。广义的人力资源成本还应包括除工资之外的社会保险、福利、员工住房、培训和改善工作条件等其他成本。

（三）市场均衡工资的形成机制

工资又分名义工资和实际工资。名义工资是指用现行人民币支付给员工的单位时间工资,是可以用来比较的一定时间内各类工人的报酬。而实际工资是剔除物价水平变化后员工得到的报酬,即用某种价格标准除名义工资而得,可以用来说明名义工资的购买力。

工资的形成取决于供求关系、工作性质、培训成本、行业门槛、法律规定、社会习俗、工会谈判能力等诸多因素的综合影响。其中供求关系一直在

其中起着重大作用,因此下文将从供求角度分析工资的形成机制。美国经济学家罗伯特·S.史密斯(Robert S. Smith)研究表明,由于规模效应和替代效应的作用,劳动力需求曲线是一条斜率为负的直线;劳动力供给曲线是一条斜率为正的直线,如图 5-7 所示。

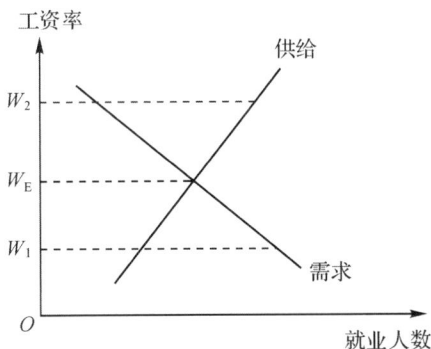

图 5-7　劳动力市场需求与供给曲线

从图 5-7 可知,当市场工作率为 W_1 时,市场对劳动力的需求量大于市场供给量,存在劳动力短缺问题,此时雇主们必然会通过增加工资来争夺工人,从而推动整个劳动力市场工资率水平上升。工资率上升后,一方面更多的人愿意进入这个市场求职(沿着劳动力供给曲线);另一方面,雇主人力资源成本加大必将导致对工人需求量的减少(沿着需求曲线)。当市场工资率为 W_2 时,供给大于需求,此时一个空缺岗位将会有许多求职者竞争,雇主提供一个较低的工资也有人愿意做。与工资率上升相反,当工资率下降时,将会有大量劳动力离开市场而雇主会加大对劳动力的需求。最终在市场的作用下,供给与需求逐渐趋向均衡,市场均衡工资 W_E 也将形成。

二、2007—2013 年浙江省劳动力工资基本情况分析

下文以工资为主要指标从城镇企业就业人员平均工资整体情况、各行业就业人员平均工资情况以及浙江省各地区就业人员平均工资情况三方面来分析浙江省近年来劳动力工资的变动状况。

（一）城镇企业就业人员平均工资整体情况

从表 5-1 可以看出,2007—2013 年,全省城镇员工平均劳动报酬从30854 元提高到 56571 元,增长了 83.4%,年均增长率在 10% 以上。说明近年来浙江省城镇员工工资整体上得到了较大的改善。从企业的性质来看,国有企业员工平均工资水平超过其他企业员工工资水平,处于领先地位,并

且与城镇集体企业和其他企业相比,差距在不断拉大,并一路保持领先优势,带领着整个工资水平的上升。另外,从增长速度上来看,不管是国有企业、城镇集体企业还是其他企业,员工工资水平的增长速度自 2007 年以来始终保持在较高的水平,以此可推测全省员工工资水平将会得到进一步的提高。

表 5-1   2007—2013 年浙江省城镇企业在岗员工平均工资

单位:元

	2007 年	2008 年	2009 年	2010 年	2011 年	2012 年	2013 年
平均工资	30854	34146	37395	41505	46660	50813	56571
国有企业	48130	53476	59550	65440	72383	76150	81157
城镇集体企业	25005	29137	31653	36038	41817	47562	52070
其他企业	23597	29618	29618	33698	39165	44112	50390

注:本表 2008 年前为员工平均工资,2013 年为就业人员平均工资。
数据来源:历年《浙江统计年鉴》。

(二)各行业就业人员平均工资情况

从行业划分来看,2007 年至 2013 年间,最低工资收入群体主要存在于住宿和餐饮业、制造业、建筑业、采矿业等劳动密集型行业,这在一定程度上也解释了为什么我国每年大量农村劳动力向城市转移,中西部地区外来务工人员向浙江省等东部沿海地区转移。最高收入群体主要存在于信息传输、软件和信息技术服务业以及金融业等知识密集型行业,其次依然是知识密集型的行业,如科学研究和技术服务业,卫生和社会工作,教育以及公共管理、社会保障和社会组织等。另外,从表 5-2 中还可以看出,以 2013 年数据为例,收入最低的住宿和餐饮业,其平均工资与最高的金融业相差悬殊,金融行业平均工资是其 3.5 倍。

表 5-2　各行业城镇企业就业人员年平均工资

单位:元

行业	2007 年	2008 年	2009 年	2010 年	2011 年	2012 年	2013 年
农、林、牧、渔业	26771	31071	34271	35696	39266	41718	47000
采矿业	19788	27385	27326	28920	36268	45015	46043
制造业	20570	23629	25287	29515	35266	40464	45895
电力、热力、燃气及水生产和供应业	59296	68050	71959	81252	92072	85668	93793
建筑业	23058	25252	27220	29074	32260	36901	43251
批发和零售业	29444	34163	36544	40854	47500	50256	54908
交通运输、仓储和邮政业	35758	40991	44661	50084	56899	57737	64156
住宿和餐饮业	19690	22052	23418	25565	30428	32827	35829
信息传输、软件和信息技术服务业	63823	70982	78660	84146	95246	96741	106946
金融业	72465	92509	102433	115512	133782	117291	124711
房地产业	32975	38444	40986	43443	49856	52212	52564
租赁和商务服务业	27176	29297	30479	33283	39949	47391	52596
科学研究和技术服务业	45378	52261	56145	59341	69100	67761	82352
水利、环境和公共设施管理业	28413	30675	32552	34683	39643	41192	46195
居民服务、修理和其他服务业	31704	31991	31253	35723	39718	42613	44727
教育	45164	50090	60698	66152	69516	70174	74700
卫生和社会工作	47040	51938	57861	64564	73136	78385	86220
文化、体育和娱乐业	46500	51605	54959	60798	66003	66915	73090
公共管理、社会保障和社会组织	52924	57346	61906	67291	73808	73676	80118

注:本表 2008 年前为员工平均工资,2013 年为就业人员平均工资。

数据来源:历年《浙江统计年鉴》。

(三)各地区就业人员平均工资情况

由于各地区经济发展程度以及产业结构不同,平均工资也不相同。2014年统计数据显示,2013年年平均工资最低的地区是绍兴市,年平均工资为49033元;年平均工资最高为杭州市,为63664元,是绍兴市的1.3倍。从2007年到2013年间,年平均工资增长最快的地区是温州市,增长了112.1%。除温州市外,超过全省平均增长速度(83.4%)的地区为嘉兴市(104.6%)、丽水市(91.6%)、舟山市(89.3%)和宁波市(84.4%)。

表5-3　浙江省各地区城镇企业就业人员年平均工资

单位:元

地区	2007年	2008年	2009年	2010年	2011年	2012年	2013年
杭州市	36200	40193	43947	48772	54408	56417	63664
宁波市	32892	35835	39139	43476	49755	55031	60659
温州市	25740	29594	33893	37610	42343	48254	54590
绍兴市	29807	30636	32502	35125	39810	44609	49033
嘉兴市	25883	29219	31965	36319	42990	47598	52945
湖州市	28053	31455	33843	36485	41107	45933	49890
金华市	28638	31594	34769	39467	42861	44349	51721
台州市	33058	34126	36822	40562	42199	46630	50515
丽水市	31206	36233	41124	44979	49072	55003	59783
衢州市	32185	35930	39106	44067	50055	52681	55543
舟山市	32580	38714	40560	43642	52915	57294	61680

注:本表2008年前为员工平均工资,2013年为就业人员平均工资。
数据来源:历年《浙江统计年鉴》。

三、从需求角度分析人力资源成本变动的原因

首先,从需求角度来说,一般认为影响劳动力需求曲线变动的主要因素有如下几个:其他生产要素价格、国外劳动力工资水平、国内经济增长速度、员工素质、员工福利政策、最低工资标准、相关劳动者权益保护法律法规的出台等。

劳动力需求变动是指当工资不变时其他因素发生变化而引起的对劳动力需求量的变动。S代表供给曲线,在假设劳动力供给不变的情况下,如果

其他因素的变动引起需求曲线 D_0 向右移动至 D_1,在原来均衡的价格下劳动力将会出现供不应求的情况($Q_1 > Q_0$),如图 5-8 所示。企业如果想从市场上雇用所需员工,则必须提高员工工资、改善员工工作环境等,企业人力资源成本便会随之增加。与之相反,当其他因素的变动引起需求曲线向左移动时,人力资源成本将会下降。下面具体分析各因素如何通过影响劳动力需求的变动,进而影响人力资源成本的变动。

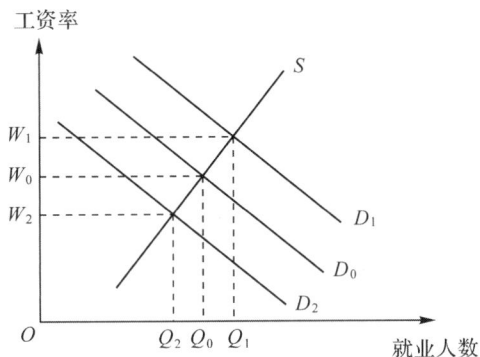

图 5-8　劳动力需求的变动

（一）其他生产要素价格

由于劳动力与其他生产要素之间具有相互替代性,当其他生产要素价格上升时,企业为实现利润的最大化,就会试图通过增加劳动力的需求量来替代价格上升的生产要素,如果雇主用劳动力来代替上涨的生产要素又必将引起劳动力价格即工资的上涨。比如,企业用劳动力来代替资本,劳动力需求曲线将会向右移动（见图 5-8）,打破原有的劳动力市场均衡,引起市场上出现供不应求的情况。当出现供不应求时,企业就必须通过增加工资、改善劳动环境、提高劳动者的福利待遇等方式才能从劳动力市场上雇用所需劳动力。工资的增加、劳动环境的改善以及提高劳动者福利待遇,又必将增加企业的人力资源成本。

与之相反,当其他生产要素价格下降时,将会出现企业用价格下降的生产要素替代劳动力的现象,劳动力需求曲线将会向左移动（见图 5-8）,劳动力市场上出现供过于求的情况,求职者只有降低自己的工资要求才能找到工作,而劳动者工资要求的降低将会降低企业的人力资源成本。

（二）国外工资水平

在国际贸易的作用下,国外工资水平对我国人力资源成本的影响主要表现在通过影响我国企业的利润继而影响劳动力价格的变化。与发达国家相比,我国具有劳动力资源丰富的禀赋,我国出口型企业以劳动力密集型为主,然而拥有劳动力资源优势的国家不仅仅只有我国,像印度等其他发展中国家也拥有。在国际生产市场上,其他同样拥有劳动力资源优势的国家与我国具有竞争关系,当这些国家工资水平上涨时,相对就会增加我国企业的竞争优势,增加我国企业的利润。一方面,企业利润增加了,才会有更多的资金用来提高员工的工资、改善员工的工作环境;另一方面,利润增加了,就会促使企业通过扩大其生产规模来获取更多的利润,生产规模扩大又将引起劳动力需求曲线向右移动,打破原有供求均衡,如上所述,进而增加企业的人力资源成本。当其他国家工资水平相对我国下降时,会降低我国企业在国际竞争中的竞争力,企业利润缩减,有的企业甚至会因为亏损直接关门歇业。利润下降时,为了提高利润,企业也会通过裁员、降低员工工资等形式来降低成本。企业倒闭、裁员意味着社会对劳动力需求的下降,劳动力需求曲线向左移动,劳动力市场上供过于求,只要有就业岗位,即使给的工资很低也会有大量劳动者去竞争该职位。

(三)国内经济增长速度

新古典经济学中的索罗增长模型(Solow Growth Model)告诉我们,经济的增长会促进就业的增长,就业的增长又会反过来促进经济增长,所以经济增长与就业之间存在一种"加强效应"。经济的增长会促使劳动力需求曲线向右移动进而推动就业的增加,在发达国家曾出现的失业与经济衰退伴生的经济事实就反证了这个结论。另外,美国经济学家阿瑟·奥肯(Arthur M. Okun)进一步用实证的方法证明了这个结论,并得出奥肯定律:当实际GDP增长相对于潜在GDP增长(美国一般将之定义为3%)下降2%时,失业率上升大约1%;当实际GDP增长相对于潜在GDP增长上升2%时,失业率下降大约1%。

不管是新古典经济学中的索罗模型还是奥肯定律,都告诉我们一国经济的增长有助于该国的就业。在图5-8上表现为,劳动力需求曲线向右移动,劳动者报酬在劳动力市场供不应求的触动下将得到提高;相反,当一国经济出现衰退时,劳动力市场供过于求,该国就业率将会下降,该国劳动者报酬及员工福利待遇等都将下降。

(四)员工素质

现代企业员工素质主要是指员工的基本素质、专业素质和政治素质所构成的员工综合素质。其中,基本素质指员工自身所具备的文化知识、语言、思想、判断能力、心理承受能力、自我约束能力和健康的身体;专业素质指员工在所从事的专业岗位上具备的专业理论、专业技术、专业技能以及创新意识、创新能力;政治素质指员工的思想政治品质和职业道德品质。员工基本素质的提高,是推动企业发展的根本保证;员工专业素质的提高,是推动企业发展的动力;员工政治素质的提高,是企业树立良好形象的关键。

提高员工的整体素质主要包括提高员工的思想道德素质、文化素质、科学技术素质和心理素质四个方面。一个企业员工素质的提高主要依赖于企业在资金上的投入。无论是开展职业道德教育提高员工的思想政治素质,还是树立新型学习观,提高员工的文化科学素质等都需要企业进行投资,增加人力资源成本。

(五)员工福利政策

美国著名人力资源外包与咨询服务公司翰威特咨询公司(Hewitt Associates Inc.)2013年研究认为:①具有竞争力的福利组合已逐渐成为人才竞争的关键因素;②人性化的福利理念能提高员工的归属感和忠诚度,是企业留住人才的法宝;③与职位和贡献相结合的多元化补充福利可确保对员工的长期激励作用。

作为人力资源成本的一部分,员工福利的高低直接影响着一个企业人力资源成本的高低。员工福利可分为法定福利支出(例如:社会保险、职业灾害补助、医疗补助、子女教育补助等)及非法定企业设计的福利支出(例如:团体意外险、员工旅游、男性陪产假、年度健康检查等)。

目前我国在员工福利方面存在着诸多问题,例如福利项目和结构设计单一、忽视员工多元化的需求等。由于建立员工福利制度还不是企业的法定义务,目前建立员工福利制度的企业数量尚不多,主要是一些大型的国有企业和外资企业。员工福利计划项目的举办主体和可供选择的项目也相对较少,而且,有些企业违反国家相关法律法规,不给员工提供最基本的法定福利,只重视"高级员工"诸如职业经理人的福利,而忽视中下层职员的福利等。提高员工福利,不但有助于企业留住人才,而且能调动员工的积极性,但是员工福利的提高必然也会增加企业的人力资源成本。

(六)最低工资标准

最低工资标准是指劳动者在法定工作时间或依法签订的劳动合同约定的工作时间内提供了正常劳动的前提下,用人单位依法应支付的最低劳动报酬。它是国家为了保障劳动者的基本生活,在劳动者提供正常劳动的情况下,而强制规定用人单位必须支付给劳动者的最低工资报酬。

短期来看,提高工人最低工资在一定程度上会加重企业的用人成本,增加企业运营负担。特别是在轻工、家电等领域,我国企业之间竞争激烈,企业利润十分微薄,企业人力成本上升可能会直接导致亏损和经营困难。上调最低工资标准会对不少刚刚走出金融危机的企业形成新的成本压力,其中以小型企业居多。从长期来看,上调最低工资标准之举也会产生反向推动力。首先,最低工资标准的提高,有助于企业稳定员工队伍,员工收入提高了,流动率也会相对降低。其次,从城市与城市之间的微差来看,更容易使最低工资标准高的城市增加吸引力,吸引底层劳动力参与本城市的建设。企业工资待遇提高了,劳动者就能改善生产和生活条件。再次,企业要想扭转成本上升导致的竞争力下降,就不得不加大企业研发力度,提高产品附加值。这样,中国制造的产品将在更高层次上获得竞争力,从而有利于企业获取更大的利润。

(七)相关劳动者权益保护法律法规的出台

近年来,为保护劳动者的权益,国家陆续施行了《中华人民共和国就业促进法》《中华人民共和国劳动合同法》《中华人民共和国劳动合同法实施条例》《中华人民共和国劳动争议调解仲裁法》等相关法律法规。这些法律法规的出台对企业尤其是劳动力密集型企业的人力资源成本必将产生深远影响。具体表现在如下两方面。

一是直接影响。具体包括:

(1)各项法律法规直接干预试用期工资水平。

(2)各项法律法规直接干预劳务派遣工工资水平。

(3)《劳动法》规定,员工可因企业未买保险而辞职并要求企业支付补偿金。

(4)劳动合同期满终止时,还须按工龄支付经济补偿金。

(5)加强员工对薪资水平的自决权。

以上五点都会直接加重企业的人力资源成本。

二是间接影响。具体包括:

(1)各项法律法规规定,除员工过失性解聘外,企业依法解聘员工也须按工龄支付补偿金。

(2)新的劳动法规增大了解聘难度,增加了推定企业解聘的情形,如企业不小心违法解聘员工还须按补偿金标准支付两倍的赔偿金。

（3）加重违反规定不签相关劳动合同的处罚。

（4）加重企业其他违法成本，如逾期不支付劳动报酬、加班费或者经济补偿的，责令企业按应付金额 50％以上、100％以下的标准向劳动者加付赔偿金。

四、从供给的角度分析人力资源成本变动的动因

从供给角度看，一般认为影响劳动力供给变动的主要因素有如下几个：生活水平的变化、人口结构的变化、供求的不匹配、各种利农惠农政策的出台以及通货膨胀与通货紧缩、新生代员工价值观念的改变等。劳动力供给变动是指当工资不变时因其他因素发生变化而引起的对劳动力供给量的变动，如图 5-9 所示。

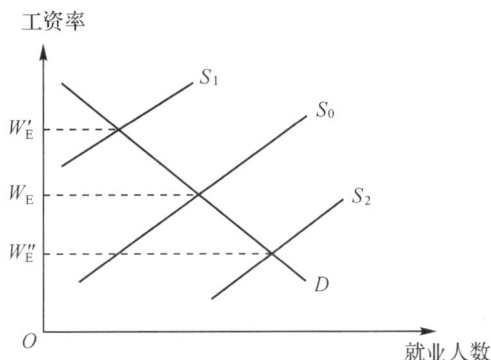

图 5-9　劳动力供给变动

在假设劳动力需求不变的情况下，如果其他因素的变动引起供给曲线 S_0 向左移动至 S_1，劳动力市场将会出现供不应求状况，雇主为雇用所需劳动力就必须支付更多的工资以及改善员工的工作环境、提高员工福利等，进而人力资源成本也会增加。与之相反，当其他因素的变动引起供给曲线向右移动时，劳动力市场供大于求，企业购买劳动力的成本将会下降。下面具体分析各因素如何通过影响劳动力供给的变动，进而影响人力资源成本的变动。

（一）生活水平的变化

从改革开放开始至 2013 年间，浙江省经济得到了较快的发展，2013 年全省生产总值为 37568.49 亿元，是 2000 年全省生产总值的 6.1 倍（2000 年全省生产总值为 6141.03 亿元）。而 2013 年全省生产总值与改革开放之初

1978 年相比,相差更是悬殊,1978 年全省生产总值为 123.72 亿元,不到 2013 年的 3‰。伴随着经济的增长,全省人民的生活水平得到了较大的提高。这又促使员工对生活质量提出更高的要求。员工对生活质量要求的提高主要从两个方面来影响企业人力资源成本的增加:第一,生活水平的提高直接引导员工更加重视生活质量,进而促使员工对工作环境以及福利待遇的要求提高;第二,生活水平的提高引导员工更加重视闲暇时间,日货币收入与日闲暇时间组成的无差异曲线就越陡峭,如图 5-10 所示。

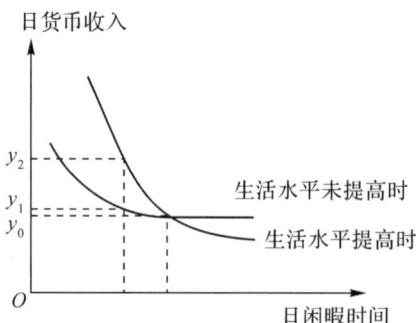

图 5-10　不同生活水平条件下的无差异曲线

由图 5-10 可以看出,生活水平未提高时,员工放弃一个小时的闲暇时间所需货币收入增加($y_1 - y_0$)即可;而当生活水平提高之后,员工更加重视休闲娱乐,更愿意拥有更多的闲暇时间,这时候如果想让员工放弃一个小时的闲暇时间,所需要的收入也要增加,需要($y_2 - y_0$)。

（二）人口结构的变化

由于实行计划生育政策及经济增长等原因,20 世纪 70 年代以来浙江省和全国一样,在较短时间内实现了从"高出生率、高死亡率和高自然增长率"到"低出生率、低死亡率和低自然增长率"的人口再生产类型的转变。自 1998 年以来,中国人口自然增长率一直低于 10‰,并有持续下降的趋势。尽管我国人口总数仍持续上升,但是根据 2011 年 4 月 30 日公布的最新一轮人口普查结果显示:中国人口增速已降至 10 年前的一半,并且中国人口迅速老龄化,与 10 年前相比,60 周岁以上的老龄人口占总人口的比例增加了 2.93 个百分点,达到 13.26％。而年轻人口的比例却大幅下降。14 周岁以下的年轻人口从 10 年前的 22.9％下降至 16.6％。按照国际标准,我国已经进入了老龄化社会。

人口增速的降低、老龄化速度的加剧预示着我国劳动力市场将日渐萎缩。这将使中国企业在提高人力资源成本问题上面临更大的压力,主要表现在:第一,劳动力市场的日渐萎缩意味着劳动力供给总量的减少,从而促使企业在将来要用更高的工资及更好的福利条件才能吸引员工的流入。第二,提高劳动者素质必将加大人力资源成本的投入。国家统计局 2015 年公布的数据显示,我国处于 16～60 周岁的劳动年龄人口到 2020 年之后会有明显下降,我国人口红利将会消失。但如果我们加强劳动力的职业培训,提高劳动力素质,是完全能够长期延续人口红利的。第三,老龄化的加剧,必然使员工对养老金、医疗费和其他社会福利的要求更加强烈,政府为缓解压力也必将向企业施压,要求企业提高员工养老保险、医疗保险、失业保险、工伤保险、生育保险以及住房公积金等福利待遇。

（三）供求的不匹配

供给与需求不匹配造成的失业即为结构性失业。所谓结构性失业主要是指由于经济结构、体制、增长方式等的变动,使劳动力在包括技能、经验、工种、知识、年龄、性别、主观意愿、地区等方面的供给结构与需求结构不一致而导致的失业。

造成结构性失业的一般原因可以归结为如下两点:①产业结构的失衡导致就业比例的失衡。《2014 年浙江省国民经济和社会发展统计公报》显示:2013 年,全省第一、第二、第三产业生产总值占浙江省生产总值的比例分别为 4.8%、49.1%、46.1%;而 2013 年《浙江统计年鉴》数据显示:2013 年全省第一、第二、第三产业就业人数占全省总就业人数的比例分别为 13.67%、49.97%、36.36%,第一产业从业人员和第三产业从业人员就业比率与经济结构状况不符,劳动力分配的比例失衡。②科学技术的进步带动知识老化的加速。根据国际经济合作与发展组织报告,20 世纪 70 年代,知识以 20 年翻一番的速度积累;到了 20 世纪 90 年代,10 年就能增长一倍;而现如今,3 年左右就能增长一倍。知识的快速增长,导致越来越多的就业岗位需求知识折旧率上升,越来越快的知识折旧率使劳动者的知识结构面临越来越严峻的挑战。

（四）各种利农惠农政策的出台

近年来,为增加农民收入,缓解农民进城打工难问题,各级政府相继出台了各种利农惠农政策来提高农民的生活质量。比如每年中央"一号文件"都聚焦于惠农政策。目前,国家正在不断完善农业补贴制度和市场调控机制,加大农业农村的投入力度,大力开拓农村市场等,使得农民在家乡的收入有所增加。另外,国家允许企业从农民手中租赁土地的改革,也催生了一批新兴的闲散农民,他们单靠出租土地的收入就足以维持生活了。甚至在一些地方,务农的收入已经和外出打工没什么区别了。各级地方政府为了本地区经济的发展,壮大地域经济,不仅为农民工就业于当地创造发展平台,而且还制定了一些优惠政策来吸引农民工回到家乡就业、创业。

对浙江省这样的沿海发达地区来说,大量农民工还乡就业、创业,必将会使得这些地区出现民工荒等现象,企业的正常运转离不开员工的操作,为了正常的生产经营,雇主们需要通过提高工资等方式来招聘所需员工。

(五)通货膨胀与通货紧缩

根据西方经济理论,如果劳动力市场具有竞争性,则企业为了实现利润的最大化就会选择一个就业水平,使得劳动的边际产品等于实际工资,而这里实际工资为货币工资 W 除以物价水平 P,即实际工资 $=W/P$。在劳动的边际产品不变的情况下,实际工资等于边际产品也不发生变化,此时货币工资 W 与物价水平 P 呈正比例关系,出现通货膨胀,即物价水平 P 上涨时,货币工资 P 必然也跟着上涨。相反,当出现通货紧缩时,物价水平 P 下降时,货币工资 W 也下降。通货膨胀、通货紧缩在一定程度上也解释了我国劳动力工资持续上涨的原因。

(六)新生代员工价值观念的改变

这里所说的"新生代"是指出生于 20 世纪 80 年代及以后的人群,也就是被媒体称为"80 后"的一代人。新生代出生于国家开始走向振兴的年代,成长于市场经济高速发展的岁月,工作于中国全面融入国际社会的今天。这种成长环境造就了他们思想开放、视野开阔、接受和理解新鲜事物快、认知和操作能力强等特性。另外,忠于个人兴趣、维护自我权利、捍卫个人尊严、淡化权威和权力、厌恶规则的约束,都是新生代的基本特质。与父辈相比,新生代员工价值观念发生了较大的改变,重视生活品质使新生代对工作环境的要求更高。忠于个人兴趣、厌恶规则的约束说明新生代员工流动性较强;维护自我权利、捍卫个人尊严、淡化权威和权力,使得企业对新生代员工的管理更加困难,增加了企业的管理成本。

第三节　企业社会责任对人力资源成本的影响

随着《劳动合同法》的实施,在人力资源成本的构成中,企业社会责任成本所占比重显得尤为突出。毫无疑问,从短期看,这必将削弱我们在国际贸易和分工中低成本的人力资源优势。但从长远发展的眼光来看,通过创新等手段,不断提高劳动生产率,可以有效地降低人力资源成本的相对比例,从而提升我国企业的国际市场竞争力。

一、从短期看,会削弱人力资源成本低的优势

1969 年,W. Arthur Lewis(1969)把发展中国家的社会生产分成两部分:一个是以现代方法生产的劳动生产率较高的部门(A 部门),另一个是以传统方式生产的劳动生产率较低的部门(B 部门)。A 部门生产率较高,而在 B 部门中,劳动的边际生产率低,甚至为零或负数。在劳动力无限供给的条件下,A 部门将逐渐扩大,B 部门将逐渐缩小。也就是说,伴随着劳动力的转移,二元经济结构将消除。

在中国经济发展过程中,"假定工资不变,以牺牲农民利益为代价推动工业化进程"的二元经济模式得到验证,如图 5-11 所示。

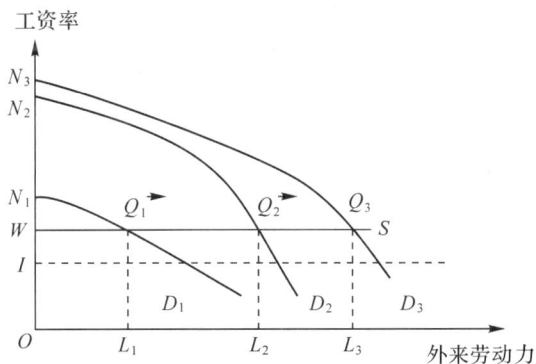

图 5-11　刘易斯二元经济模式

在图 5-11 中,I 为农业部门的平均收入,W 为制造业部门的最低工资,由于各地最低工资标准以制造业部门最低可能工资为参考,因此对制造业部门来说,劳动力的供给可视为无限供给,即劳动力供给曲线 S 具有完全弹性,是一条平行于横轴的直线。

如图 5-11 所示, D_1 是制造业部门最初的劳动力需求曲线,也即边际生产力曲线,它符合新古典的边际收益递减假设,劳动力供给曲线 S 与劳动力需求曲线 D_1 共同决定了此时期中国制造业部门吸纳的农村剩余劳动力为 L_1。在这一阶段,制造业部门获得的利润为 WQ_1N_1,这部分利润除了被企业家消费的一小部分外,更大一部分将会被企业家用于再投资,从而使制造业部门的固定资本量增加,生产能力扩大,使得边际劳动产出提高,劳动需求曲线由 D_1 向右移动至 D_2。另外,由于劳动力供给需求曲线 S 具有完全弹性,是一条平行于横轴的直线,虽然需求曲线向右移动,劳动力实际工资将保持不变,仍为 W,但是制造业部门的生产和就业随着固定投入的增加都将扩大,生产规模的扩大促使企业吸纳更多的农村剩余劳动力从农村走出来投入劳动力市场。如图 5-11 所示,此时制造业部门吸纳的农村剩余劳动力从 L_1 增加到 L_2,随着吸纳劳动力数量的增加,制造业部门获取的利润也在增加,此时制造业部门的利润为 WQ_2N_2,如同企业家初始阶段资本积累一样,这时企业生产的利润除了留一小部分自己消费外,更大的一部分将用于再投资,进一步扩大生产规模。生产规模的扩大又促使企业家从劳动力市场雇用更多的工人,生产更多的利润,如此类推,只要农村还存在剩余劳动力,就会沿着"上期利润→本期再投资→边际劳动产出增加→劳动需求曲线右移→吸纳更多剩余劳动力"的路线持续进行下去。但是劳动力不可能永远处于无限供给状态,随着农村剩余劳动力的减少,至不能再从农村吸纳剩余劳动力之后,劳动力供给曲线将不再具有完全弹性,而是慢慢变成一条平行于竖轴的直线,如图 5-12 所示,剩余劳动力供给完全缺乏弹性。

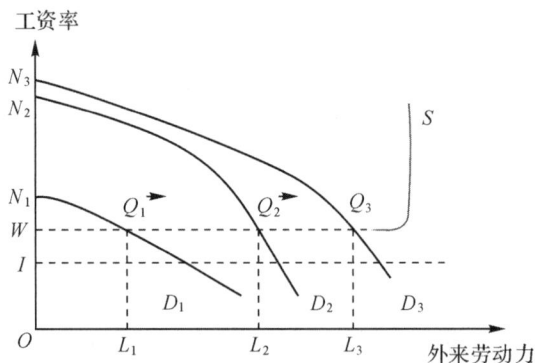

图 5-12　劳动力减少

当劳动力供给弹性不再是完全弹性时,企业如果增加劳动力需求,则必须提高工资。Heckscher(1919)和 Bertil Ohlin 等(1931)的要素禀赋论认为:当国际贸易使参加贸易的国家在商品的市场价格、生产商品的生产要素的价格相等的情况下,以及在生产要素价格均等的前提下,两国生产同一产品的技术水平相等(或生产同一产品的技术密集度相同)的情况下,国际贸易决定于各国生产要素的禀赋,各国的生产结构表现为,每个国家专门生产本国密集使用、生产要素比较丰裕的商品。相对于欧美等西方发达国家,我国人力资源成本比较低,丰富的廉价劳动力资源为我国劳动密集型企业在国际市场上赢得了较强的竞争力。

企业社会责任运动的发展,从短期来看,会促使我国企业增加经营成本,削弱我国人力资源成本优势,进而影响我国企业在国际市场上的竞争。这种短期影响主要从以下三个方面得到反映:第一,企业认真履行社会责任必将要进行提高员工工资、改善员工劳动条件等一系列活动,这些活动的投入都将直接增加产品的成本。第二,企业社会责任运动的发展必将会使企业加大对环境保护方面的投入,特别是对我国小型造纸厂、小型发电厂、小型钢铁厂等规模小,但是污染严重的小作坊来说,环境保护的投入是一种沉重的负担,一旦强制要求其去承担企业社会责任将会直接使其关门或者转型,其结果就是使大量劳动力丧失工作。第三,企业社会责任运动的发展伴随着大量认证机构的出现,上游企业(特别是跨国公司或者国外采购商)要求下游企业必须通过各种认证,如 SA 8000 认证、验厂认证等,各种认证费用直接增加了企业的成本。当企业生产成本预算一定时,各种认证成本的增加必将引起其他成本的降低,比如人力资源成本。

目前,浙江省还有不少中小企业存在员工待遇低、工作时间长、劳动环境差、对环境的污染严重、产品假冒伪劣等现象。要想认真履行企业社会责任,做一个合格的企业公民,企业就必须加大资金的投入来改善存在的不良现象。然而,大笔资金的投入势必又会增加企业的生产经营成本,特别是对纺织、服装、玩具等劳动密集型出口企业来说,企业社会责任将会被西方发达国家用来阻止他们进入发达国家市场的新贸易壁垒,降低企业对外贸易额,营业收入、利润也随之下降。

二、从长期看,可通过促进劳动生产率的提高来降低劳动力相对成本

同样的价格下,当一个地区人才整体素质要比其他城市高出许多时,将是其吸引大量外资企业(包括很多世界 500 企业)和外地民营企业落户的重要因素之一,劳动力的相对成本低,即相同成本的劳动力素质高,无疑是一个城市的竞争优势。

企业的竞争归根结底是人才的竞争。但是人力资源的成本也是企业家们必须考虑的,它和土地征用费用以及厂房、设备等生产要素的投入一样,都要纳入企业的综合成本中去估量。掌握相对成本较低的人力资源,意味着企业有更大的盈利空间,可以在同行业竞争中赢得更多的商机。有些企业片面地理解人力资源成本,认为劳动力价格越低越好,结果只能招到素质较低的员工。后因为培训难度大,员工的后期培训费用高,有的经过培训仍然达不到用工要求,只好反复招聘,反而浪费了大量的招聘费用和时间。如果把这些成本和以后的管理成本都算进去,企业是得不偿失的。

对于一些技术含量低、生产操作工艺简单的企业,可以招聘劳动技能差一些的劳动力就业。但是这样的企业只能实现中短期的盈利,发展的远景不大。对于技术含量高,特别是致力于打造世界品牌的企业来说,应当把握劳动力相对成本较低的原则,因时因地招聘高素质的人才。现在,温州已经出现了一些在世界上小有名声的皮鞋品牌,这些生产厂家为了提高产品档次,用高于国外的待遇从意大利、法国等国家招聘了大量的皮鞋设计师和技术工人进行生产设计。在家电行业,过去我国企业靠廉价的人力资源成本形成的价格优势,将国外中低档家电挤出国内市场。但是,在高端家电竞争中,我国企业总是落后于国外的知名品牌。海尔集团负责人张瑞敏认为,要想拓展国际市场,要"走出去",则必须整合国外智力和技术。为此,海尔不顾国外人力成本高这一事实,把工厂办到美国等发达国家,这样虽然增加了人力资源成本,但拥有了美国本土化的优势,包括技术优势和人才优势,提高了企业的研发能力,从而有实力去参与国际市场竞争。

(一)企业社会责任有利于促进我国产业结构升级

企业社会责任中有关劳动者权益保护部分规定了劳动者应获得的最低工资不应低于法律或行业的最低标准,同时必须满足员工的基本要求。较低的工资标准意味着那些单纯依靠低人力资源成本生产低附加值产品的企业仍然能够生存,甚至还有不少企业满足于"低人力资源成本优势",这种状态使不少企业徘徊在低技术水平,落入"低技术陷阱",不利于先进设备的生产以及先进科学技术的引进,从而制约了我国高科技新兴产业的发展。因此,可以说最低工资标准在一定程度上会阻碍我国产业结构的升级,不利于我国经济持续、协调、稳定地发展。引进高素质的科技人才和技术工人,发展高新技术产业,进行产业结构升级是维持和提高我国企业核心竞争力的唯一途径。

提高最低工资标准是一条促进产业结构升级非常有效的途径,这主要是因为提高最低工资标准会明显增加依靠低廉劳动力,以及技术落后、效益低下的企业和产业的成本,有利于淘汰这些企业和产业,或者促进其向中西部转移。这样,就为高新技术产业的发展提供空间,促进产业结构优化升级,实现我国从过去单纯的世界加工厂基地向制造、研发、服务综合基地转变。在产业结构优化升级的大趋势下,通过加大企业员工成本的投入,引进高素质人才,不仅对单个企业,而且对整个国家产业都有着重要意义。

(二)企业社会责任有助于加速我国城市化进程

假设把我国所有劳动力划分到两个部门里,一个是未被最低工资制度保护的部门,即广大农村就业部门;另一个是被最低工资制度保护的部门,即广大城镇就业部门。由生活实践证明,被最低工资制度保护的城市就业部门人员的收入大于农村就业部门人员的收入,因此,存在大量的农村劳动力转向城市,成为城市的一分子,进入城市就业部门,而很少有城市就业部门的人员向农村转移的现象。

然而,目前我国各省(区、市)的最低工资标准还比较低,以浙江省为例,从 2015 年 11 月 1 日起,浙江省最低月工资标准调整为 1860 元、1660 元、1530 元、1380 元四档,非全日制工作的最低小时工资标准调整为 17 元、15.2 元、13.8 元、12.5 元四档。

每月 1860 元是浙江省最低工资标准的上限,而有些县(市)每月才 1380 元。从国际通用标准看,世界上多数国家的最低工资标准相当于社会平均工资的 50%～70%,而 2015 年浙江省全社会单位就业人员年平均工资为 51463 元,即平均每月为 4289 元,最高档最低工资也只是全省城镇员工上年平均工资的 43.4%。较低的工资为大量进城务工人员的生活带来了困难,从物价水平和生活水平来看,浙江省有些地区的最低工资标准还只能保证员工处于温饱线附近水平。每月拿着这么一点工资,加上城市的高消费水平,对进城务工的人员来说,除了解决劳动者及家庭的温饱问题外,根本无力应对其他一些突发事件,更不可能有多余的钱用于娱乐及自我发展。较低的工资不仅打击了已进城人员工作的积极性,而且还促使那些准备进城"捞金"的人员止步,不利于城市化进程的推进。

企业社会责任运动的推行,对广大生活在温饱线上的员工来说是一项福利,其真正关怀了企业内部员工的权益,并将会在很大程度上防范不合理工资、超强而又不安全的工作环境、体罚等侵犯员工权益等事件的发生。这些在一定程度上可以增加城市员工工作的积极性,有助于城市吸引更多的农村人员加入。

(三)企业社会责任有助于我国企业跳出比较优势陷阱

在国际贸易中,劳动力资源优势一直是我国企业处于竞争优势的强劲动力,但是随着我国改革开放的逐步深入、国际竞争的加剧、国际贸易摩擦的加大,原本依靠低廉劳动力优势出口价廉物美产品的企业,在获得比较优势的同时,不仅给我国农民工等低收入群体带来困扰,而且不断引发国际贸易争端。如欧美发达国家对我国纺织品的"特别调查",对我国自行车、鞋产品的反倾销,以及对我国橡胶轮胎等的 337 条款调查等。我国企业用低廉的人力资源成本向欧美发达国家输送物美价廉的产品和劳务,这些发达国家居民获得了大量剩余价值之后,不仅没有感激我国广大劳动者的牺牲,反而在抱怨"中国制造"剥夺了他们就业的机会,进而对我国出口产品进行制裁。低廉的人力资源成本,一方面使得"中国制造"难以获得高素质的劳动者参与来提高产品的附加值;另一方面,又使得那些仅依靠低廉劳动力优势的企业陷入"比较优势陷阱",无法获得长期的竞争优势。

世界拥有劳动力资源禀赋的国家和地区不只有我国一个,越南、印度等国家人力资源成本更低,这些国家的企业在国际市场与我国企业形成了激烈的竞争冲击。不仅如此,随着我国经济社会的发展,我国人力资源成本势必不断上升,我国人力资源成本优势将不断地削弱,直至我国企业不再拥有人力资源成本优势。国家统计局数据显示:1978—1998 年,我国经济持续高速增长的 20 年间,资本的贡献率为 28%,技术进步和效率提升的贡献率为 3%,而劳动力的贡献率为 69%。劳动力供给量的下降也将会引起我国经济增长速度的下降。

企业社会责任有助于我国企业跳出"比较优势陷阱"。人力资源成本低对我国来说并不是一件好事,因为一直维持较低的工资水平将会产生恶性循环的结果,对我国企业在国际市场上的竞争力及我国产业结构的升级均产生不利的影响。这种不利影响的传导机制如下:为了维持人力资源成本优势→劳动者工资收入水平降低甚至达不到平均工资水平→劳动者失去许多技术培训和再就业的机会→产品技术含量低→国际竞争力下降→进一步降低劳动者工资。国家劳动保障部劳动工资研究所曾经发布的一份调查报告显示,随着我国产品出口的快速增长,我国与美国、欧盟发达国家之间的贸易摩擦日益加剧,继续采取低工资、低成本进行国际竞争的空间已经越来越小。在特定时期,低廉的人力资源成本可能成为一种竞争力,但是这种竞争力往往是一种落后的竞争力,甚至有可能是一种阻碍社会进步的力量。随着时代的变迁,跨国公司在决定是否投资时往往会对当地人力资源成本、劳动生产率、基础设施、人力资源素质、科研开发水平等因素进行全面审视和对比,而不再单单把人力资源成本作为唯一的决定因素。

人力资源成本上升并不可怕,对企业来说也未必就代表着因增加成本,缩减了企业利润,关键要看劳动力成本增长率与劳动生产增长率之间的关系如何。如果劳动力成本增长率高于劳动生产增长率,那么对企业来说,劳动的边际产品价值不足以弥补生产该产品的人力资源成本,即 $MPL \times P < W$(其中,MPL 为劳动的边际产量,P 为劳动价格,W 为生产该产品的人力资源成本),企业利润下降;但是当劳动生产增长率高于劳动力成本增长率时,劳动的边际产品价值不仅能够弥补生产该产品的人力资源成本,而且能为企业带来多余利润,即 $MPL \times P > W$,企业利润增加。企业社会责任通过全球供应链这一外部强制措施,迫使企业在追求生产效益的同时,积极改变观念,主动在规章管理制度和企业文化建设的策划上融合企业社会责任成分,学会以企业社会责任为战略点,变被动为主动,实现经济效益和社会效益的长期共赢。

第六章　浙江省中小企业社会责任成本
与企业效益的关系研究

　　企业社会责任成本是企业成本、费用的重要组成部分,它的高低影响企业的效益和市场的竞争能力。企业社会责任成本控制的实质是对企业社会责任成本进行内涵控制,不是一味地压缩其绝对额,而是根据企业实际情况控制其相对数。在确保企业经济效益和产品竞争力的前提下,积极承担企业应该履行的社会责任,寻求企业社会责任成本投入的"度",实行利润、企业社会责任成本投入合理运行机制,以增强企业的活力与市场适应能力。

　　本书重在研究企业承担员工社会责任与企业效益之间的关系,特别比较了《劳动合同法》实施前后,企业人力资源成本增加对企业效益的影响情况。为此,本章将在确定企业人力资源成本、企业效益及其计量方法的基础上,应用本量利模型,结合对浙江省中小企业的调查,分析浙江省中小企业社会责任成本与企业效益之间的关系,以及企业效益对社会责任成本的敏感性。

第一节　中小企业社会责任成本构成及计量方法

　　企业社会责任成本是指企业为了承担对社会、环境、员工等的责任的各种消耗,是企业已主动承担社会责任所发生的支出,不包括如违法成本在内的预期成本。

一、企业社会责任成本的确定

(一)企业社会责任成本

广义的企业社会责任成本是指企业的经济活动导致的社会资源的耗竭,狭义的企业社会责任成本是指意外的或计划外的负向结果,即所谓的企业"外部不经济"。企业社会责任成本主要是狭义的,其内容主要包括:

1. 员工责任成本

员工责任成本是指企业针对其内部员工的各项事业所发生的耗费与支出。员工责任成本主要包括工资、集体福利、教育培训支出和员工社会统筹保障金等。员工责任成本是企业社会责任成本的重要组成部分。企业为其员工支付相应的工资、提供福利,是保持社会稳定,促进社会持续、健康发展的前提条件。人力资源作为一种资源要素,与其他资源类型一样,它也遵循市场配置原则,人才高流动性的特点决定了企业对员工培训投入的成本却可能由于人才的流动在另一个企业产生收益。员工的保险实行社会化改革后,向社会保险机构缴纳的在职员工的养老保险、失业保险、医疗保险、工伤保险、生育保险等员工统筹保障金,也已经成为企业不小的财务成本。

值得注意的是,现有的会计体系中,员工工资已经直接计入了产品成本,对企业员工教育方面的支出也已经有较成熟的处理模式,即征收教育费附加,只是在员工的社会保障方面仍然存在着不足。企业社会保障负担的不平等性是造成企业社会成本不一致性的重要原因之一,企业社会保障的制度安排与实践,直接影响着政府、企业和员工的利益分配格局。现代社会生活中,社会救助、社会保险和社会福利三个层次的保障并存,为社会成员提供了三层安全网。一般来说,受财力的制约,在不发达国家,政府只能为社会成员提供较低层次的社会保障。但是,不论保障层次高低、范围宽窄,都只有政府才有能力提供,即提供社会保障应该是一种政府行为。我国原有的社会保障办法实行与就业高度重合的以企业为主体的社会保障制度,企业作为微观经济实体不可能长期承担社会职能,企业要时时面对激烈的市场竞争所带来的风险,往往负不起这一责任,这成为企业进一步发展的负担和障碍。

2. 环境成本

环境成本是指企业本着对环境负责的原则,为管理企业经营行为对环境的影响而发生的支出,以及企业因执行环境要求而发生的其他成本。环境成本主要包括企业为改善生态环境、对环境污染进行有效防护、减轻并消除环境污染、提高资源综合利用率、降低能源消耗、减少稀有资源的耗用、为净化社会环境利用"三废"生产产品等发生的支出。企业可持续发展、响应环保政策、增强股东和债权人环保意识、提高国际国内社会文明程度、社会公众和团体对绿色产品和生态居住的关注等都需要企业支出相应的环境成本。

3. 税务成本

税务成本是指企业以税金的形式将其创造的利润按一定比例无偿上缴给国家。主要的税收种类有流转税(主要有增值税、消费税、关税、营业税金及附加)、所得税、资源税等。根据《中华人民共和国税法》(以下简称《税法》)的有关规定,在我国境内从事生产经营活动的任何形式的企业,都有义务参照我国相关法律法规缴纳税款。税收是政府取得财政收入的基本来源,而财政收入是维持国家机器正常运转的经济基础;税收是国家宏观调控的重要手段,它是调整国家与企业和公民个人分配关系的最基本、最直接的方式。企业效益不等于社会效益,在市场经济下,企业效益会有很大的不同。效益好的企业就会和效益差的企业的员工和失业者在收入方面拉开差距。税收政策要按照社会主义市场经济发展的要求,统一和规范企业税制,进一步理顺国家和企业的分配关系,公平税赋,促进竞争。但是由于税收的内容是由国家机关制定并强制执行的,这部分企业自身是没有办法控制的,企业只能力求找到合理的税收筹划的方法。

4. 产品质量效益成本

产品质量效益成本是指企业增加产量、提高质量,生产发展效益,技术革新效益等的支出。从社会角度看,提高产品质量意味着社会使用价值的增加,意味着社会声誉的提高。企业增加产量、提高质量,为社会提供了有用的产品,从而为社会增加了财富。企业经营准则与经营道德,要求企业揭示产品的质量信息。企业还应承担满意产品或诚信服务的支出,应秉持诚信的原则,努力做好产品的社会咨询和售后服务工作。

5. 公益福利成本

公益福利成本是指企业为公共事务、公益事业和社会福利事业所发生的各项耗费和支出。公益福利成本主要包括以下方面的支出:企业参加社会福利活动,提供财力或人力支持和发展公共交通事业、医疗保健服务、市政建设、游乐设施;为文化教育事业提供人、财、物的支持;为社会弱势群体(如失业者、妇女、儿童、残疾人)提供各种便利和帮助;对灾区的捐献和赞助等。兴办福利事业和公益事业应该属于政府的职责,在原来计划经济的"大政府、小社会"模式下,企业会间接为兴办社会福利事业负担各种收费、基金、集资、摊派、赞助和捐献等非税负担,一旦这些负担超出企业能够承担的范围,则企业的生存发展将会受到影响。在现阶段"小政府、大社会"模式下,企业应该负担合理限度的社会成本。

（二）企业社会责任成本的计量方法

企业社会责任成本的性质决定了其计量形式的多样性,除了可用货币反映企业的各项社会责任成本和社会效益外,还可用实物指标和指数,甚至用文字来说明。企业社会责任成本的核算可以借鉴国内外会计机构的经验,采用调查分析法、替代品评价法、支出成本法、设计新型成本信息系统等方法。

1. 调查分析法

调查分析法是指对那些享受了企业效益或者承担了社会成本的组织或个人进行调查,搜集有关信息,通过对信息的分析来确定社会效益和社会责任成本的方法。调查分析法是一种粗略的不精确的方法,采取这种方法一般应遵循下列标准:使用者或受影响者必须能够明显体会到被评估的事项的益处或害处;不论是直接或间接的评估,都必须能将所受的影响转换成货币单位;调查对象必须愿意提供真实答案。

2. 替代品评价法

替代品评价法是指当某项社会效益或社会责任成本无法直接确定时,可通过估计有相等效用的替代品的价值来确定。这种方法实际上是重置成本法,也就是复原或避免成本法,即假定在现有的条件下,企业按照重置(取得、开发)与现有状况相当的社会效益所付出的代价作为应付社会成本费计量的依据。其优点是提供的会计信息与现时环境保持同步。但计量带有一定的主观性,同时由于社会责任成本内容特点的不同,其重置成本也绝对不同,从而缺乏可比性。

3. 支出成本法

支出成本法是指按取得某项社会效益和发生某项社会成本时的实际支出来确定,也就是这部分企业社会责任成本是以所支付的全部价值作为入账成本的。这种方法的优点是计量可靠,具有客观性、可信赖性及可验证性。但其缺点也较明显,受时间、环境变化等客观因素的影响,成本的相关性较差,不同时间、不同地点、不同条件下取得的实际成本有较大的差别。例如,企业为解决环境污染而购置了处理设备,其实际支出就是社会成本数额。

4. 设计新型成本信息系统

为了保证成本信息能支持多目标决策,设计成本原始数据库结构,设置两个基本库——数据库和方法库,数据库记载会计交易的基本事项,而方法库则存放不同的确认和计量规则(包括会计准则和非会计准则规则,会计准则只是规则中的一种方法)。在信息使用者使用成本信息时,系统可以根据不同目的,选择不同的确认和计量规则,组合成与信息使用者决策最相关的成本信息内容,而不是传统成本计量系统将规则固化在会计数据里。

二、企业社会责任会计的计量模式

由于社会责任属于社会道德、社会价值评判的范畴,其计量比较困难,美国会计学会(American Accounting Association,AAA)下的社会方案绩效衡量委员会对此列出了四个计量方式:①确认与社会有关的一系列活动;②决定每一相关活动的影响程度;③计量每一社会活动或过程的产出;④评价产出价值。其计量方法,按是否以货币计量,可以分为货币计量法和非货币计量法。

(一)货币计量法

1. 支付成本法

这种方法要求企业以一定货币度量单位计算企业履行社会责任所发生的费用,它从企业的微观角度,披露企业在一定时期对社会所做出的贡献。这种方法以货币金额综合反映企业从事每项社会责任活动的费用,即以企业为履行社会责任而支付的实际费用数额作为入账依据,在报表中单独列出或在附注中说明。这种方法只能反映企业为履行社会责任付出的代价,而不能反映社会责任履行的整体情况及由此产生的社会效益。

2. 成本收益法

成本收益法即根据企业履行社会责任所支付的费用及机会成本,结合成本收益率来计算企业在一定时期所提供的社会贡献净额。企业对社会的贡献给企业带来收益时,可用收益法来测算。如企业利用"三废"生产的产品的销售收入、国家对这些产品的减免税的收益、国家对保护环境卓有成效的企业发放的奖金、实行优惠政策带来的好处等。从会计理论角度看,这种方法可以概括为企业履行的平均责任的综合社会成本和社会效益,其缺点则是成本收益率难以准确确定。

3. 替代品评价法

当某项社会责任成本或社会效益无法直接确定时,如前所述,可以通过估计有相等效用的替代品的价值来确定。

4. 恢复或避免成本法

某些社会责任成本根据恢复原状或预防所需的成本来估计,由于资源消耗失控、重大事故等造成的环境污染及生态恶化,其损失可按此方法核算。这种方法要求人们对受损对象进行数量、质量等方面的系统分析,以合理确定赔偿数额和相应的治理费用。

5. 社会公正成本法

社会公正成本法又叫法院裁决法。企业对社会造成的损害,有时可以通过法律手段裁决。在社会成本的估计方面,受害者一般估计过高,施害者又往往估计过低,法院的裁决往往根据多方面因素综合考虑确定,法院裁决的数额可作为施害企业的社会责任成本。

(二)非货币计量法

1. 文字表述法

至今,仍有很多企业利用文字表述法来表述社会责任的履行情况。这种方法的显著特点是它不能以货币金额综合反映企业社会责任的履行情况,只给予文字说明,不计算这些活动的费用。

2. 评价法

用这种方法不仅要说明企业的社会责任活动,而且还要对社会责任活动的信用及社会影响等因素加以综合衡量和评价,以确定企业履行社会责任的最终贡献。

为便于使用传统的经济学会计方法对浙江省中小企业的社会责任成本和效益关系进行研究,本书采用支出成本法对中小企业的社会责任成本进行计量,在计量模式中采用货币计量法的支付成本法。

第二节　本量利分析法的应用

由于我国没有明确的法律要求中小企业提供财务和社会责任的信息,因此对中小企业社会责任成本和效益关系的研究数据比较缺乏,给中小企业的社会责任成本和效益关系的研究带来一定的难度,过往的研究多停留在理论方面。因此本书假定中小企业社会责任成本可以按现在的会计准则设立会计科目,从而用经济学和会计学的研究方法,采用本量利分析工具对浙江省中小企业的社会责任成本和效益的关系进行研究。

一、本量利分析工具基本原理

(一)本量利分析的定义

成本、数量、利润分析,简称本量利分析,是一种研究成本、销售量和利润之间关系的分析方法。该方法是一种预测分析方法,它的最大特点是将成本按态性分为变动成本和固定成本,并以数学公式和函数图像直观地显示成本、销售量和利润之间的关系,使管理人员对企业的获利状况一目了然,从而帮助管理者做出合理的决策。

(二)本量利分析的模型

1. 三个基本假设

在企业的实际运营中,成本、销售量、销售价格和利润之间的关系非常复杂。例如,成本与销售量之间可能呈线性关系,也可能呈非线性关系;销售收入与销售量之间也不一定是线性关系,因为销售价格可能发生变动。为了建立本量利分析理论,必须对上述复杂的关系做一些基本假设,由此来严格限定本量利分析的范围。

(1)相关范围和线性关系假设。由于本量利分析是在成本性态分析基础上发展起来的,所以成本性态分析的基本假设也就成为本量利分析的基本假设,也就是在相关范围内,固定成本总额保持不变,变动成本总额随销售量呈正比例变化。前者用数学模型来表示就是 $y=a$,后者用数学模型来表示就是 $y=bx$。所以,总成本与销售量呈线性关系,即 $y=a+bx$。相应地,假设销售价格也在相关范围内保持不变,这样,销售收入与销售量之间也呈线性关系,用数学模型来表示就是以销售价格为斜率的直线 $y=px$(p 为销售单价)。这样,在相关范围内,总成本与销售收入均分别表现为直线。

(2)品种结构稳定假设。该假设是指在一个生产和销售多种产品的企业里,每种产品的销售收入占总销售收入的比重不会发生变化。但在现实经济生活中,企业很难始终按照一个固定的品种结构来销售产品,如果销售产品的品种结构发生较大变动,必然导致利润与原来品种结构不变假设下预计的利润有很大差别。有了这种假设,就可以使企业管理人员关注价格、成本和销售量对营业利润的影响。

(3)产销平衡假设。所谓产销平衡就是企业生产出来的产品总是可以销售出去,能够实现生产量等于销售量。在这一假设下,本量利分析中的量就是指销售量而不是生产量,进一步讲,在销售价格不变时,这个量就是指销售收入。

正因为本量利分析建立在上述假设基础上,所以一般只适用于短期分析。在实际工作中应用本量利分析原理时,必须从动态的角度去分析企业生产经营条件、销售价格、品种结构和产销平衡等因素的实际变动情况,调整分析结论。积极应用动态分析和敏感性分析等技术来克服本量利分析的局限性。

2. 本量利分析的计算

本量利分析是以成本性态分析和变动成本法为基础的,其基本公式是变动成本法下计算利润的公式,称为损益方程式。该公式反映了价格、成本、销售量和利润各因素之间的相互关系,即

税前利润＝销售收入－总成本

　　　　＝销售价格×销售量－(变动成本＋固定成本)

　　　　＝销售单价×销售量－单位变动成本×销售量－固定成本

即 $P = px - bx - a = (p - b)x - a$

式中:P——税前利润;p——销售单价;b——单位变动成本;a——固定成本;x——销售量。

利用以上本量利分析方法,可以分析在企业因履行社会责任而成本发生变化时和企业效益的关系。本书主要利用本量利分析工具来分析企业履行社会责任后静态和动态的利润变化情况。

二、本量利分析的基本内容

(一)盈亏平衡分析

盈亏平衡分析,也称保本分析,是本量利分析的核心内容,它主要分析如何确定盈亏平衡点、有关因素变动对盈亏平衡点的影响等问题。盈亏平衡分析是确定企业经营安全程度和进行保利分析的基础,许多企业经营计划的起点是确定盈亏平衡点。

盈亏平衡分析的原理是利润为零时,企业处于盈亏平衡的经营状态,计算此时的销售量。由本量利分析的损益方程式可得

盈亏平衡点销售量＝固定成本/(销售单价－单位变动成本)

　　　　　　　　＝固定成本/单位边际贡献

盈亏平衡点销售额＝销售单价×盈亏平衡点销售量

如图 6-1 所示,当企业的销售量额高于盈亏平衡点时,企业开始盈利;当企业的销售量额低于盈亏平衡点时,企业出现亏损。

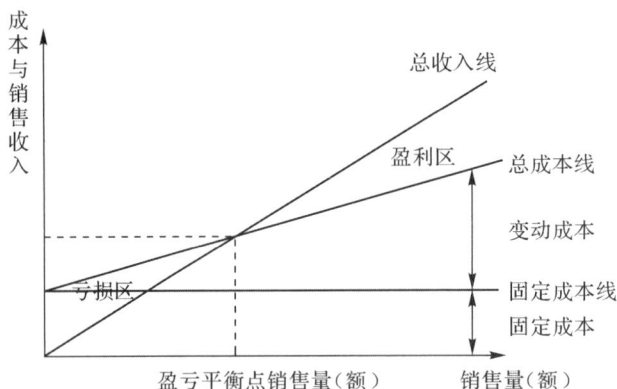

图 6-1　本量利关系

(二)目标利润分析

目标利润分析是本量利分析中常用的一项内容,分析当目标利润发生变动时,为达到目标所需的产销量、收入和支出的变动。在规划期间利润时,通常将销售单价、单位变动成本和固定成本视为稳定的常数,只有销售量和目标利润两个自由变量,给定目标利润时,便可以预测销售量。

实现目标利润的销售量＝(目标利润＋固定成本)/(销售单价－单位变动成本)

通过目标利润分析,企业还可以得出单个因素变动或多个因素同时变动对实现目标利润的影响,便于在计划执行的过程中进行反复的权衡和测算,及时修改计划或采取恰当措施,确保目标利润的实现。

(三)敏感性分析

企业的经济活动处在不断变化当中,评价各因素的变动对利润的影响,权衡得失总是必要的。利用本量利方程式,可以具体计算出各因素的变动对最终利润的影响,有利于经营者决策。

各因素的变动可能是单一变动,也可能是相互关联变动的,分析时将变化了的参数代入到本量利方程式,就能测定其变动对利润的影响。

当各因素的变动超出一定范围时,企业的利润状态可能发生质变,对各因素临界范围的研究,成为本量利分析的一个重要内容,即利润敏感性分析。它主要分析有关因素发生多大变化会使盈利转为亏损,各因素变化对利润变化的影响程度,以及各因素变动时如何调整产销量,以确保原目标利润的实现等问题。

根据本量利分析的损益方程式,可以求得销售单价、单位变动成本、销售量和固定成本的盈亏平衡临界值。

销售单价的最小允许值 $P_{min} = V + F/Q$

单位变动成本的最大允许值 $V_{max} = P - F/Q$

销售量的最小允许值 $Q_{min} = F/(P-V)$

固定成本的最大允许值 $F_{max} = (P-V) \times Q$

在企业利润为正数,相关因素超过其临界值时,企业就会发生由盈利转为亏损的质变。

销售单价、单位变动成本、销售量和固定成本等的变动都会对利润产生影响,但各因素对利润的影响程度是不同的,也就是利润对各因素变化的敏感程度不一样,可以用敏感系数来衡量:

敏感系数＝利润变动百分比/因素变动百分比

敏感系数为正,表明它与利润同方向变动;敏感系数为负,表明它与利润反方向变动。敏感系数越大表明该因素敏感性越强。确定敏感系数有利于分清影响利润的主要因素和次要因素,及时且有针对性地采取措施,规划和调整相关因素,确保目标利润的完成。

三、本量利分析在应用中的决策指标

企业的经营管理活动,贯穿一系列的决策,需要对企业远期或近期的经营管理目标以及如何实现这些目标的一些问题做出最优决策。短期经营决策指决策结果只会影响或决定企业近期(一年或一个经营周期)经营实践的方向、方法和策略,侧重于从资金、成本、利润等方面对如何充分利用企业现有资源和经营环境,以取得尽可能大的经济效益而实施的决策。短期经营决策应通盘考虑企业的生产经营能力、相关销售量、相关收入和相关成本。本量利分析是企业短期经营决策的常用工具,广泛地应用于企业的产品组合、销售目标和产品定价等决策中。

利用本量利分析进行经营决策,相关的决策指标主要有边际贡献、盈亏平衡点销售量(销售额)、安全边际。通过这些指标判断产品的获利能力和企业的生产能力,为企业的生产经营计划提供决策依据。

(一)边际贡献

边际贡献是指销售收入减去变动成本以后的差额,它首先用于收回企

业的固定成本,如果还有剩余则成为利润,如果不足以收回固定成本则发生亏损。它反映产品给企业做贡献的能力。

根据边际贡献的概念,本量利分析模型可以由损益方程式转换为边际贡献方程式:

$$税前利润＝边际贡献－固定成本$$
$$＝(销售单价－单位变动成本)×销售量－固定成本$$
$$＝单位边际贡献×销售量－固定成本$$

在亏损产品是否停产的决策中,广泛用到边际贡献的概念。传统财务会计的观念中利润为负的产品不应继续生产,但是,按照边际贡献的理念,亏损产品是否停产要看边际贡献是否为负,也就是销售收入是否能够弥补变动成本。如果销售收入高于变动成本,但不能完全收回固定成本,在企业现有资源条件不变的情况下,还应继续生产。因为如果停产,由于固定成本不减少使得亏损不减反增。引入边际贡献指标有利于企业做出正确的决策。

边际贡献除了用绝对额表示,还可以用相对指标表示,即边际贡献率,它指边际贡献在销售收入中所占的百分比。

$$边际贡献率＝边际贡献/销售收入＝单位边际贡献/销售单价$$

利用边际贡献率便于企业比较不同产品的贡献能力,边际贡献率越大,产品对企业的贡献能力越强。在企业资源有限,不能同时生产多种产品时,企业应在不同产品间做出选择,找到使企业盈利最大的产品组合。这时可通过比较不同产品组合的边际贡献率,放弃边际贡献率小的产品组合方案。

计算多种产品的综合边际贡献率可以采用加权平均边际贡献率的方法,利用加权平均边际贡献率指标进行企业整体销售目标的决策。

$$加权平均边际贡献率＝各产品的边际贡献总额/各产品的销售收入总额$$

或:

$$加权平均边际贡献率 = \sum(各产品的边际贡献率×该产品的销售额比重)$$

本量利分析模型由边际贡献方程式经过变形,又可以转换成边际贡献率方程式:

$$税前利润＝边际贡献－固定成本＝销售收入×边际贡献率－固定成本$$

本量利分析模型的不同方程式侧重于表达不同的数量关系,便于满足管理者不同方面的信息需求。

（二）盈亏平衡点销售量（额）和安全边际

盈亏平衡点销售量（额）在前面已有较详细的介绍，它主要提供企业盈亏临界界限的信息，通过掌握企业的盈亏界限，可以正确规划生产发展方向，合理安排生产计划，及时了解企业的经营状况，提高经济效益，是辅助企业进行经营决策的有效方法。

与盈亏平衡点销售量（额）相对的概念是安全边际量（额），即企业实际或预计的销售量（额）与盈亏平衡点销售量（额）之间的差。它表明企业达不到预计销售目标而又不至于亏损的范围。

安全边际量（额）的相对表示形式是安全边际率，它便于不同企业和不同行业之间的比较。

安全边际率＝安全边际量（额）/实际（或预计）销售量（额）

安全边际是评价企业经营安全程度的指标，指标数值越大，企业经营越安全。只有安全边际才能为企业提供利润，安全边际中的边际贡献等于企业利润。因此，得到新的利润方程式：

利润＝安全边际×边际贡献率

从而可以推导出：

销售利润率＝安全边际率×边际贡献率

该方程式表明，企业要达到一定的销售目标，提高销售利润率，就要提高安全边际率或边际贡献率。

通过边际贡献、盈亏平衡点销售量（额）、安全边际指标，可以把本量利分析模型中所有相关因素贯穿在一起，并能够为企业改进内部价值链，最终为达到利润目标提供思路。

第三节　浙江省中小企业社会责任成本与企业效益的关系

研究中小企业社会责任成本与企业效益之间的关系，不仅对研究中小企业社会责任的内在动力机制有重要作用，而且有助于企业经营者更加主动地去关注履行企业社会责任的状况，以及由此带来的影响，同时可以为政府的决策提供理论参考。

一、中小企业履行社会责任的措施

从社会责任对浙江省中小企业的要求分析中可知,由于中小企业规模小,资金缺乏,企业总体处于发展阶段,社会责任的主要内容为保护劳动者权益、环境保护与可持续发展、关注其他利益相关者利益等。

（一）保护劳动者权益

许多企业仅把人视为一种创造财富的"工具",对劳动力资源进行"掠夺性"的"利用",把人简单地当作资源来利用,而忽视人的社会性,对"自动人""复杂人"的作用视而不见,任意侵害员工权益。没有和员工签订劳动协议,没有缴纳社保,没有对员工进行必要的培训。为执行《劳动合同法》,保护劳动者权益,企业必须按劳动法的要求严格控制加班时间,按标准发放加班费,为员工购买社会保险,对本企业员工的福利、安全、教育等方面履行责任。

（二）环境保护与可持续发展

企业在履行经济职能的过程中,在为社会生产某种产品或提供服务时,也在生产或提供一些社会所不需要的副产品,对社会环境造成不良的影响,从而破坏生态平衡,造成环境污染、危害身体健康和社会正常发展等不良后果。尽管企业生产带来的副产品有些是不可避免的,有些是无意造成的,但又都是不可回避的事实,必须引起企业生产者和经营者的高度重视,如果企业经营者不顾一切地追求利润最大化,不顾社会环境,随意地排放废水、废气、废渣,影响居民的生活质量,企业最终也不能长久地经营下去。

（三）关注其他利益相关者的利益

企业对其他利益相关者承担社会责任主要表现为依法纳税、确保产品质量符合顾客的需求、对社区或社会进行捐助等。

二、中小企业社会责任成本的确定和构成

结合浙江省中小企业履行社会责任的措施,中小企业社会责任成本包括劳动者合法权益保护成本、环境保护成本和其他利益相关者保护成本,考虑其他利益相关者利益是一种日常的经营活动,不纳入研究,以上成本可以归类为变动成本和固定成本。

（一）变动成本

中小企业按照《劳动合同法》要求,增加了劳动者权益保护费用,这方面的费用可以看作变动成本。《劳动合同法》实施后,一个劳动者到底给企业

增加多少成本呢？下面以 2008 年 1 月 1 日《劳动合同法》实施后,杭州市余杭区一家原来不为城镇员工缴纳五险、辞退员工不给经济补偿、不实行带薪休假的中小企业为例。

(1)在社会保险方面,按照杭州市余杭区的规定,企业为该员工缴纳的最低社保缴费基数为每月 1230.15 元,养老保险、医疗保险、工伤保险、失业保险、生育保险五项保险合计每人每月最低缴费 458.85 元,其中个人承担 135.32 元,企业每月要为一名员工缴纳社保费 323.53 元。

(2)辞退员工的企业需要给员工经济补偿,《劳动合同法》规定,企业与劳动者签订的劳动合同到期需要解除劳动关系,企业要向劳动者支付经济补偿,经济补偿按照劳动者在本单位工作的年限,每满 1 年支付 1 个月工资的标准向劳动者支付。不满 1 年的按 1 年计算。也就是说,企业实际上每年支付给员工的工资不是 12 个月,而变成了 13 个月。以 2008 年杭州市员工最低工资标准 850 元计算,企业每年要多支付 850 元。

(3)关于强制带薪休假的规定,员工在企业工作满 1 年以上 10 年以下必须带薪休假 5 天,否则要按照 3 倍工资支付加班费。按照员工最低工资标准 850 元计算,每个工作日工资为 40.8 元,如果不允许员工带薪休假,企业每年要向员工支付 612 元。

以上三项,企业每年为每个员工多支付 5344.36 元,按照杭州市最低工资计算,企业的劳动力成本上涨了 52.4%,企业的压力骤增。可见,中小企业在执行《劳动合同法》,履行社会责任后成本明显上升。

(二)固定成本

中小企业为了保护环境或采取一些变革措施应对因履行社会责任而导致的成本上升,如研发投入、产品宣传等产生的费用,可以看作固定成本的增加。

环境保护成本为企业用于保护和改善生态环境的费用支出。它是一个动态拓展的概念,其内容随着环境问题受重视程度的提高而日渐完善。具体而言,包括节能减排成本、污染及破坏成本、治理与恢复成本、环境事务管理成本。减少节能减排成本就是企业加强能源管理,在能源生产到消费的各个环节采取措施来降低消耗、降低污染物的排放量而产生的费用。环境污染及破坏成本是指企业在生产经营中由于污染物的排放以及过度利用环境资源,而对环境和社会造成的损害的补偿成本。环境治理与恢复成本是指企业治理被污染和破坏的环境而发生的各项环境治理和恢复费用,如在环境治理过程中所发生的材料费、员工薪酬、动力费、维修费、水电费、劳保费等。环境事务管理成本主要是指在管理环境事务过程中发生的各项支出，如环境管理体系构建和运作的成本、低碳环保教育成本、环保宣传费、资料费、绿化费、专设环保机构办公费及人员经费等。

从表象上看，企业履行社会责任，经营成本增加，人力成本增加，因此会造成效益降低，经营困难。但企业增加的各种成本和效益之间有何关系，该从哪方面入手解决存在的问题，下面将做进一步的研究。

三、企业静态效益和动态效益的定义

利用本量利分析研究中小企业社会责任成本和两个效益之间的关系。这两个效益是狭义静态效益和狭义动态效益，有关变量解释如下：

（1）狭义静态效益是指企业刚履行社会责任没有其他变革时的企业内部经济效益。假设企业的生产总量、产品单价没有发生变化，企业的社会责任成本包含保护劳动者权利增加的变动成本和其他如环境保护增加的固定成本。

（2）狭义动态效益是指企业履行社会责任并采取自主创新等变革后企业的内部经济效益。企业的产品销售总量和产品单价因品牌提升而增加，企业的社会责任包含保护劳动者权利增加的变动成本和其他如环境保护增加的固定成本。

四、中小企业社会责任成本与静态效益关系研究

浙江省多数中小企业，特别是纯来料加工企业，产品附件值低，利润主要来自加工费和人工费之间的差价，因此靠延长劳动时间、少付加班费和少买社保等损害劳动者合法权益的措施来获得利润。企业为了履行社会责任和满足《劳动合同法》的要求，达到环境保护目的，必须多支付以下各项费用：一是劳动者权益保护成本，即人力资源成本，主要包括工资、集体福利、教育培训支出和员工社会统筹保障金等；二是环境保护成本，指为管理企业经营行为对环境的影响而发生的支出，以及企业因执行环境要求而发生的其他成本。

这里主要考虑《劳动合同法》的实施对企业效益的影响，所以选择对成本最有影响的自变量，即人力资源成本进行研究。除了工人工资外，劳动者权益保护费可以看成人力资源成本的一部分，它主要包括加班费和社保费。加班费将随工作时间的变化而变化，也就是说，随着工人生产的产品数量增加而增加，而社保费将随着工人的工资按一定比例增加，因此劳动者权益保

护成本也就是人力资源成本之一,将其作为变动成本考虑。

企业在履行社会责任后,根据《劳动合同法》的规定,在保护劳动者合法权益上必须做出以下四个措施:

(1)给原来没有购买社保的员工购买社保;

(2)缩短劳动时间,员工按法律规定时间上班;

(3)超时加班的按《劳动合同法》规定支付加班费;

(4)若不安排员工加班,但为了完成相同的产量扩招员工。

一般增加员工便增加了人力成本,同时也增加了管理难度,因此企业一般不会扩招员工,但为了完成同样的生产量,企业必须安排员工加班,因此给超时工作的员工支付加班费是企业较愿意的选择。在给企业购买社保和支付加班费后,人工成本便随着增加,所有因履行社会责任产生的成本合并称为企业社会责任变动成本,由此得到企业履行社会责任后的狭义静态效益:

$$静态效益=(产品价格-产品变动成本-社会责任变动成本)$$
$$\times 产品销量-(产品固定成本+固定社会责任成本)$$

从公式可以得出,随着人工工资增加、加班费补发、社保费补交、直接人工增加,社会责任变动成本也随着增加,因此在增加其他社会责任固定成本同时,每单位产品的成本在增加,从而在狭义静态范围引起每单位产品的利润降低,企业的总利润减少,效益降低。

可见,企业在刚履行社会责任,没有企业利用社会责任作为一种销售品牌时利润是减少的,如人工成本增加得很多,可令企业经营困难,因此中小企业需要通过自主创新和利用社会责任战略建立品牌,从而提升产品附加值。但实际情况是企业的生产可能由于企业社会责任成本提高后,员工劳动生产率提升,产量增加了;也可能企业自主创新,推出新产品,利用社会责任创建品牌,产品附加值提高了。因此有必要研究企业社会责任成本与动态效益之间的关系。

五、中小企业社会责任成本与动态效益关系研究

企业的产品销售总量和产品单价因品牌提升而增加,企业的社会责任成本包含保护劳动者权利增加的变动成本和其他如环境保护而增加的固定成本,为便于测算,用单位产品收益进行分析。

为便于分析,需要对各种条件进行假设才能正常开展。下面是在进行企业社会责任成本与企业效益关系研究时的基本假设条件:

（1）全部成本可分为固定成本和变动成本。为便于分析，要将全部成本按性态分为固定成本和变动成本。因人力资源成本将随产品总量发生变化，保护劳动者权益的费用主要为人力资源成本，将其假设为变动成本，其他社会责任成本假设为固定成本。

（2）变动成本与销售量呈正比例关系。一般劳动密集型企业采取计件工资制比较多，因此可以假设人力资源成本随产品生产量呈正比例变动。

（3）在预测利润时单位销售价格和销售总量保持不变。假设企业在履行社会责任前后单位销售价格和销售总量保持不变。

（4）各成本要素价格不变。假设其他诸如原材料、动力成本管理费在履行社会责任前后不变。

（5）原来企业的人力资源成本没有按《劳动合同法》的要求支付。原来许多企业的发展主要靠青年员工低廉的劳动成本来实现，实际上以"吃人口红利"为主，没有按照《劳动合同法》要求支付员工工资。

（6）企业经济效益可以用利润进行替代研究。

（一）变量设定

为研究浙江省中小企业社会责任成本与动态效益的关系，有必要对相关的变量做出明确的定义，具体如表 6-1 所示。

表 6-1　研究变量的定义

变量名称	符号	定义
单位产品效益	E	原来企业单位产品效益
动态效益	E_d	企业履行社会责任且采取创新措施后的企业单位产品效益
产品单价	P	原来履行社会责任前的产品单价
变动成本	C_v	原来单位产品变动成本
人工成本	C_h	原来单位产品人工成本
人工成本占比	x	人工成本占变动成本比例
单位产品固定成本	C_f	单位产品固定成本
人工成本增量	C_{ch}	变动成本中单位人工成本的增加数量
人工成本增加比	y	企业履行社会责任后人工成本增量占人工成本比例
单位产品利润率	z	单位产品利润率

变量名称	符号	定义
研发费	C_{cd}	企业履行社会责任后为环境保护或研发投入的费用
研发投入比例	v	中小型企业研发费占收入的比例，10年计提
新产品价格	P_c	企业履行社会责任后产品的单价
附加值提升比	w	产品附加值提升比
效益增量	E_i	履行社会责任前后效益的变化

（二）各变量之间的关系

根据以上的变量定义，各变量之间关系如下：

$$C_h = x \times C_v \tag{6-1}$$

$$C_{ch} = y \times C_h \tag{6-2}$$

$$P_c = (1+w) \times P \tag{6-3}$$

$$C_v = P \times (1-z) \tag{6-4}$$

（三）中小企业社会责任成本和企业效益关系研究

原来企业履行社会责任前每单位产品效益可表示为 $E = P - C_v - C_f$，企业履行社会责任后每单位动态效益可表示为

$$E_d = P_c - (C_v + C_{ch}) - (C_f + C_{cd}) \tag{6-5}$$

将公式（6-1）、（6-2）、（6-3）、（6-4）的变量和变量之间的关系替换到公式（6-5）。

$$E_d = (P_c - C_v - x \times y \times C_v) - (C_f + P \times \frac{v}{10})$$

$$E_d = P \times (1+w) - (C_v + x \times y \times C_v) - (C_f + P \times \frac{v}{10}) \tag{6-6}$$

下面计算分析企业履行社会责任前后效益的变化。假设企业履行社会责任后效益增量为 E_i，则

$$E_i = E_d - E$$

$$E_i = P \times (1+w) - (C_v + x \times y \times C_v) - (C_f + P \times \frac{v}{10}) - (P - C_v - C_f)$$

$$E_i = [w - xy(1-z) - 0.1v] \times P \tag{6-7}$$

为使企业履行社会责任后，企业效益不减少，必须使 $w > xy(1-z) + 0.1v$，当公式（6-7）为零时，此时的 w 即为盈亏平衡点，此时

$$w = xy(1-z) + 0.1v \qquad\qquad (6-8)$$

第四节　实证研究及敏感性分析

本书主要研究《劳动合同法》实施前后企业社会责任成本对企业效益的影响,分析两者之间的敏感性。因此,为便于测算,用单位产品收益等指标进行分析。

一、调查样本

此次调查的 312 家企业中,数据填写完整的有 187 家,因此,本部分的分析以这 187 家企业为样本。从行业分布来看,生产服装及衣着附件产品企业 30 家,占 16.0%;生产机电产品的企业 27 家,占 14.4%;生产纺织纱线、织物及制品企业 25 家,占 13.4%;生产塑料制品的企业 21 家,占 11.2%;生产钢铁或铜制标准紧固件的企业 16 家,占 8.6%;生产农副产品的企业 15 家,占 8.0%;生产电线和电缆的企业 13 家,占 7.0%;生产灯具、照明装置及类似品的企业 12 家,占 6.4%;生产水海产品的企业 10 家,占 5.3%;生产鞋类产品的企业 8 家,占 4.3%;生产床垫、寝具及类似品的企业 6 家,占 3.2%;生产箱包及类似容器的企业 4 家,占 2.1%。具体的行业分布如表 6-2 所示。

表 6-2　调查企业的行业分布情况

行业	企业数/家	占比/%
服装及衣着附件产品	30	16.0
机电产品	27	14.4
纺织纱线、织物及制品	25	13.4
塑料制品	21	11.2
钢铁或铜制标准紧固件	16	8.6
农副产品	15	8.0
电线和电缆	13	7.0
灯具、照明装置及类似品	12	6.4

续表

行业	企业数/家	占比/%
水海产品	10	5.3
鞋类	8	4.3
床垫、寝具及类似品	6	3.2
箱包及类似容器	4	2.1

从企业从业人员规模分析,100 人及以下为 70 家,占 37.4%;101~200 人的 61 家,占 32.6%;201~300 人的 20 家,占 10.7%;301~400 人的 20 家,占 10.7%;401~500 人的 12 家,占 6.4%;501 人及以上的 4 家,占 2.1%。

从企业的销售额分析,1000 万元以下的企业为 39 家,占 20.9%;1000 万(含)~5000 万元的企业为 59 家,占 31.5%;5000 万(含)~10000 万元的企业为 57 家,占 30.5%;10000 万(含)~30000 万元的企业为 27 家,占 14.4%;30000 万元(含)以上的企业为 5 家,占 2.7%。

二、《劳动合同法》实施前后的人力成本变动情况

为比较《劳动合同法》实施前后人力成本变动的情况,调查了 187 家企业 2007 年人均利润率和人力成本占比的情况,如表 6-3 所示。从调查中可以发现,2007 年所统计的 12 个行业的平均人均利润率为 2.35 万元/人,其中最高的行业为生产水海产品的企业,达到了 2.92 万元/人,比平均数高出 24.3%,比最低的鞋类产品生产企业高出 65.9%。其中,最低的服装及衣着附件产品,纺织纱线、织物及制品和鞋类企业属于典型的人力密集型产业,分别为 1.98 万元/人、1.89 万元/人、1.76 万元/人。从人力资源成本占比的情况分析,平均占比为 13.8%,高于这一水平的依次为生产农副产品,纺织纱线、织物及制品,鞋类,服装及衣着附件产品,床垫、寝具及类似品,以及水海产品的企业。可见,生产服装及衣着附件产品等的劳动密集型企业,人力资源成本明显高于平均数,而人均利润率也低于平均数,说明企业的生产经营压力较大。

表 6-3　2007 年所调查企业的人均利润率和人力成本占比

行业	人均利润率/(万/人)	人力成本占比/%
服装及衣着附件产品	1.98	14.9
机电产品	2.82	11.1
纺织纱线、织物及制品	1.89	16.1
塑料制品	2.01	13.4
钢铁或铜制标准紧固件	2.57	12.9
农副产品	2.30	16.3
电线和电缆	2.68	10.9
灯具、照明装置及类似品	2.47	13.2
水海产品	2.92	14.1
鞋类	1.76	15.6
床垫、寝具及类似品	2.53	14.2
箱包及类似容器	2.32	13.2
合计平均	2.35	13.8

2013 年,所调查企业的人力成本占比及增长情况如表 6-4 所示。从表中可以看出,2013 年 187 家企业的人力成本占比和 2007 年相比均有明显的增加,平均增加了 25.4%。其中增加幅度最大的为生产服装及衣着附件产品的企业,达到了 34.9%;最小的为生产农副产品的企业,增加了 17.8%。高于平均数的行业依次是生产服装及衣着附件产品,纺织纱线、织物及制品,塑料制品,床垫、寝具及类似品和鞋类的企业,可以明显看出,劳动密集型企业的人力成本占比增长明显快于其他企业。

表 6-4　2013 年所调查企业的人力成本占比及增长情况

行业	人力成本占比/%	比 2007 年增长/%
服装及衣着附件产品	20.1	34.9
机电产品	13.4	20.7
纺织纱线、织物及制品	20.8	29.2
塑料制品	17.2	28.4

续表

行业	人力成本占比/%	比 2007 年增长/%
钢铁或铜制标准紧固件	15.7	21.7
农副产品	19.2	17.8
电线和电缆	13.6	24.8
灯具、照明装置及类似品	16.0	21.2
水海产品	17.2	22.0
鞋类	19.8	26.9
床垫、寝具及类似品	18.2	28.2
箱包及类似容器	16.2	22.7
合计平均	17.3	25.4

三、动态分析

为进一步研究浙江省中小企业在履行社会责任后,企业效益的动态变动情况,采取了测算动态变化后企业盈亏平衡点的方法,即企业如何通过提升单位产品价格,保持盈亏平衡的可能性。

由前述分析可知,$w = xy(1-z) + 0.1v$ 时,w 即为盈亏平衡点。具体数据通过以下方法获得:

(1) 根据浙江省统计局统计,2013 年全省中小企业平均利润率为 5.36%。

(2) 根据浙江省科技厅《2013 年设区市科技进步统计监测评价报告》,企业技术开发费占主营业务收入的比例为 1.68%,计算中假设研发费用按国家税务局规定,最长 10 年计提。

(3)《劳动合同法》实施后人力资源成本增加值以此次调查的数据为参考,即 25.4%。

(4) 劳动力成本占变动成本的比例以此次调查的数据为参考,此次所调查企业的 2007 年平均固定成本占比为 29.7%,因此,劳动力成本占变动成本的比例为 19.6%(由 $x = 13.8\% \div (1 - 29.7\%)$ 得到)。

将以上数据代入公式(6-8),得到

$$w = xy(1-z) + 0.1v$$
$$= 0.196 \times 0.254 \times (1 - 0.0536) + 0.1 \times 0.0168$$
$$= 4.88\%$$

也就是说,不考虑原材料等价格因素的变化,企业履行社会责任时,在企业社会责任成本增加 25.4%,人力成本占变动成本 19.6%,固定成本按业务收入 1.68% 投入的情况下,2013 年企业单位产品价格需要提升 4.88%,才可能保持盈亏平衡。在不考虑其他因素变动的情况下,浙江省中小企业为了实现与 2007 年同样的平均利润率,2013 年企业单位产品价格需要比 2007 年提升 10.36%。

根据浙江省统计局的统计,2007 年全省中小企业的平均利润率为 5.48%,2008 年受到《劳动合同法》实施和金融危机的影响,平均利润率下降为 5.08%,到 2013 年才有所回升,达到 5.36%。说明《劳动合同法》的实施,尤其在短期内,对浙江省中小企业的营利能力还是有明显的负面影响的。

四、敏感性分析

本部分内容分析人力成本占比增长率与单位产品附加值增长率之间的关系,即后者对前者的敏感性。假定在其他条件保持不变的情况下,与 2007 年相比,人力成本占比每增长一定的比例 y',企业为了保持盈亏平衡,需要增加单位产品附加值比例 $w' = xy'(1-z) + 0.1v$,具体如表 6-5 所示。

表 6-5　人力成本占比增长率与单位产品附加值增长率之间的关系

人力成本占比增长率/%	1	5	10	15	20	25	30	35
单位产品附加值增长率/%	0.31	0.89	1.62	2.34	3.06	3.79	4.51	5.24

表 6-5 显示,单考虑企业社会责任成本因素中员工人力资源成本变动的影响,在其他条件保持不变的情况下,企业需要不断提高单位产品售价,才能保持盈亏平衡。可见,随着人力成本的不断上涨,浙江省中小企业还是承受了不小的压力。

浙江省中小企业具有机制灵活、市场反应敏锐的特征。从收益的角度来看,履行社会责任可以提高员工的工作热情,加大工作投入,增强凝聚力,极大地调动员工的工作积极性,推动企业自身制度创新、体制创新和产品创新,从而提高生产效率,降低人力资源成本在企业成本中的相对比例。

从外部分析,随着社会经济的不断发展,消费者从注重产品逐渐转变到越来越重视服务,不仅关心产品本身的质量,更关心企业的信誉、形象。履行社会责任将帮助企业建立良好的公众形象,提高企业的声誉,从而增加其产品的需求,同时会降低消费者对履行社会责任的企业的产品价格的敏感度。国内外许多学者经过研究也发现,企业社会责任与顾客的购买意向和行为之间存在着明显的正相关关系。

　　毫无疑问,履行社会责任,企业总成本的绝对额将增加。为此,企业只有通过发挥员工的积极性,大力推进自主创新,并利用履行社会责任之际,提升产品附加值,企业效益才可以得到提高。产品附加值增长比例和企业社会责任成本之间的关系可以通过函数关系表达,但实际情况会远比本书的研究更加复杂。可喜的是,2013 年浙江全省中小企业的平均利润率达到了 5.38%,已经十分接近 2007 年 5.48% 的水平,说明浙江省中小企业在经受《劳动合同法》实施和全球金融危机的双重影响后,还是显现了强大的生命力。

第七章　结论与建议

　　企业社会责任建设涉及政府、社会、企业、消费者和员工等方方面面,在推进实施过程中,既要考虑利益相关者的诉求,也要考虑企业的实际承受能力和发展诉求,要遵循社会发展和企业发展规律,采用灵活多样、循序渐进的软性推进机制,才能达到理想的效果。

　　中小企业履行社会责任,其动力来源涉及多个层面。正如本书第三章所论述的那样,各动机要素在动力机制实现的过程中也不可能发挥同样重要的作用。在现阶段及未来一段时间,宏观层面的政府、非政府组织和大众传媒应该是浙江省中小企业履行社会责任的主要推动者;中观层面的消费者、商业伙伴、投资者和微观层面的企业经营者、员工等由于尚处于认识与成长的过程中,对浙江省中小企业履行社会责任动力机制的实现作用往往是有限的。但随着经济的发展和社会的进步,这些推动者将会成为促进企业社会责任履行的重要力量。

　　本章总结了研究所得出的六个方面的结论,并结合前面几部分的研究,从道德动机、经济动机和制度动机三个层面分析了促进浙江省中小企业履行社会责任的对策和建议。

第一节　研究结论

　　关于企业社会责任的研究,以往学者们更多地把目光投向大企业的社会责任,对中小企业社会责任问题的探索则相对较少。当前,中小企业已经成为我国国民经济发展的主体力量,成为积极创造财富、吸纳社会就业人员的生力军。相比于国内其他地区的企业而言,浙江省中小企业是最先萌芽,最先发展壮大,最先遭遇发展瓶颈,也是在这一轮世界金融危机中积极应对率先突围的。但由于种种原因,浙江省中小企业社会责任意识普遍还不够强,因缺乏社会责任感而导致的各类安全事故、环境污染事故,以及不注重保护员工权益引发的群体事故等时有发生。因此,在中小企业层面上研究和探讨社会责任问题,不仅有助于全面而深刻地理解社会责任,而且有助于推动浙江省经济和中小企业的可持续发展。本书在梳理前人研究的基础上,通过实地调查,分析了浙江省中小企业对社会责任的认知和实践状况,企业承担员工社会责任的真实情况,并从理论上分析了企业社会责任成本及其影响因素,最后对浙江省中小企业履行社会责任与经济效益之间的关系进行了实证分析。主要研究结论如下:

(1)浙江省中小企业在推动经济增长和吸纳社会就业人员方面有着不可替代的作用,做出了不可磨灭的贡献。但在全球金融危机的影响下,发展过程中也存在不少突出问题。具体而言,2013年全省规模以上中小工业企业占全部规模以上工业企业的98.50%,工业总产值占全省规模以上工业企业总产值的73.43%,工业增加值占全省规模以上工业企业增加值的73.19%。全省规模以上中小微工业企业及个体工业生产经营户就业贡献率达到了91.01%。在发展的同时,浙江省中小企业也面临着要素制约日趋严重,宏观政策调控加码,国际经济环境恶化和竞争加剧,内部管理绩效低下等问题。

(2)随着改革开放的深入和全球化进程的加快,浙江省中小企业履行社会责任也经历了由改革开放初期的效益最大化条件下的社会责任,逐步向企业内部视角下的社会责任、企业外部视角下的社会责任和当前国际视角下的社会责任迈进的过程。同时,此次针对浙江省6个地区312家中小企业的调查发现,目前浙江省中小企业经营者的社会责任认知偏向于经济责任,对于现阶段企业应该履行的社会责任有高度的共识,但企业社会责任的实践相对被动且人多局限于最基本的层面,没有内化为以经济活动为基础的行为过程中内生的需求。

(3)通过对调查结果的分析可以发现,当前浙江省中小企业履行社会责任,所受到的经济驱动和制度驱动的影响远远大于道德驱动的影响。这是因为中小企业拥有的政府、经济资源较少,更容易受激烈的市场竞争的影响,履行社会责任不可避免地存在一定的功利性。可以说,浙江省中小企业通常以增加其自身的企业价值为履行社会责任的最终目标,以建立政府关联为履行社会责任的实现目标。因此,对浙江省中小企业而言,履行社会责任能否从根本上给他们带来绩效上的提高或有助于其建立与政府的关联度,这一切左右着其履行社会责任的行为。毫无疑问,这势必会导致企业在履行社会责任时较多地考虑与政府的密切联系和企业价值的增加,因而很容易忽略对包括劳动者权益的保护在内的利益相关者的责任。

(4)本书通过对浙江省中小企业897名员工的调查,分析了《劳动合同法》实施后,企业保障员工合法权益的状况。从调查结果分析,浙江省中小企业的劳动合同签订率、社会保险缴纳率普遍较高。从全省范围看,根据浙江省统计局的统计,2007—2013年,在全省年末总人口增长比例基本保持不变的情况下,与企业从业人员最密切相关的失业保险和工伤保险,2008年比2007年增长幅度分别高达25.0%和25.8%,明显高于后续年度10%左右的增长率。说明《劳动合同法》在促进企业为员工缴纳社会保险方面,确实起到了极大的推进作用。但调查也显示,企业在加班工资发放、工作时间安排、职业安全卫生管理、工会组织和参与、体面工作和尊严地位、职业发展等方面,侵犯员工利益或逃避社会责任的现象还相当普遍。进一步分析可以看出,浙江省中小企业劳动合同签订率、社会保险缴纳率普遍较高的原因,一是缴纳社会保险是每个员工普遍关心的大事,按相关规定,员工缴纳社会保险以签订劳动合同为前提,因此两者有一定的联动性;二是根据《劳动合同法》的规定,一旦发生劳务纠纷,这两项内容由企业提供指证材料,因此容易被员工举报,被政府稽查和监督,这也是促使企业严格按相关规定执行的原因。相比而言,其他方面的社会责任行为,由于纠纷中取证困难、企业与员工地位不对等、员工意识弱化等,履行社会责任的情况并不理想。

(5)在对浙江省中小企业调查的基础上,不考虑原材料等价格因素变化的假设前提下,企业严格执行《劳动合同法》规定,履行相关的社会责任,其单位产品价格需要提升4.88%(与《劳动合同法》实施前比较),才可能保持盈亏平衡。也就是说,在不考虑其他因素变动的情况下,浙江省中小企业执行《劳动合同法》后,为了实现与2007年同样的平均利润率,2013年的产品单价需要比2007年提升10.36%。对人力成本占比增长率与单位产品附加值增长率之间关系的研究也表明,两者之间存在相当大的敏感性。单考虑企业社会责任成本因素中员工人力资源成本变动的影响,在其他条件保持不变的情况下,企业需要不断提高单位产品价格,才能盈利。可见,随着人力成本的不断上涨,浙江省中小企业承受了不小的压力。

(6)从短期看,《劳动合同法》的实施,增加了浙江省中小企业的运营成本。但所带来的人力资源成本上升未必就代表着因成本的增加,缩减了企业利润。关键要看劳动力成本增长率与劳动生产增长率之间的关系如何。如果企业劳动生产增长率超过劳动力成本增长率,劳动的边际产品价值不仅能够弥补生产该产品的人力资源成本,而且还能为企业带来更多的利润。而履行社会责任可以帮助企业更好地提高员工和顾客的满意度和忠诚度,增强自身的竞争能力。如果企业能借助外部的强制力,尝试以企业社会责任为战略点,变被动为主动,努力提高产品的附加值和自身的生产效率,将会实现经济和社会效益的长期共赢。

可喜的是,2013年浙江全省中小企业的平均利润率达到了5.38%,已经十分接近2007年5.48%的水平,说明浙江省中小企业在经受《劳动合同法》实施和全球金融危机的双重影响后,显现了强大的生命力。

本书侧重通过实证调查,分析浙江省中小企业对社会责任的认知和实践情况,履行员工社会责任的现状,以及由于《劳动合同法》实施增加企业经营成本,并带来对效益的影响等问题,在理论方面的研究稍显不足;在分析企业对社会责任的认知和实践,承担员工社会责任的现状时,大多采用描述性统计,显得过于单一,尚有可改进之处;对企业社会责任成本和效益之间关系的研究,只是单方面考虑了人力资源成本的影响,而事实上,由于受其他利益相关者等因素的影响,两者之间的关系会显得更加复杂。这些存在的不足,可以作为后续研究和努力的方向。

第二节 道德动机层面的建议

浙江省中小企业要长期健康地发展,除了应满足企业现有的经济实力、管理水平、技术力量、员工素质等多方面的要求外,伦理道德方面的要求也显得越来越重要。为此,一方面,要大力改善企业经营者的社会责任价值取向;另一方面,要充分发挥大众媒体的宣传、监督等功能,营造履行社会责任的良好氛围。

一、改善企业经营者的社会责任价值取向

从某种意义上讲,企业经营者的价值观会在很大程度上影响企业的整体价值观。因此,如果企业经营者能够对企业社会责任具有较好的认知的话,其所在的企业在履行企业社会责任方面自然就会有较好的行为表现。此次调查中也发现,有 61.5% 的调查对象表示,制约浙江省中小企业履行社会责任的最主要影响因素就是企业所有者对企业社会责任的认识度低。在企业发展过程中,企业经营者承担社会责任观念的认知和实践,将会更好地被内化为浙江省中小企业履行社会责任的动力。

（一）强化企业经营者的人本思想

当然,企业经营者对企业社会责任的认知及实践会受到许多因素如经济发展、国家政策的导向以及中外管理思想等的影响。本书第三章在分析浙江省中小企业履行社会责任的发展历程中,也明确指出在改革开放后 20 年左右的时间内,很少有企业经营者会关注企业社会责任问题,这一阶段,企业经营者的首要责任就是为企业的股东或投资人谋取最大利润。所以,此时企业关键是对企业投资人或股东负责任。并且这一阶段是浙江省中小企业资本原始积累的关键时候,企业要想在市场上立足,就必须尽可能快地完成原始积累,所以此刻的企业的利润最大化观念是最强烈的。直到 20 世纪 90 年代后期,企业的经营目标开始变得更加长远,着眼于企业生产经营的长期可持续发展以及规划意义上的利润最大化。这一时期,企业开始关注与其利益相关的外部环境,包括企业产品的消费者、企业生产经营所需相关资源的供应者以及政府的相关管理部门等。尤其是我国加入 WTO 以后,逐步融入了国际分工体系中,成为全球经济链条中的参与者和受益者,但必须遵守跨国公司间早已形成且被普遍认可的"游戏规则",其中之一就是必须通过以劳工标准为主体内容的企业社会责任认证,这就使得企业社会责任问题成为我国涉外企业乃至所有企业不得不面对的一个问题。由此,浙江省中小企业社会责任的发展进入国际化的阶段。"企业社会责任"一词也开始真正进入了企业经营者的视野,并逐渐被其认识和实践。

目前,多数浙江省中小企业的经营者对企业社会责任均不会采取漠视的态度。调查显示,绝大多数经营者已经认识到了它的战略意义,将其纳入到企业战略的制定与执行中,如有的企业经营者把促进就业和培训员工看作是企业最主要的社会责任。然而,若从总体上考察就会发现,浙江省中小企业尚有许多企业经营者对企业社会责任的认知程度不是很高,实践层次也较低,不能反映企业经营者及其所在企业的价值取向。这样的企业之所以履行社会责任,或是为了遵守国家相关的法律法规,或是满足国际供货商和分销商的要求,而不是出于企业经营者自身或者企业的价值观。相当多的企业经营者对企业社会责任的认知仅停留在救济、捐助等层面上,不知道企业对员工履行社会责任的内容,尽管救济、捐助等行为能为企业带来好的声誉,但大多难以与企业的发展战略匹配,不仅不能使企业的资源得到优化利用,反而还耗费了企业的宝贵资源。

提高企业经营者对企业社会责任的认知水平,加强实践意愿,首先必须强化企业经营者的人本管理思想。人本管理思想首先由"摩托罗拉之父"保罗·高尔文于20世纪30年代提出,之后随着经济的发展和社会的进步,人本管理思想一直在不断地丰富和发展着。在当今科学技术飞速发展和广泛运用、知识在经济增长中的作用日益增强的时代,人本管理变得尤为重要。这里所说的人本管理,就是把人作为管理活动的中心和组织的最重要的资源,在尊重主体地位的前提下通过调动人的主动性、积极性和创造性,实现组织的目标并改进社会和人的发展管理理念和管理方式。目前,许多企业已经意识到,员工是企业最宝贵的财富,任何企业的健康可持续发展,都必须建立在依靠广大员工,充分发挥他们积极作用的基础上。因此,企业经营者只有真正地树立起了"人本管理"理念,真正地意识到了员工对企业生存与发展所具有的重要作用,才能有意识地、主动地践行企业社会责任。

(二)将社会责任履行纳入企业战略愿景

在整个企业内部明确社会责任的范畴、价值目标,使企业管理层和普通员工都能熟悉这一理念。然后结合各利益相关者的要求,制定企业中长期社会责任愿景。毫无疑问,若能将企业社会责任置于战略管理的框架下进行研究,便可实现企业经济效益和社会效益的双赢。为了使企业获得相对持久的竞争优势,企业经营者应具备强烈的社会责任意识,在战略制定的过程中,融入企业社会责任因素,并在战略实施时有效地配置资源以保障企业战略目标的实现。同时,经营者不仅要传达企业在社会责任方面的内容和要求,而且要确保每一个员工以及供应链中的每一个利益相关者都认识到承担社会责任的重要性及企业的社会责任价值目标。企业家对社会责任的高度重视以及相关利益群体间的持续沟通能够在一定程度上强化社会责任在企业的战略作用。

(三)继承和发扬"浙商精神"

浙江省中小企业经营者要继承和发扬"守志笃行,诚信为怀;开天掘地,有容乃大"的"浙商精神",完成从商人到企业家的蜕变。"守志笃行"着重强调意志坚定、求真务实、知行合一的科学精神;"诚信为怀"强调的是浙商诚实经营、讲求信誉的伦理精神;"开天掘地"形象地概括浙商创业创新、百折不挠的奋斗精神;"有容乃大"涵盖了浙商灵活变通、四海为家的包容精神。"守志笃行,诚信为怀;开天掘地,有容乃大"是在围绕浙商的根本性精神特征的基础上,层层推进的一种概括与提炼。"守志笃行,诚信为怀"以浙商本体为主要对象,深刻凝练浙江商人的内在修为,侧重于个体的内在心理与外在行为的至纯至真、至诚至信;"开天掘地,有容乃大"以浙商群体为主要对象,意境高远地概括了浙江省商人的动态面貌,是对浙商在事业开创和开拓守业期所呈现的精神面貌的生动写照,侧重于浙商的互动交往和社会属性。因此,这是对浙商精神核心要素的高度概括。要实现更多的浙江省中小企业经营者能够完成从商人到企业家的蜕变,除了企业经营者不断地超越自己以外,还要有意识地构建健康、开放的商业环境,为企业家的成长提供良好的土壤、文化和氛围。首先,要尊重企业家,努力改变长期形成的"仕贵商贱"的状况;其次,要容许失败,社会的宽容与大度,是企业家成长不可或缺的条件。只有企业家群体的不断扩大,企业家的群体意识才能形成,履行企业社会责任才能成为企业自觉的、主动的和积极的行为。

二、加强媒体的宣传、沟通和舆论监督作用

大众传媒在促进浙江省中小企业社会责任履行上扮演着倡导者、监督者、沟通者的作用。企业是在一定的社会环境中发展和运作的。在西方发达国家,企业社会责任也是靠市民社会的基础和各种社会运动的推动发展起来的。但在我国,目前既缺少市民社会的基础,又缺乏社会运动的推动,因此,更需要营造良好的舆论环境。社会舆论在促进我国企业履行社会责任中的作用主要表现在以下三点:

(一)发挥媒体企业社会责任倡导者作用

这些年来,媒体用大量的篇幅对企业社会责任的概念、内容、理论基础等问题进行了详尽的介绍,通过舆论的宣扬和弘扬,使越来越多的中小企业了解什么样的行为是合乎理性的,什么样的行为是悖逆理性的。通过社会舆论对正确信息的传递和理性取向的弘扬,可以减少企业道德活动的盲目性,促成其行为朝着社会理性所要求的方向进行。同时,媒体对积极承担社会责任的企业进行表彰,树立企业良好的社会声誉,借此提升企业的社会公众形象,成为企业新的竞争优势,从而促进企业经济效益的提高,实现对消费者的正确引导。

(二)发挥媒体企业社会责任行为监督者作用

媒体的监督职能对包括企业在内的整个社会组织都发挥着重要的作用,媒体的舆论监督在企业社会责任建设过程中是必不可少的。媒体的监督职能主要是对国家事务和社会生活中出现的违反公共道德或法律、法规的行为进行揭露和批判,借助舆论压力使问题得到及时的纠正和解决,促使涉事各方更好地履行其社会职责,促进整个社会的和谐与发展。近年来,企业一旦出现社会责任方面的问题,各种媒体会以最快的速度将事实呈现给公众,发挥社会舆论的监督作用。由于法律自身的不健全,企业的违法成本很低,很多企业甚至丢弃了商业道德的底线,底线失守使得"资本无道德,财富非伦理,为富可以不仁"的现象十分常见。媒体对违反社会责任、触犯法律的现象进行曝光,虽然不具有制裁违法行为的法律强制力,但能从道义方面进行谴责,可以督促立法部门完善相关法律,形成良好的舆论监督环境。媒体的舆论监督有利于加强企业经营者的责任意识和道德意识,是其自律的助推器。事实证明,企业的逐利本性导致企业并不会自发地讲道德、履行其社会责任。要使企业具有社会责任感和道德感,需要媒体积极发挥舆论批评和监督功能,对企业不负责任的行为形成强大压力和有效约束,敦促企业履行社会责任。

(三)发挥媒体企业与社会沟通者作用

媒体是企业与社会之间的桥梁,现代媒介技术的发展为企业与社会之间的沟通提供了崭新的传播方式和丰富的沟通渠道,推动企业与社会之间的互动,加强彼此之间的联系。一方面,企业任何重要内容的发布,都需要借助媒体这个平台。过去几十年来,企业一直通过广播、电视、报纸、杂志等传统媒介向社会发布企业信息,如投放产品广告、发布企业新闻、进行公关宣传等。

随着新媒体的崛起,传统媒体日渐式微,通过传统媒体传递企业信息的弱点越来越明显。互联网是 20 世纪最伟大的发明之一,拥有开放性、便捷性、内容丰富、互动性强、费用低廉、表现力强、无国界性等众多优点。从 20世纪 90 年代末期开始,许多企业纷纷开始试水网络,一方面,在互联网上设立自己的网站;另一方面,利用大量成熟的网络平台,全方位、立体式地进行企业信息的传播,并与社会公众进行互动交流,打破了传统媒体时代信息单向传播的格局,更有利于增进企业与社会之间的沟通,促进社会的和谐。在企业社会责任传播方面,网络的作用更加明显。调查数据显示,在美国财富

500强股票指数的企业中,82％的企业通过互联网来传播企业社会责任活动信息。许多欧美知名企业都会在公司网站上单独开设以企业社会责任为主题的页面。最近几年,随着网络技术的变革,博客、维客、播客、视频分享、微博等应用成为企业进行信息传播的有效工具。另外,企业对社会问题的感知与回应,同样需要借助媒体平台。企业的生存发展与其所处的外部环境息息相关,只有在熟悉外部环境的情况下,企业才能与其所处的环境进行良性互动,为自身发展营造良好的经营环境。企业社会响应理论将企业视为整体社会环境的一个有机组成部分,认为企业的行为需要满足特定的社会期望,而且随着社会期望的变化,企业的行为也应做出相应的调整,即对变化中的社会期望做出动态与积极的回应。因此,企业需要借助媒体平台发布的各类信息来实现对社会期望的感知,如国家和政府的各项方针政策、社会关注的热点问题、公众对企业的态度和期望等,以此来明确企业社会责任建设的方向和目标。

目前,社会大众对企业社会责任的了解甚少,或者根本不了解,或者存在很多认识上的误区。因此,媒体作为一种社会舆论的载体,有必要加大对企业社会责任的宣传力度,引导社会关注和重视企业社会责任,动员全社会都来关注并参与到推动企业社会责任运动中来,营造推进企业履行社会责任的社会氛围。

第三节　经济动机层面的建议

从本书关于企业社会责任和企业效益的分析可以看出,在中小企业履行社会责任后,企业绝对成本的增长不可避免,但企业主动积极地承担社会责任,可以有效地提高员工满意度和忠诚度,进而发挥他们的积极性和主动性,提高企业的生产效率,由此反而可以降低企业社会责任成本在总成本中的相对比例,提高企业经济效益。同时,履行社会责任,可以为企业赢得良好的社会信誉,培养顾客的满意度和忠诚度,降低他们对产品价格的敏感性,从而赢得市场,获得相对的竞争优势。

一、发挥员工积极性,提高劳动生产率

结合本书第四章浙江省中小企业承担员工社会责任的调查,从劳动合同签订、薪酬福利制度设计、职业安全卫生管理、工会工作、尊重员工、职业

发展等几个方面入手,提出企业相应的对策和建议,以进一步发挥员工的积极性和主动性,从而提高企业的劳动生产效率。

此次调查中,除了合同签订率和社保缴纳率以外,浙江省中小企业在其他与员工社会责任内容相关的方面,都或多或少存在问题。而作为内部顾客,员工的满意度是确保外部顾客满意度的前提,也是企业提高劳动生产率,增加企业产品价值的重要影响因素,对企业的发展有着直接而深远的影响。

针对调查中发现的劳动合同形式化、有失公平性等问题,建议企业要建立规范的录用和合同管理制度。应如实告知劳动者工作内容、工作条件、工作地点、职业危害、安全生产状况、劳动报酬以及劳动者要求了解的其他情况。而合同管理应当详细明确劳动合同管理过程中各个环节的操作流程,包括合同的签订、试用期、变更、续订、解除、终止、离职等。这些规范的流程看似简单,但它不仅能让员工感受到自己被尊重而提高工作满意度,而且也体现了企业的管理水平。

薪酬福利是影响员工满意度最直接、最明显的因素,它对提高员工满意度至关重要。而调查中发现,企业普遍存在不足额或不按时支付加班工资、工作时间过长等问题。为此,建议企业严格按《劳动合同法》规定的要求,建立健全一套符合企业自身的员工薪资激励机制。一方面,实施薪资激励必须认真贯彻按劳分配、奖勤罚懒、关心员工生活等原则,如薪金分配上的固定工薪、年薪、股权分配制,奖金分配、职务(岗位)津贴制,以及在此基础上的职务升迁(公开竞争)、调岗(岗位轮换)、淘汰(末位淘汰)制度等。而另一方面,必须坚持物质激励与精神激励紧密结合。不少浙江省中小企业往往只讲物质忽视精神,这势必导致员工目光短浅,急功近利,片面追求物质利益,滋生"一切向钱看"的思想,由此可能产生不顾整体、损公肥私等弊病;当然,如果只讲精神不考虑员工的物质利益,员工就体会不到个人的劳动贡献与物质利益之间的关系,同样不利于调动员工的积极性。企业只有通过多种激励手段,正确引导、提高员工的主人翁责任感,激发其工作热情,促使员工努力学习专业知识和业务技能,造就一支和企业有共同价值观的员工队伍,形成和谐稳定的劳动关系,不断提高企业经营管理水平,提高企业市场竞争能力。

本次对浙江省中小企业承担员工社会责任的调查结果显示,企业的职业安全卫生管理工作极不到位,无论是防护设备的提供,还是相关规章制度的建设和实施等,都很不理想。而良好的劳动条件,以及安全的劳动保护设施等,都可以使员工保持旺盛的工作热情和巨大的工作干劲。在宽敞、明洁、有序的环境中工作,员工会感到轻松、愉快、满意,提高效率。因此,浙江省中小企业要针对自身企业特点,通过检查落实各项规章制度、为员工提供防护设备、进行安全知识教育和培训等,提高企业安全生产水平,创造良好的工作环境,从而提高劳动生产效率。

　　浙江省中小企业对工会工作不够重视,这在本次调查也得到了充分的体现。312家所调查的企业中,已经建立工会组织的有189家,占调查总数的60.6％。但统计中企业有工会且员工也参与的只占37.9％,很多企业的工会组织没有发挥作用。其实,对企业经营者而言,更重要的是要在企业内部建立一个开放的沟通系统,以增强员工的参与意识,促进上下级之间的意见交流,促进工作任务的有效传达。企业内部沟通的形式很多,包括工会组织的员工代表大会、企业情况通报会、厂务公开活动等。通过这些渠道,将企业发展的难点、员工关心的热点等一一向员工公开,让员工对此发表意见和建议,通过协商对话、双向交流,使相互之间、上下之间架起理解和信任的桥梁。当然,在实际工作中,由于多方面的原因,这种沟通很难达到完全的统一,但只要长期坚持、逐步完善,就能实现互信的初衷。此外,沟通的内容可以有很多,包括工作沟通、思想沟通、学习沟通、生活沟通等。这就需要企业经营者注意从日常工作和生活中加强了解、掌握情况、开展沟通。其实不少沟通并不需要花很大工夫就能办到,比如,员工有了成绩除给予一定的物质奖励以外,还给予一定的精神奖励,在庆功会上颁发奖状、领导到其家中祝贺、向其家属道贺等。这些看似简单的举动,却能起到很大的鼓舞作用。

　　对于尊重员工、为员工职业发展提供机会等方面,此次调查的结果也不容乐观。目前,"80后"和"90后"逐渐成为浙江省中小企业员工的主力军,这些年轻人思想开放、性格活泼、喜欢独立思考、渴望自由,他们普遍希望企业是一个自由开放的系统,能给予员工足够的支持与信任,给予员工丰富的工作生活内容,让员工能在企业里自由平等地沟通。古语说:"疑人不用,用人不疑。"所以,要想使企业员工的满意度提高,必须给予员工足够的信任与权利,让他们自主地完成工作任务,放开手脚,尽情地把工作才能发挥出来。在自由开放的企业氛围里,企业各级管理者充当的角色应当是教练的角色。教练工作不仅是训练,而且是辅导、参谋、揭露矛盾、教育。训练要求管理人员具备倾听的能力以及表达真实的赞赏、感谢的能力。通常在首次做某事之前或之后要进行特殊的鼓励时,或在纠正错误时,需要进行训练。辅导就是帮助能力出众的人体现出自己的能力的工作。参谋就是当发生问题、工作受到影响时,给予员工建设性的意见、支持和鼓励,并进行双向的讨论。揭露矛盾就是把工作中存在的问题、员工的重大工作失误正面地公布出来,由众人一起来解决问题、纠正错误。

随着社会经济各方面的快速发展,工作中所需的技能和知识更新速度加快,因此培训已成为企业提高员工工作效率、增强竞争力的必要职责。从员工的角度来看,自身的发展进步已经成为他们衡量自己的工作生活质量的一个重要指标。一个企业,发展的机会多,培训的机会多,就意味着晋升的机会多。所以,培训也已经成了员工选择企业的一个优先的指标。对浙江省中小企业而言,要清醒地认识到,随着我国人口红利的逐渐消失,西部等欠发达地区经济的发展,以往只招熟练工,而现今能招到熟练工的时代已经一去不复返了。尽快建立自身的培训体系、落实培训机制的要求已经摆在每个中小企业经营者的面前。重视培训、重视员工的职业发展已经成了浙江省中小企业提高员工满意度和忠诚度,发挥员工才能,提高劳动生产率的必由之路。

二、促进消费者等外部利益相关者的快速成长

消费者、投资者、商业伙伴和竞争者是浙江省中小企业社会责任的外部利益相关者,他们会在很大程度上影响企业的获利能力和水平。为了得到消费者、投资者、商业伙伴的青睐,获得比竞争对手更为强大的竞争优势,企业通常不会漠视他们的价值取向。目前,这些外部力量对于企业履行社会责任的诉求在日益加强,促进他们快速成长,将会极有效地加强浙江省中小企业履行社会责任的意愿,并付诸行动。

此次调查中,浙江省中小企业经营者对履行社会责任认同度最高的是为顾客提供优质的产品,这说明顾客对企业履行社会责任具有明显的促进作用。可以说,这一群体对企业履行社会责任既具有外在的驱动力,又具有内在的驱动力。外在的驱动力主要体现为消费者运动,内在的驱动力主要体现为道德消费主义。在市场经济条件下,消费者往往通过货币投票的方式向企业施加社会责任压力。欧美国家的一些调查结果显示,消费者愿意为符合社会责任的生产方式生产的产品支付更高的价格。他们对企业社会责任的关注主要集中在:是否在企业经营以及企业的整个产品供应链中都充分地保护员工的健康和安全,是否有利于保护环境,是否尊重员工的人权。这就为在这些方面重视社会责任的企业提供了更多的市场机会。早在1999 年,Valetie S. Folkes 和 Michael A. Kamins(1999)就研究发现,当企业

采用不道德的雇佣政策时,无论产品本身质量如何,消费者对企业的印象仍是负面的。Cuitis C. Verschoor(2006)对 800 名成年美国人的电话调查也表明,对待员工的态度被认为是判断企业公民行为好坏的最重要因素,而且会对消费者购买决策产生重要影响。许多学者对以劳工-消费者联盟为基础的社会责任运动保持积极的态度,认为消费者与工人之间的联盟是强大的、持续的,凭借它对利润可能构成的威胁,这种联盟为在全球化的资本主义制度下寻求正义带来了最好的希望。实际上,正是产品市场将消费者与生产产品的企业员工联系了起来,消费者在企业履行社会责任方面的需求或偏好通过产品市场传导至企业的经营管理,推动企业为满足消费者的需求,采取切实的措施履行对员工的社会责任。那些在对待员工方面令消费者满意的企业会在产品市场上取得优势,从而在市场竞争中胜出。

投资者对企业履行社会责任同样具有驱动力,他们可以通过资本的引导,促使企业采取相应的社会责任行为。日渐成为发达国家主流投资组成部分的社会责任投资对此进行了较好的阐释。有资料显示,近年来社会责任投资的发展势头较为强劲。这不仅表现为社会责任投资已遍布美国、加拿大、英国、荷兰、澳大利亚、南非、日本等,而且也体现在社会责任投资的总资产规模也在不断地扩大。随着人们对社会责任投资认识的逐步加深,投资界借助"资本选票",社会责任投资必然成为驱动企业履行社会责任的重要力量之一。

此次调查中,75 家已经通过相关社会责任认证的企业,它们所通过的认证均为采购方要求的认证。这从一个层面说明了商业伙伴对企业履行社会责任的驱动力量也是不可小觑的。这一点也可以通过生产守则运动阐释清晰。生产守则运动始于消费者的抵制购买运动,即消费者出于价值、道德的动机,以抵制购买血汗工厂的产品为由,要求控制市场资源的跨国公司采取相应行动维护与之合作的发展中国家员工的权利。于是,在商品链中处于主导地位的跨国公司纷纷制定生产守则以恢复消费者的信任。不少跨国公司要求与其合作的生产商和供应商遵守相应的劳工标准。这样一来,生产商在劳工方面的表现与产品价格、质量等一起,成为跨国公司选择合作伙伴的重要考量。这在买家主导型的商品链中极为有效。倘若企业在选择商业伙伴时均能将企业社会责任的履行情况作为考量标准之一的话,全社会各产业链形成有责任的商业伙伴体系的时日就不远了。

竞争者对企业履行社会责任的驱动力量则是通过提高自身的责任竞争力迫使其对手被动地提升履行社会责任水平来实现的。责任竞争力一经提出,就得到了广泛的关注和认可。责任竞争力是就企业因履行社会责任而产生的竞争优势而言的。企业履行社会责任能改善竞争环境、消除国际市场的社会责任壁垒,能提升企业品牌、提高人力资源的管理效率、提高顾客的忠诚度、获得更多的投资机会。实际上,国内对竞争力的具体形式上进行的研究与探讨足以说明履行社会责任可以提高企业的竞争力。若从竞争力的基本形式方面考察,也可以得出履行社会责任可以形成企业竞争优势的结论。在商品经济发展到较高水平,物质已不再稀缺甚至较为充裕的条件下,人们购买商品不仅要满足利己性的物质与精神需求,还要满足其关心他人利益和社会公共利益的利他性精神需求。这就不难解释为什么有越来越多的消费者愿意为履行社会责任的企业的产品支付溢价了。当多数竞争者将责任竞争力作为参与市场竞争的手段时,无疑会成为企业履行社会责任的一股驱动力量。

然而,从目前的情况来看,作为企业社会责任动力要素的消费者、投资者、商业伙伴和竞争者尚未完全成长起来,对企业履行社会责任的驱动力量较为微弱。因此,促进作为企业社会责任动力要素的消费者、投资者、商业伙伴和竞争者的快速成长,对提高中小企业履行社会责任的水平无疑是至关重要的。为此,首先,应该通过培训、宣传等方式有计划地增强消费者、投资者、商业伙伴、竞争者履行企业社会责任的意识;其次,构建责任消费、责任投资、责任商业合作以及责任竞争与企业社会责任的互动影响机制。应当说,责任消费、责任投资、责任商业合作以及责任竞争与企业履行社会责任的状况是密切相关的,它们相互影响相互促进。采取措施尽早建立起责任消费、责任注资、责任商业合作以及责任竞争与企业社会责任有效的互动联结、互相影响、互相促进的机制是十分必要的。

第四节 制度动机层面的建议

制度层面的驱动力包括法律法规的强制力、政府政策的引导和鼓励以及非政府组织的推动等。法律法规除了具有强制企业履行社会责任的功能外,其作用还在于净化竞争的环境,防止市场上出现"劣币驱逐良币"现象。而现阶段,面对全球金融危机的影响,浙江省中小企业面临前所未有的经营困境。本书第六章的研究也表明,企业履行社会责任对中小企业的盈利具有直接的影响,此时政府政策的引导和鼓励就显得十分必要和紧迫,而非政府组织在社会责任标准的制定、认证、实施和监督方面具有政府不可替代和不可或缺的重要作用。

一、发挥法律法规的强制作用

（一）完善相关法律法规

发挥法律法规的强制作用，首先要建立健全企业社会责任的相关法律法规，这是政府作为社会管理者的职能之一。应当承认，目前已经建立了一些与企业社会责任密切相关的法律法规、条例，如《公司法》《劳动合同法》《浙江省企业民主管理条例》等。毫无疑问，这些法律法规在促进企业履行企业社会责任方面发挥着无法替代的作用，然而，从总体上看，这些法律法规还存在着许多不尽如人意的地方，需要不断完善。例如，多数法律法规规定的内容过于宽泛，针对某个特别问题的有效性不足。因此，各级政府及相关管理部门应根据不同地区、不同行业的实际情况，制定不同的法规来约束企业的违规行为。实际上，随着时代的进步和人们对企业期望的不断提高，将会有更多关于企业社会责任的内容纳入法律体系之中，因此，建立健全我国企业社会责任的法律法规将是一个长期的、持续的系统工程。

（二）发挥惩戒机制作用，防止出现"劣币驱逐良币"现象

法律法规的另一个重要作用是净化竞争的环境，防止市场上出现"劣币驱逐良币"现象。"劣币驱逐良币"是经济学中的一个著名定律，也是经济学中一个古老的原理，又称"格雷欣法则"。它是由16世纪的英国财政大臣格雷欣提出的。在当时的英国，贵金属不敷造币使用，不得已在新铸造的货币之中加入其他金属，所以，当时市场上就有了两种货币：一种是原先不含杂质的货币，另一种是被加入其他金属的货币。虽然含金量不同，但是这两种货币在法律上的价值却是相等的。结果，人们把成色高的，即贵金属含量高的货币储存起来，在市场上使用成色低的货币进行交易和流通。如此循环，市场上成色高的良币渐渐减少，最后，就只剩下成色低的劣币，良币被驱逐出市场。

这种"劣币驱逐良币"的现象在企业履行社会责任方面，表现为偷税漏税、以次充好、侵害员工权益、污染环境、商业欺诈等扭曲的市场行为，其目的是通过成本转嫁的方式（可能转嫁给政府、消费者、员工），降低企业运行成本，在市场上占据有利态势，取得经营上的现金流、利润、低价位、资产规模的优势。由于不少浙江省中小企业缺少自己独立的核心技术，主要延续着外延式、资源型的粗放化扩大再生产的方式，产品、技术等同质化现象十分明显。因此,这些通过不道德手段排斥其他企业的行为一旦得逞,那些奉公守法,通过自己的努力和辛勤劳动运行的中小企业,在这场扭曲的市场竞争中就会居于劣势,要么被迫改变道德观念和经营方法,采取同样的不道德的做法,变成"劣币"企业;要么被排挤出市场,在竞争中败北。

为此,要加大环境保护、劳动监察等执法力度,建立企业监督机制和惩戒机制。按照《中华人民共和国环境保护法》《中华人民共和国消费者权益保护法》《中华人民共和国劳动合同法》以及其他法律法规的要求,着力监督检查企业环境保护、劳动标准执行、消费者权益保护等情况,切实维护好生态环境、广大消费者和劳动者等利益相关者的各项权益。各级政府应以行政干预和经济协调为手段纠正或惩处逃避履行社会责任的企业,以保证企业对显性和隐性社会责任的有效履行。尤其应当对损害社会利益行为的企业加大法律责任处罚力度,加大对企业损害社会利益行为的经济处罚力度,使得逃避社会责任的成本提高到足够冲抵其收益的水平。企业没有履行相应的法律义务的,则必须追究其法律责任。加强对怠于履行企业社会责任行为的法律制约,使真正损害企业和社会利益的"蛀虫"得到应有的惩罚。加重企业造成事故的相关决策者和责任人应承担的法律责任,有权必有责,有责必要究,这是维持和贯彻履行企业社会责任最有效的防线。

对于拒绝履行社会责任的企业应予以严厉查处,并在各监督部门、行业内和媒体通报、备案,作为重点对象整改;与此同时,还要设立有效的投诉机制,要求司法部门在执法中坚持依法办事、有法必依、违法必究、公正公平的原则,做到"法律面前人人平等";改进执法方式,坚持文明执法、科学执法,坚定执法为民的信念,把普法教育、守法检查与违法惩处有机结合起来。

（三）加强员工的维权意识和能力

目前,浙江省中小企业员工维权意识不强,维权能力也很弱。此次调查中,仍有员工不知道企业是否与自己签了劳动合同,是否缴纳了社保。产生这种状况的原因主要有两个:一是浙江省中小企业的员工素质普遍偏低。从总体上看,大部分员工缺乏基本的法律知识,不了解基本的法律程序,搜集相关证据的能力较差。在这样的情境下,即使出现了劳动侵权也不为其所知,一些已构成事实的劳工纠纷往往也不能够如愿立案。有的员工往往在超过了投诉时间期限以后才想起来报案,以致自身的权益得不到保障。二是多数员工迫于就业压力的威胁抱有"委曲求全"的心态。许多员工单纯地认为,工作的目的就是为了赚钱,只要能够赚到钱,不管怎么辛苦,都能够忍受。在这样的心态下,即使员工应得的利益和权利受到一定程度的侵害,员工在多数情况下也不会十分在意。在对浙江省中小企业的调查中显示,很多员工对工作时间长、没有加班工资等情况基本抱着容忍的态度,也充分说明了这种"委曲求全"的心态。企业作为一个理性的行动者,在短期利益的驱使下自然不愿意主动履行对员工的社会责任。因为在同样的市场和社会环境内,履行对员工的福利待遇、工作条件等社会责任必将提高成本,降低企业的市场竞争实力。久而久之,便会导致"劣币"企业逐渐增加,市场的压力迫使企业为了降低成本越来越倾向于少履行甚至不履行社会责任。

企业越少履行或不履行社会责任,员工的工作热情和工作积极性就越低,进而企业的效率和产出也会越来越差。在极端的情况下,员工还会放弃工作。近年来,频频出现的用工荒现象就在一定程度上印证了这一点。为此,首先要设法提高员工的素质。员工的素质通常被认为是员工从事某项工作需要具备的知识、技巧、品质以及工作的能力等,它是可以衡量、可以开发的员工内在特性。这里的知识包括一定的文化知识和专业知识;技巧包括专业技术技能和一定的创新能力;品质包括思想品质和道德素质;工作能力包括沟通、理解、做事等方面的能力。提高员工的素质不但可以推动企业的健康发展,而且也会成为敦促企业履行社会责任的必要条件。为此,应采取各种措施,如建立健全员工的培训机制、鼓励自学进行知识更新、发挥榜样的示范和带动作用、营造良好的竞争选拔制度等提升员工的素质,使越来越多的人成为具有积极的工作态度、强烈的责任感、良好的品德、较硬的知识技能、丰富的人脉关系、饱满的团队合作精神等特征的高素质的员工,以提升其维权意识和维权能力。

同时,要尽快改变资强劳弱的状况。改革开放以后,由于经济实力、政治影响力等方面的巨大差距,使得劳资双方在契约的签订与执行、劳资纠纷的处理等方面呈现出明显的"资强劳弱"特征。为此,有关部门应采取切实可行的措施,加强对劳动者的保护力度,彻底改变"资强劳弱"的状况。首先,浙江省应制定合理的产业政策,促进产业结构的提升。这是改善劳动关系,提高劳动者地位的基础。其次,鼓励劳动力的自由流动,加快劳动力市场一体化进程。这是保护劳动者利益的基本制度安排。在现阶段,国家层面可通过加快对户籍制度、社会保障制度的改革等,减少劳动力自由流动的各种障碍;浙江省可以通过大力鼓励创新创业,吸纳更多劳动力。最后,帮助员工扫清维权障碍,当务之急是要完善相关的制度设计,通过加强政府监管、完善法律援助等手段,降低员工的维权成本。

二、发挥政府政策的引导和激励作用

面对当前复杂的经济形式,一方面,政府要引导中小企业积极履行社会责任;另一方面,也要制定激励政策,切实减轻企业在履行社会责任方面的负担,避免"倒闭潮""跑路风"的出现。

(一)引导企业履行社会责任

作为浙江省中小企业履行社会责任的引导者,各级政府要从观念、意识方面引导企业及其利益相关者建立起中小企业履行社会责任的意识。这种引导首先可通过各种大众媒体来完成。政府可通过各种大众传媒向整个社会传播积极健康的社会责任意识,使社会中的每一位成员,包括企业经营者、员工、消费者、投资者、供应商等,都能树立企业应该履行社会责任的观念和意识,形成企业在社会责任方面的外部环境压力与影响,提高企业履行社会责任的水平。其次,可通过教育来引导企业。有计划地针对各类人员,如地方政府管理部门的官员、企业经营者、即将申领营业执照的创业者等进行企业社会责任的知识培训,让他们理解企业社会责任对企业发展和地方经济发展的重要意义,帮助企业树立履行社会责任的理念和价值观,建立履行社会责任的管理体系,提升企业的责任竞争力。与此同时,在国民教育,如大学教育中进行商业道德观念的培养及专业课程的教育,使员工在入职前就形成较强的企业社会责任的意识与观念,增强其入职后对自身合法权益的维护。此外,可通过如座谈会、研讨会、媒体发布会、建立企业社会责任咨询网站等方式,展开对企业社会责任的理论研究与对策探讨,倾听来自各方面的声音,引发更加广泛的讨论,让履行企业社会责任的观念更加深入人心。

将企业社会责任的内容纳入现行的企业评价体系。在发达国家,对企业的评价大多是从经济、社会和环境三个方面入手的,经济指标是最基本的评价指标,此外还有许多关于企业社会责任的评价指标,如员工结构的多元性、劳资关系、健康与安全、雇用童工情况、是否存在强迫劳动、工作时间、工资报酬等。许多跨国公司把履行企业社会责任作为实现企业好公民形象的条件,并将企业社会责任作为一个制度化、规范化的管理体系,有明确的计划、有专门的部门负责、有一定的经费保障、有可操作的规范化的管理程序。然而在我国,对企业的评价仍主要停留在经济指标上,这样的评价体系已经不能适应经济全球化的趋势和要求,也不利于企业提高国际竞争力。因此,在参照国际相关标准的基础上,由全国总工会、人力资源社会保障部、国家

标准化管理委员会等部门牵头,结合我国实际情况,制定符合我国特点的企业社会责任标准,并建立相应的企业社会责任评估机构,对我国不同行业的企业社会责任绩效进行评估,以提高企业履行社会责任的积极性。

目前国际上出现的社会责任认证组织都是民间组织,这些标准都是以发达国家的立场、眼光和实际情况制定的,对发展中国家来说,这些标准往往是难以达到的。如果要想通过认证,企业往往需要付出较大的代价。因此,在国家层面未出台相关标准前,建议浙江省有关部门和行业协会联合讨论制定浙江省地方性的企业社会责任评价标准。根据企业社会责任的国际标准,结合浙江省中小企业发展的阶段性和行业特点,建设一个符合浙江省情的中小企业社会责任标准评估体系,并积极向国际社会推广,争取获得国外跨国公司的认可,以帮助浙江省中小企业减少由此导致的贸易壁垒,获取更多的外贸订单。

(二)实施功能性财政政策

功能性财政政策,是指政府通过税收、财政补贴和采购等方式影响企业的行为。通过第六章的分析可以得知,《劳动合同法》实施后,浙江省中小企业由于需要承担比以往更多的员工社会责任,不可避免地导致成本上升,利润率降低。

为此,需要各地政府全面落实国家对企业的各类税收优惠政策,包括增值税转型改革、出口退税、高新技术企业税收优惠等。针对浙江省中小企业的实际情况,适当提高小微企业年所得额标准,扩大小微企业享受低税率优惠政策的范围。为扶持中小企业发展,在对企业进行技术转让实现所得享受减免税这一优惠政策保留的基础上,增加对受让方以受让技术实现一定所得税减免的优惠,鼓励企业在自身研发能力弱,或者不能自行研发的情况下,积极引进技术,并将其转化为生产能力。同时,要进一步提高征管质量,规范税收执法,强化执法风险。避免出现税收行政执法不规范,乱收税、多收税、收人情税等问题。为此,一是要对所属的行政执法部门制定统一规范制度以约束执法队伍;二是要在执法队伍中建立相互约束机制,避免相关部门互相默契应对,给社会造成官官相护的恶劣形象。此外,在取消和暂停征收各类行政事业性收费,降低部分涉企经费服务性收费标准的基础上,继续"减、免、缓、停"一批行政事业性收费,进一步规范中介服务类收费。

同时,推行各类优惠政策,缓解《劳动合同法》的实施对浙江省中小企业带来的冲击。允许困难企业在一定时期内缓缴社会保险费,社会保险费缴纳比例继续实行临时性下浮;使用失业保险基金帮助困难企业稳定就业岗位;支持困难企业通过开展员工在岗培训等方式稳定员工队伍;鼓励和引导员工与企业依法平等协商,实施灵活的工时制度等。

创新金融服务,缓解中小企业融资难题。第二章分析了浙江省中小企业所面临的困境,其中融资难、融资贵成了企业发展的主要瓶颈。为此,要积极拓展中小企业多元化融资渠道,推进一批成长性好的中小企业在创业板、新三板上市,推进无形资产质押和农民住宅产权、林权抵押等贷款改革。学习义乌出台的允许个体户用市场商位使用权作为质押贷款的政策,大力推进股权质押贷款、专利权质押贷款、排污许可证质押贷款等措施。加强中小企业信用担保体系建设,促进农村信用社进一步提升活力,加速发展农村商业银行,提高中小企业的融资服务功能。加快推动小额贷款公司发展,完善中小企业金融服务体系。

企业社会责任成本的增加,最终需要企业依靠自身提高劳动生产率、提高产品技术含量和内在价值来解决。为此,政府需要积极支持中小企业提高创新能力,大力拓展市场。提高中小企业的创新能力不仅包括科技创新,还包括商业模式、管理模式、人才培养等各方面的创新。可以推广浙江省衢州市鼓励中小企业创新能力提高的做法,通过财政补助等方式分项目支持中小企业发展,项目类别可以包括新创型中小企业资金补助、初创型中小企业发展资金补助、中小企业上台阶奖励、中小企业质量管理、品牌和标准化建设奖励、中小企业商标品牌奖励、微型企业创业培训资金补助、科技资源平台建设项目资金补助等。

可通过政府购买中介组织服务或提供资金资助的方式,帮助企业建立科学的管理制度,对企业为规范管理而发生的管理咨询、信息化建设、人员培训、财务制度建设、法律咨询、资产评估和办理工商登记变更手续等进行财政补贴。商业模式的创新是推动经济发展的重要方面,能帮助企业迅速扩大市场,产生巨大的经济社会效益。可以建立商业模式创新备案登记制度,鼓励民间资本搭建新兴商业模式交流互动平台和创意与资金对接平台,对有较好的社会效益的项目给予一定的财政支持。

浙江省中小企业难以吸引人才的重要原因之一是难以解决各类人才的长效激励问题。相比于事业单位和国有企业而言,无论是管理人才还是科技人员,对浙江省中小企业的长期发展能力和个人发展前途都抱有不确定性。因此,建议为服务于中小企业的各类人才提供长效发展的制度保障,如通过创新制度设计,在一定条件下给予中小企业管理人才和技术人员事业编制；为中小企业管理人才和技术人员学习交流提供平台支持；完善管理和技术入股等激励机制，解决他们的住房和子女入学问题，从而最大限度地调动中小企业管理和科技创业创新人员的积极性。为解决浙江省各地屡屡出现的用工荒问题，建议加强职业院校与企业合作的力度，建立教师和企业技术人员的流动机制；实行中等职业教育免费或学费减免机制；为外来务工人员子女享受义务教育提供政策保障，向外来务工人员子女开放省内中等职业教学资源。

三、借助非政府组织力量推动

随着企业社会责任运动的开展，国内一些与企业社会责任相关的非政府组织也逐渐成长起来，成为促进企业履行社会责任的不可或缺的力量。2005 年 4 月，国内第一个行业自律性的社会责任管理体系，即中国纺织企业社会责任管理体系（CSC 9000T）得以通过，为我国企业社会责任的实施提供了良好的参考依据。2008 年，由义乌市总工会牵头制定了《企业社会责任义乌标准 YW 2009》，与 SA 8000 标准相比，义乌标准更严、更细。SA 8000 标准的评判围绕劳动关系进行，缺乏对资源、环境的考量。而义乌标准的评判以劳动关系、自然关系、社会关系为重点，共分劳动合同、社会保险、工资福利等 17 大项，涉及 61 个具体内容。其目的是将企业社会责任纳入规范化公共管理轨道，推动社会责任从企业"自我约束"到"社会约束"的转变。当年 9 月，依据这一标准，经评审最后确定 15 家企业为义乌"最具社会责任企业"。可见，非政府组织在促进企业社会责任履行方面可以发挥其积极的作用。

首先，作为外向型经济发展大省，政府应积极鼓励省内非政府组织参加国际劳工组织关于贸易与劳工标准、经济全球化的讨论，主动与国际上有关实施社会责任条款的非政府组织进行对话，增进相互了解，减少这些条款对浙江省中小企业造成的影响。同时，应继续积极完善各行各业的社会责任标准，以规范各行各业的企业用工行为。

其次，积极发挥行业协会等非政府组织的作用。截至 2013 年，浙江全省有省级行业协会近 120 家，这些行业协会在规范行业企业行为方面起到了重要的作用。企业社会责任包含了政府、社会、公众、企业、员工等多方面的需求，它的建设要遵循社会发展和企业发展规律，采用灵活多样、循序渐进的软性推进机制，才能达到理想的效果，而承载该软性推进机制的主体则是非政府组织。非政府组织作为社会性组织，可以灵活运用各种柔性事务，对相关行为形成约束力和推动力,而其中行业协会更是起到了无可取代的关键作用。一是行业协会具有重要的服务功能,它可以为企业履行社会责任提供信息咨询、教育培训等服务;二是行业协会作为政府与企业之间的桥梁,具有重要的沟通功能,既向政府传达企业的基本需求,也协助政府制定和实施行业发展规划、产业政策及相关法规;三是行业协会具有重要的监督职能,即对本行业产品和服务质量、经营作风等进行严格监督,打击违法、违规行为。因此,充分发挥非政府组织尤其是行业协会的协调和监督作用对于推进企业社会责任的履行具有显著作用。

最后,建立相关的认证和评比制度。非政府组织不但可以通过认证,对积极履行社会责任的企业颁发荣誉证书,而且还可以通过开展诸如最佳雇主、最有社会责任感的企业的评比,对那些履行社会责任的优秀企业给予肯定的评价和奖励,使其获得持续发展的动力;而对那些不能较好地履行社会责任的企业给予否定的评价,以降低其公信力,迫使其履行应有的社会责任。

中小企业承担社会责任是一项系统工程,需要政府引导和鼓励,需要媒体宣传和监督,需要消费者和商业伙伴等利益相关者督促和支持,需要行业协会规范和指引,更重要的是需要企业将其内化为自身发展的内在动力,只有这样,才能有效推进浙江省中小企业社会责任事业的健康发展。

参考文献

[1] 安迪·尼利.企业绩效评估[M].李强,译. 北京:中信出版社,2004.

[2] 阿奇·B.卡罗尔,安·K.巴克霍尔茨.企业与社会:伦理与利益相关者管理[M].5版.黄煌平,译.北京:机械工业出版社,2004.

[3] 曹家彦.企业家社会责任认知与企业社会责任行为关系的研究[D]. 杭州:浙江大学,2009.

[4] 曹雪晨. 企业社会责任成本问题初探[J].财会通讯,2012(1):52-53.

[5] 曾杨.我国企业社会责任认知水平和行为表现关系的实证研究[D]. 西安:西北大学,2011.

[6] 常凯.经济全球化与企业社会责任运动[J].工会理论与实践,2003,17(4):1-5.

[7] 常亚平,阎俊,方琪. 企业社会责任行为、产品价格对消费者购买意愿的影响研究[J]. 管理学报,2008(1):110-117.

[8] 晁罡,袁品.企业领导者的社会责任取向、企业社会表现和组织绩效的关系研究[J].管理学报,2008,5(3):445-453.

[9] 陈传明,周小虎.关于企业家社会资本的若干思考[J].南京社会科学,2001(11):1-6.

[10] 陈汉辉,于欣宁.企业社会资本对社会责任实践影响的实证研究[J].福建金融管理干部学院学报,2012(3):36-42.

[11] 陈宏辉.企业利益相关者的利益要求:理论与实证研究[M].北京:经济管理出版社,2004.

[12] 陈利权.人力资源管理与企业社会责任[M].广州:华南理工大学出版

社,2011.

[13] 陈留彬.中国企业社会责任理论与实证研究[D].济南:山东大学,2006.

[14] 陈涛.略论不确定条件下的本量利动态决策[J].商场现代化,2008(10):360-361.

[15] 陈晓,江东.股权多元化、公司业绩与行业竞争性[J].经济研究,2000(8):28-35.

[16] 陈旭东,余逊达.民营企业社会责任意识的现状与评价[J].浙江大学学报(人文社科版),2007,37(2):69-78.

[17] 陈煦江.企业社会绩效与经济绩效相互关系的实证研究[J].软科学,2010,24(9):100-106.

[18] 陈煦江.我国环境保护政策引起的会计核算问题初探[J].财会月刊:综合版,2006(3):50-50.

[19] 陈迅,韩亚琴.企业社会责任分级模型及其应用[D].重庆:重庆大学,2006.

[20] 陈一春,王建军.本量利分析在企业生产中的应用[J].中国技术经济科学,1997(6):32-43.

[21] 陈幼其.对"企业社会责任缺失"现象盛行的反思[J].探索与争鸣,2006(9):45-47.

[22] 陈玉清,马丽丽.我国上市公司社会责任会计信息市场反应实证分析[J].会计研究,2005(11):76-81.

[23] 崔利宏,李文杰.构建和谐社会与提升民营企业社会责任[J].中央社会主义学院学报,2006(4):50-52.

[24] 崔清泉,丁日佳,桑红莉.企业社会责任成本内涵及其补偿方式研究[J].会计之友旬刊,2012(10):20-21.

[25] 单东.浙江中小民营企业转型升级问题研究[M].杭州:浙江大学出版社,2014.

[26] 刁宇儿.企业社会责任标准的形成机理研究——基于综合社会契约视阈[J].管理世界,2013(7):180-181.

[27] 丁煜.能源企业社会责任与财务绩效关系研究[J].现代商贸工业,2011,23(24):5-8.

[28] 房路生.企业家社会资本与创业绩效关系研究[D].西安:西北大学,2010.

［29］付建龙.论我国企业社会责任法律体系的构建——从毒胶囊事件谈起［J］.特区经济,2012(10):223-225.

［30］高峰,朱军.企业社会责任与财务绩效关系的验证——基于湖南省上市公司数据［J］.长沙理工大学学报,2009,24(4):11-14.

［31］高尚全.企业社会责任和法人治理结构［J］.中国集体经济,2005(1):6-7.

［32］龚鹤强,林健.关系认知、关系运作和企业绩效:来自广东省私营中小企业的实证研究［J］.南开管理评论,2007,10(2):45-53.

［33］郭红玲.消费者视野中的企业社会责任——关于企业社会责任的消费者调研［J］.生态经济,2006(2):73-76.

［34］郝云宏,曲亮,吴波.企业经营绩效评价——基于利益相关者理论的研究［M］.北京:经济管理出版社,2009.

［35］何朝晖.中小企业社会责任与成长性关系研究［D］.长沙:中南大学,2009.

［36］何选良.如何实现保护商业秘密与劳动者自主择业权的平衡［J］.中国人力资源开发,2005(9):70-72.

［37］胡谷乔.利益相关者理论在企业社会责任建设中的作用［J］.广州广播电视大学学报,2009(2):80-84.

［38］黄文彦,蓝海林.我国企业社会责任管理之探讨［J］.科学学与科学技术管理,2006,27(6):129-132.

［39］黄艺红,刘海涌.强化企业社会责任,保护地球生态环境——从企业环境社会责任视角谈环境保护［J］.工业技术经济,2010,29(4):49-51.

［40］黄志锋.规范我国企业社会责任问题的思考［J］.华东经济管理,2010,24(3):91-93.

［41］惠宁,霍丽.企业社会责任的构建［J］.改革,2005(5):88-93.

［42］贾生华,陈宏辉.利益相关者的界定方法评述［J］.外国经济与管理,2002,24(5):13-18.

［43］江玲.企业社会责任成本与收益研究［J］.长春师范大学学报:自然科学版,2014(3):180-183.

［44］姜俊.农业企业的社会责任、创新与财务绩效关系研究［D］.武汉:华中科技大学,2010.

［45］姜启军.企业社会责任和企业经济绩效的关系分析［J］.生产力研究,2007(22):123-125.

[46] 金建江.浙江民营企业的社会责任问题研究[J].杭州研究,2007(4):102-105.

[47] 金立印.企业社会责任运动测评指标体系实证研究——消费者视角[J].中国工业经济,2006(6):114-120.

[48] 阚京华.社会责任及社会责任标准发展趋势——兼述 ISO 26000 社会责任指南[J].国际商务财会,2011(6):31-34.

[49] 孔祥俊.商业秘密保护法原理[M].北京:中国法制出版社,1999.

[50] 黎友焕,龚成威.环境规制下的国外企业社会责任运动及启示[J].世界环境,2008(3):26-29.

[51] 黎友焕.企业社会责任研究[D].西安:西北大学,2007.

[52] 李红玉,陆智强,姚海鑫.社会责任对公司绩效的作用机理——基于社会资本的一个理论解释[J].软科学,2009,23(10):133-137.

[53] 李红玉.中国企业社会责任与企业绩效的关系研究[D].沈阳:辽宁大学,2007.

[54] 李季.企业社会表现与企业绩效关系[D].上海:复旦大学,2008.

[55] 李健,邱立成,安小会.面向循环经济的企业绩效评价指标体系研究[J].中国人口·资源与环境,2004,14(4):121-125.

[56] 李健,徐世刚.民营企业战略型企业社会责任研究——以温州民营企业为例[M].上海:上海社会科学院出版社,2014.

[57] 李金林,赵中秋.管理统计学[M].北京:清华大学出版社,2006.

[58] 李抗.企业社会责任对绩效的影响研究[D].成都:西南财经大学,2010.

[59] 李立清,陈冬林,李燕凌.SA 8000 引领人本管理时代[J].企业改革与管理,2005(2):54-55.

[60] 李立清.企业社会责任评价理论与实证研究:以湖南省为例[J].南方经济,2006(1):105-118.

[61] 李丽.社会责任管理体系(SA 8000)对我国出口的影响及对策研究[J].中国 ISO 14000 认证,2003(2):23-27.

[62] 李巍,许晖.企业社会资本、市场知识能力与经营绩效的关系研究——社会网络的分析视角[J].软科学,2012,26(10):93-98.

[63] 李伟.企业社会责任与财务绩效关系研究——基于交通运输行业上市公司的数据分析[J].财经问题研究,2012(4):89-94.

[64] 李文川,卢勇,张群祥.西方企业社会责任研究对我国的启示[J].改革

与战略,2007(2):109-112.

[65] 李文祥.中国企业社会责任行为的取向变迁及其调控[J].长春工程学院学报(社会科学版),2005(4):15-18.

[66] 李心合.利益相关者财务论——新制度主义与财务学的互动和发展[M].北京:中国财政经济出版社,2003(10):10-15.

[67] 李新娥,穆红莉.企业社会责任和企业绩效关系的实证研究[J].企业经济,2010(4):104-107.

[68] 李学忠,洪玉.2014 解读浙江经济[M].杭州:浙江工商大学出版社,2014.

[69] 李亚.民营企业公司治理[M].北京:机械工业出版社,2006.

[70] 李艳华.中国企业社会责任研究[D].广州:暨南大学,2006.

[71] 李正,向锐.中国企业社会责任信息披露的内容界定、计量方法和现状研究[J].会计研究,2007(7):3-11.

[72] 李正.企业社会责任与企业价值的相关性研究:来自沪市上市公司的经验证据[J].中国工业经济,2006(2):77-79.

[73] 梁桂全.企业社会责任:跨国公司全球化战略对我国企业的挑战[J].WTO 经济导刊,2004(12):91-92.

[74] 林军.美国企业的社会责任及对我国的启示[J].经济管理,2004(1):85-88.

[75] 林万祥,肖序.企业环境成本的确认与计量研究[J].财会月刊,2002(6):14-16.

[76] 林治波.企业需要担当社会责任[N].人民日报,2006-04-7.

[77] 刘爱玉.社会学视野下的企业社会责任——企业社会责任与劳动关系研究[M].北京:北京大学出版社,2013.

[78] 刘彩华,高晶,王春柳.中小企业社会责任信息披露对财务绩效的驱动性分析[J].财会通讯,2011(8):47-49.

[79] 刘红霞.中国企业社会责任成本支出研究[J].中央财经大学学报,2008(6):80-87.

[80] 刘建秋,宋献中.社会责任与企业价值创造研究:回顾与展望[J].中南财经政法大学学报,2010 (3):101-105.

[81] 刘娇.供应链社会资本与创业绩效的关系研究[D].杭州:浙江理工大学,2011.

[82] 刘军胜.劳动关系八大热点[J].企业管理,2004(2):4-7.

[83] 刘俊海.公司的社会责任[M].北京:法律出版社,1999.

[84] 刘丽萍.引导企业履行社会责任的财税政策思考[J].地方财政研究, 2009(1):65-68.

[85] 刘连煜.公司治理结构与公司社会责任[M].北京:中国政法大学出版 社,2001.

[86] 刘世玉.企业承担社会责任的成本与收益补偿研究[J].东北财经大学 学报,2009(6):73-76.

[87] 刘松博.管理学研究领域中各类"资本"概念的相互关系[J].江淮论坛, 2008(5):11-16.

[88] 刘显法,张德.企业领导者价值观与企业节能绩效关系的实证研究 [J].中国软科学,2007(7):71-78.

[89] 刘小杏.本量利分析模型的扩展与应用研究[D].北京:北京林业大 学,2010.

[90] 刘长喜.利益相关者、社会契约与企业社会责任——一个新的分析框架 及其应用[D].上海:复旦大学,2005.

[91] 柳冰.工作满意度、组织承诺与员工忠诚度的关系研究[D].杭州:浙江 理工大学,2008.

[92] 龙晓枫.中小企业的社会责任及其与企业竞争力的关系——对武汉市 中小企业的调查[J].中国集体经济,2008(12):16-17.

[93] 卢代富.发达国家企业社会责任运动[J].WTO经济导刊,2006(7): 94-95.

[94] 卢代富.企业社会责任的经济学与法学分析[M].北京:法律出版 社,2002.

[95] 卢东,坡帕克.消费者对企业社会责任行为的评价研究[J].管理评论, 2010,22(12):70-78.

[96] 陆凤林,徐立青.中小企业社会责任投入成本与收益分析[J].商业时 代,2007(3):53-54.

[97] 陆辽,王昕.社会资本综述及分析框架[J].商业研究,2012(2): 141-145.

[98] 吕淑丽.企业家社会资本对技术创新绩效的影响[J].情报杂志,2010, 29(5):107-112.

[99] 吕英,王正斌.国内外企业社会责任理论综述[J].合作经济与科技, 2008(24):26-28.

[100] 吕英,王正斌.基于员工视角的企业社会责任与员工满意度关系的实证研究——以西安地区 IT 和零售企业为例[J].大连理工大学学报(社会科学版),2009(3):50-55.

[101] 马龙龙.基于"三省千企"调查和"2S+2C"框架的 CSR 影响机制与推进方略研究[M].北京:中国经济出版社,2010.

[102] 马力,齐善鸿.公司社会责任理论述评[J].经济社会体制比较,2005(2):138-141.

[103] 玛丽·奥沙利文.公司治理百年——美国和德国公司治理演变[M].黄一义,谭晓青,冀北鹏,译.北京:人民邮电出版社,2007.

[104] 麦影.企业社会责任理论演进与评述[J].商业时代,2009(17):46-47.

[105] 苗婷婷,徐鑫.基于过程视角的企业社会责任评价指标体系[J].吉林工商学院学报,2010,26(3):63-69.

[106] 苗雨君.企业社会责任成本财务报告改进研究[J].财会通讯,2010(25):38-39.

[107] 莫仲宁,高清.和谐社会视野下我国企业社会责任机制建设[J].攀登,2009(6):85-89.

[108] 南林君.中国企业社会责任评选[N].南方周末,2011-01-10.

[109] 宁向东.企业社会责任之本[J].IT 经理世界,2007(10):97-97.

[110] 潘明星,韩丽华.政府经济学[M].4 版.北京:中国人民大学出版社,2003.

[111] 彭华岗.中国企业社会责任信息披露理论与实证研究[D].长春:吉林大学,2009.

[112] 乔治·恩德勒.公司社会责任究竟意味着什么[N].文汇报,2006-02-19.

[113] 屈晓华.企业社会责任演进与企业良性行为反应的互动研究[J].管理现代化,2003(5):13-16.

[114] 荣桂范,张晓峰.浅析多元化与内部资本市场配置效率[J].财会通讯:综合,2011(26):58-59.

[115] 沈蓓蕾.我国上市食品企业社会责任与财务绩效的关系[J].经营与管理,2013(11):75-77.

[116] 沈洪涛,万拓,杨思琴.我国企业社会责任报告鉴证的现状及评价[J].审计与经济研究,2010,25(6):68-74.

[117] 沈洪涛,王立彦,万拓.社会责任报告及鉴证能否传递有效信号?——基

于企业声誉理论的分析[J].审计研究,2011 (4):87-93.

[118] 沈洪涛,杨熠.公司社会责任信息披露的价值相关性研究——来自我国上市公司的经验证据[J].当代财经,2008 (3):103-107.

[119] 沈洪涛.公司社会责任与公司财务业绩关系研究[D].厦门:厦门大学,2005.

[120] 石晓梅.论私营企业的社会责任[J].行政论坛,2006(1):73-76.

[121] 苏琦.企业社会责任研究——以中国民营企业为例[M].北京:中国书籍出版社,2013.

[122] 孙红梅.企业社会责任会计体系构建研究[M].上海:上海财经大学出版社,2014.

[123] 孙静.简析国有企业社会责任成本管理体系的构建[J].中国集体经济,2009(13):166-167.

[124] 孙向东.论利润最大化与企业社会责任[J].财会通讯,2009(3):92-94.

[125] 谭杰,杨立社.基于利益相关者理论的企业社会责任评价量表的构建与检验[J].现代经济,2010,09(10):16-19.

[126] 谭深,刘开明.跨国公司的社会责任与中国社会[M].北京:社会科学文献出版社,2003.

[127] 田虹,袁海霞.企业社会责任匹配性何时对消费者品牌态度更重要——影响消费者归因的边界条件研究[J].南开管理评论,2013(3):101-108.

[128] 田虹.企业社会责任与企业绩效的相关性——基于中国通信行业的经验数据[J].经济管理,2009(1):72-79.

[129] 田田,李传峰.论利益相关者理论在企业社会责任研究中的作用[J].江淮论坛,2005(1):17-23.

[130] 田钊平.国有企业的社会责任成本分析[J].兰州学刊,2004(2):72-74.

[131] 王大超,张丽莉.中国企业社会责任现状与提升措施[J].北方论丛,2005(2):142-144.

[132] 王怀明,宋涛.我国上市公司社会责任与企业绩效的实证研究——来自上证180指数的经验证据[J].南京师大学报(社会科学版),2007(2):58-75.

[133] 王茂林.我国企业社会责任的新内涵与新要求[J].经济研究参考,

2013(28):5-9.

[134] 王毅,陈劲,许庆瑞.企业核心能力测度方法述评[J].科技管理研究,
2000(1):5-8.

[135] 温素彬,薛恒新.基于科学发展观的企业三重绩效评价模型[J].会
计研究,2005(4):60-64.

[136] 温素彬.基于可持续发展的企业绩效评价研究[M].北京:经济科学出
版社,2006.

[137] 吴福顺.企业社会责任:不是多余的概念——企业社会责任的渊源
[J].WTO经济导刊,2006(6):91-93.

[138] 吴功德,黄攸立.劳动关系管理和组织绩效的关系及其作用机制探析
[J].中国人力资源开发,2005(6):70-73.

[139] 席建国.企业的社会责任不仅仅是纳税[J].中国经济周刊,2005(45):
12-13.

[140] 谢守祥,强薇.基于利益相关者的公司社会责任与公司业绩的关系研
究——来自长三角地区中小企业的数据[J].中国管理信息化,2009
(12):47-50.

[141] 熊明华.ISO 2600社会责任指南标准促进我国外贸企业发展的战略
利益分析[J].经营管理者,2014(2):222.

[142] 熊明华.ISO 9000质量体系认证对华东地区出口贸易影响的实证分
析[J].国际贸易问题,2004(10):17-19.

[143] 熊明华.SA 8000与ISO 26000社会责任标准之比较分析[J].对外经
贸实务,2012(11):50-52.

[144] 熊明华.浙江省外贸企业员工权益保障现状的调查[J].管理学家,
2013(11):392-393.

[145] 熊明华.中美贸易壁垒调查制度的比较研究[J].经济社会体制比较,
2008(5):165-170.

[146] 徐少锋.我国中小企业社会责任成本与企业效益关系研究[D].北京:
北京交通大学,2008.

[147] 亚瑟·赛斯尔·庇古.福利经济学[M].上海:上海财经大学出版
社,2009.

[148] 杨海燕,许家林.企业社会责任报告第三方审验主要标准述评[J].证
券市场导报,2009(12):60-65.

[149] 杨继瑞,李晓涛,黄善明.企业社会责任的治理及对策思考[J].福建论

坛,2005(1):111-114.

[150]杨占营.社会责任与企业宪章[J].管理科学,2005,18(1):7-14.

[151]姚海鑫,陆智强,李红玉.企业社会责任对股东财富影响的实证研究[J].东北大学学报(社会科学版),2007,9(4):315-320.

[152]姚红杰.新《劳动合同法(草案)》解读——从人力资源管理的角度谈起[J].玉溪师范学院学报,2006(12):11-13.

[153]易开刚.和谐社会背景下当代企业的社会责任观[J].管理世界,2008(12):175-176.

[154]易开刚.民营企业承担社会责任的理论与实证研究——以浙江民营企业为例[M].北京:中国社会科学出版社,2011.

[155]尹军.中小企业社会责任与企业绩效关系研究[D].金华:浙江师范大学,2007.

[156]余舒.我国企业承担社会责任及其评价指标体系研究[D].天津:天津财经大学,2009.

[157]袁家方.企业社会责任[M].北京:海洋出版社,1990.

[158]张广玲,付祥伟,熊啸.企业社会责任对消费者购买意愿的影响机制研究[J].武汉大学学报(哲学社会科学版),2010(2):244-248.

[159]张建同,朱立龙.企业的社会责任与企业绩效的相关性研究[J].华东经济管理,2007(7):94-97.

[160]张金如.2014浙江省中小企业发展报告[M].杭州:浙江工商大学出版社,2014.

[161]张兰霞,赵咏梅.我国劳动关系层面的企业社会责任[M].北京:经济科学出版社,2013.

[162]张涛,孙红艳,张佑泽.国有工业企业社会责任与财务绩效关系研究——基于山东省国有工业企业2007—2008年数据[J].山东财政学院学报,2011(3):88-93.

[163]张伟斌.2013年浙江发展报告[M].杭州:杭州出版社,2013.

[164]张伟斌.2015年浙江发展报告[M].杭州:浙江人民出版社,2015.

[165]张文贤.企业社会责任的指标体系设计[J].新资本,2006(5):20-23.

[166]张旭,李亮.企业社会责任表现对员工忠诚度的影响研究[D].大连:大连理工大学,2011.

[167]张亚博.中小企业社会责任与企业价值关系的量化分析[D].长沙:中南大学,2008.

[168] 张玉爽.企业家社会责任认知、企业社会责任行为与企业绩效的关系研究[D].长春:吉林大学,2011.

[169] 章辉美,赵玲玲.企业社会责任研究回顾与综述[J].江汉论坛,2010(1):134-140.

[170] 赵辉,李文川.我国民营企业社会责任的层次性研究[J].经济纵横,2007(10):75-78.

[171] 郑海东.企业社会责任行为表现:测量维度、影响因素及对企业绩效的影响[D].杭州:浙江大学,2007.

[172] 中国企业家调查系统.企业家对企业社会责任的认识与评价——2007年中国企业经营者成长与发展专题调查报告[J].管理世界,2007(6):75-85.

[173] 中华全国工商业联合会.中国民营企业劳动关系报告(2013)[M].北京:法律出版社,2014.

[174] 钟宏武.中央企业履行社会责任存在问题的分析与建议[J].企业经济,2009(1):10-12.

[175] 周奇志,邵飞.企业社会责任成本——效益分析[J].现代商贸工业,2008,20(9):150-151.

[176] 周延风,罗文恩,肖文建.企业社会责任行为与消费者响应——消费者个人特征和价格信号的调节[J].中国工业经济,2007(3):62-69.

[177] 周祖城,张漪杰.企业社会责任相对水平与消费者购买意向关系的实证研究[J].中国工业经济,2007(9):111-118.

[178] 朱伟,陶铸,田小辉.企业社会责任成本——效益分析[J].今日南国,2008(12).85-86.

[179] 朱永明.基于双重约束的企业社会责任体系构建及评价研究[D].天津:天津大学,2013.

[180] 祖良荣.欧洲公司治理体制与企业社会责任重组[J].产业经济研究,2004(5):13-22.

[181] ABAGAIL M W, VAN F D D, CORY K D. Raising rivals' costs through political strategy: an extension of resource-based theory[J]. Journal of Management Studies,2002, 39(5): 707-723.

[182] ABBOR W E, MONSEN R J. On the measurement of corporate social responsibility: self-report disclosure as a method of measuring social involvement[J]. Academy of Management Journal,1979, 22(3):501-515.

[183] ABBOTT W F,MONSEN R J. On the measurement of corporate social responsibility: self-report disclosures as a method of measuring social involvement[J]. Academy of Management Journal,1979, 22 (3):501-515.

[184] ACKERMAN, ROBERT, BAUER, et al. Corporate social responsiveness: modern dilemma [M]. Reston: Reston Publishing Co., Inc. 1976.

[185] ALEXANDER G, BUCHOLTZ R. Corporate social responsibility and stock market performance[J]. Academy of Management Journal, 1978, 21(3):479-486.

[186] ANDERSON E, WEITZB. Determinants of continuity in conventional industrial channel dyads[J]. Marketing Science, 1989(11):310-323.

[187] ANDERSON J C,FRANKEL A W. Voluntary social reporting: an iso-beta portfolio analysis[J]. Accounting Review, 1980, 55(3): 467-479.

[188] ANSOFF H I. Corporate Strategy[M]. New York:McGraw Hill,1965.

[189] ANSOFF H I. The firm of the future[J]. Harvard Business Review, 1965,43(5): 162-178.

[190] ANTIL J H. Socially responsible consumers: profile and implications for public policy[J]. Journal of Macromarketing,1984, 5(2):18-39.

[191] ASHFORTH B E,MAEL F. Social identity theory and the organization[J]. Academy of Management Review,1989,14(1):20-39.

[192] AUPPERLE K E, CARROLL A B, HATFIEL JD. An empirical examination of the relationship between corporate social responsibility andprofitability [J]. Academy of Management Journal, 1985, 28(2):446-463 .

[193] BAGOZZI R P,YI Y,BAUMGARTNER J. The level of effort required for behaviour as a moderator of the attitude-behaviour relation [J]. European Journal of Social Psychology,1990,20(1):45-59.

[194] BAGOZZI R P. The role of social and self-conscious emotions in the regulation of business-to-business relationships in salesperson-customer interactions[J]. Journal of Businesss & Industrial Marketing,2006, 21(7):453-457.

［195］BANSAL P. Evolving sustainably：a longitudinal study of corporate sustainable development［J］. Strategic Management Journal，2005，26(3)：197-218.

［196］BARNEY J. Firm resources and sustained competitive advantage［J］. Journal of Management，1991, 17(1)：99-120.

［197］BARON，DAVID P. Private politics，corporate social responsibility，and integrated strategy［J］. Journal of Economics ＆ Management Strategy，2001, 10(1)：7-45.

［198］BASU K，PALAZZO G. Corporate social responsibility：a process model of Sense-Making［J］. Academy of Management Review，2009，33(1)：122-136.

［199］BECKER-OLSEN K L，CUDMORE B A，HILL R P. The impact of perceived corporate social responsibility on consumerbehavior［J］. Journal of Business Research，2006, 59(1)：46-53.

［200］BERENS G. Essentials of corporate Communication：implementing practices for effective reputation management［J］. Corporate Reputation Review, 2007, 10(1)：73-74.

［201］BERKOWITZ L，DANIELS L R. Affecting the salience of the social responsibility norm：effects of past help on the response to dependency relationships［J］. Journal of Abnormal and Social Psychology，1964, 68(3)：275-281.

［202］BIRD R，HALL A D，MOMENT-F，et al. What corporate social responsibility activities are valued by the market? ［J］. Journal of Business Ethics，2007，76(2)：189-206.

［203］BLAIR M M，STOUT L A. A team production theory of corporate law［J］. Virginia Law Review，2001, 27(2)：88-95.

［204］BLAIR M M. Ownership and control：rethinking corporate governance for the twenty-first century ［M］. Washington D. C. ：The Brookings Institution Press，1995.

［205］BLUMENTHAL D，BERGSTROM A. Brand councils that care：towards the convergence of branding and corporate socialresponsibility ［J］. Journal of Brand Management, 2003, 10(4-5)：327-341.

［206］BOWEN F E. Environmental visibility：a trigger of green organizational responsiveness? [J]. Business Strategy and the Environment, 2000, 9(2):92-107.

[207] BOWEN H R,GOND JEAN-PASCAL. Social responsibilities of the businessman [M]. Iowa City:University of Iowa Press,1953.

[208] BOWEN H. Social responsibilities of thebusinessman[M]. New York: Harper Press 1953.

[209] BOWMAN E H,HAIRE M. A strategic posture towards CSR[J]. California Management Review,1975,18 (2):49-58.

[210] BRAGDON J H,MARLIN,J T. Is pollutionprofitable? [J]. Risk Management,1972 (4): 9-18.

[211] BRAMMER S ,WILLIAMS G,ZINKIN J. Religion and attitudes to corporate social responsibility in a large cross-country sample[J]. Journal of Business Ethics,2007, 71(3):229-243.

[212] BRANCO M C,RODRIGUES L L. Factors influencing social responsibility disclosure by portuguese companies[J]. Journal of Business Ethics,2008, 83(4):685-701.

[213] BRICKSON S L. Organizational identity orientation: The genesis of the role of the firm and distinct forms of social value[J]. Academy of Management Review, 2007(7):864-888.

[214] BRIDGES S,HARRISON J K. Employee perceptions of stakeholder focus and commitment to the organization[J]. Pittsburg State University-Department of Economics,2003,15(4):498-509.

[215] BROOKS S. Corporate social responsibility and strategic management:the prospects for converging discourses[J]. Strategic Change, 2005, 14(7):401-411.

[216] BROWN T J,DACIN P A. The company and the product: corporate associations and consumer product responses[J]. Journal of Marketing,1997, 61(1):68-84.

[217] BROWNE S E. Determinants of corporate social performance:an exploratory investigation of top management teams, CEO compensation,and CEO power[D]. Fort Lauderdale:Nova Southeastern University,2003.

[218] BRUMMER J. In defense of socialresponsibility[J]. Journal of Busi-

ness Ethics,1983,2(2):111-122.

[219] Business for Socialresponsibility. BSR report 1997 [R]. New York,1997.

[220] CALVERAS A,GANUZA J J,LLOBET G. Regulation,corporate social responsibility and activism[J]. Journal of Economics & Management Strategy,2007,16(3):719-740.

[221] CAMPBELL D,CRAVEN B,SHRIVES P. Voluntary social reporting in three FTSE sectors:a comment on perception and legitimacy [J]. Accounting Auditing & Accountability Journal,2003, 16(4): 558-581.

[222] CARROLL A B. A three-dimensional conceptual model of corporate performance[J]. Academy of Management Review, 1978, 4(4): 497-505.

[223] CARROLL A B. The pyramid of corporate social responsibility: toward the moral management of organizational stakeholders[J]. Business Horizons, 1991, 34(4):39-48.

[224] CASSEL D. Human rights and business responsibilities in the global marketplace[J]. Business Ethics Quarterly,2001, 11(2):261-274.

[225] CHEWNING E, ROELS B. Business through the eyes of faith[M]. New York:Harper Collins Publishers Ltd. , 1990.

[226] CLARK J M. Studies in the Economics of Overhead Costs[M]. Chicago: University of Chicago Press. 1923.

[227] CLARKSON M B E. A stakeholder framework for analyzing and evaluating corporate social performance[J]. Academy of Management Review,1995, 20(20):92-117.

[228] CLARKSON M. A risk based model of stakeholder theory[C]. Proceedings of the Second Toronto conference on stakeholder theory. Toronto:University of Toronto,1994.

[229] COASE R H. The problem of social cost [J]. Journal of Law & Economics,2007,56(4):1-13.

[230] COCHRAN P L,WOOD R A. Corporate social responsibility and financial performance[J]. Academy of Management Journal,1984,27 (1):42-56.

[231] COCHRAN P L,WOOD R A. Corporate social responsibility and financial performance[J]. Academy of Management Journal,1984,27 (1):42-56.

[232] COOPER S M,OWEN D L. Corporate social reporting and stakeholder accountability: the missing link[J]. Accounting Organizations & Society,2007, 32(7-8):649-667.

[233] CORNELL B, SHAPIRO A C. Corporate stakeholders and corporate Finance[J]. Financial Management, 1987(1):5-14.

[234] CREYER E H,ROSS W T. The influence of firm behavior on purchase intention:do consumers really care about business ethics? [J]. Journal of Consumer Marketing,1997,14(6):421-432.

[235] DAVIS K. A method of studying communication patterns in organizations[J]. Personnel Psychology, 1953, 6(3):301-312

[236] DAVIS K. Can business afford to ignore socialresponsibilities? [J]. California Management Review,1960, 2(3):70-76.

[237] DAYTON K. Experimental evaluation of ecological dominance in a rocky intertidal algal community[J]. Ecological Monographs, 1975 (2):137-159.

[238] DEVINNEY T M, AUGER P, ECKHARDT G, et al. The other CSR: consumer socialresponsibility[J]. Stanford Social Innovation Review,2006(3):30-37.

[239] DIERKES M,COPPOEK R. Europe tries the corporate social report [J]. Business and Society Review,1977(2):21-24.

[240] DOH J P,GUAY T R. Corporate social responsibility,public policy, and NGO activism in europe and the United States:an institutional stakeholder perspective[J]. Journal of Management Studies,2006, 43(1):47-73.

[241] DONALDO,HEBB. The organization of behavior [M]. New York: Wiley & Sons,1949.

[242] DONALDSON T, DUNFEE T W. Toward a unified conception of business ethics:integrative social contracts theory[J]. The Academy of Management Review,1994, 19(2): 252-284.

[243] DONALDSON,T,DUNFEE T W. Ties that Bind:A Social Contracts

Approach to Business Ethics [M]. Boston: Harvard Business School Press,1999.

[244] DOWLING G R. Corporate reputations: should you compete on yours? [J]. California Management Review,2004,46(3):19-36.

[245] DRUCKER P F. Management: tasks,responsibilities,practices[M]. New York: Truman Talley Books,1973.

[246] DRUCKER P F. The practice of management[M]. New York: Harper Press,1954.

[247] DU S,BHATTACHARYA C B,SEN S. Maximizing business returns to corporate social responsibility(C)SR: the role of CSR communication[J]. International Journal of Management Reviews,2010, 12(1):8-19.

[248] DU S,BHATTACHARYA C B,SEN S. Reaping relational rewards from corporate social responsibility: the role of competitive positioning[J]. International Journal of Research in Marketing, 2007, 24(3):224-241.

[249] DUNFEE T W,DONALDSON T J. Integrative social contracts theory: a communitarian conception of economic ethics[J]. Economics and Philosophy,1995,11(1):85-112.

[250] EELLS R, WALTON C. The conceptual foundations ofbusiness [M]. Berlin:Springer Netherlands,1974.

[251] EILBIRT H,PARKET I R. The corporate responsibility officer: a new position on the organization chart[J]. Business Horizons,1973, 16(1):45-51.

[252] ELKINGTON,J. Partnerships from cannibals with forks: the triple bottom line of 21st centurybusiness[J]. Environmental Quality Management,1998,8(1):37-51.

[253] ENGEL J F, BLACKWELL R D, MINIARD P W. Consumer Behavior[M]. New York: Dryden Press, 1995.

[254] European Commission. "Promoting a European framework for corporate social responsibility" in green paper[R]. Luxembourg: Office for Official Publications of the European Communities, 2001.

[255] FAUZI H,MAHONEY L S,RAHMAN A A. The link between cor-

porate social performance and financial performance: evidence from indonesian companies[J]. Social Science Electronic Publishing,2009, 1(1):149-159.

[256] FERNANDEZ A, YOUNG R. Corporate social responsibility: the effects of the federal corporate sentencing guidelines on a representative self-interested corporation[J]. 2003:1479-5124.

[257] FISHBEIN M, AJZEN I. Belief, attitude, intention and behaviour: an introduction to theory and research[J]. Philosophy & Rhetoric, 1975,41(4):842-844.

[258] FISKE S T. Controlling other people: the impact of power on stereotyping[J]. American Psychologist,1993, 48(6):621-628.

[259] FOGLER H R, NUTT F. A note on social responsibility and stock valuation[J]. Academy of Management Journal, 1975, 18 (1): 155-160.

[260] FOLKES V S, KAMINS M A. Effects of information about firms' ethical and unethical actions on consumers' attitudes[J]. Journal of Consumer Psychology,1999, 8(3):243-259.

[261] FORBRUN C, SHAULEY M. What's in a name: reputation building and corporate strategy[J]. Academy of Management Journal,1990, 33(2):233-258.

[262] FRANCOIS-LECOMPTE A, ROBERTS J A. Developing a measure of socially responsible consumption in France[J]. Marketing Management Journal, 2006,16(2):50.

[263] FREDERICK W C. Corporate social responsibility in the Reagan era andbeyond[J]. California management review,1983, 25(3):145-157.

[264] FREDERICK W C. The growing concern over businessresponsibility [J]. California Management Review,1960,2(4):54-61.

[265] FREEDMAN M, STAGLIANO A J. Differences in social-cost disclosures: a market test of investor reactions[J]. Accounting, 1991, 4(1):68-83.

[266] FREEMAN R E. Strategic management: a stakeholder approach [M]. Boston:Boston Platman Press,1984.

[267] FRIEDMAN M. Capitalism and freedom[M]. Chicago:Chicago Uni-

versity Press,1962.

[268] GEVA A. Three models of corporate social responsibility: Interrelationships between theory,research and practice[J]. Business & Society Review,2008, 113(1):1-41.

[269] GOERING G E. Corporate social responsibility,durable-goods and firmprofitability [J]. Managerial & Decision Economics, 2010, 31(7):489-496.

[270] GOUGH H G,MCCLOSKY H,MEEHL P E. A personality scale for socialresponsibility[J]. Journal of Abnormal and Social Psychology, 1952, 47(47):73-80.

[271] GRANT R M. The resource-based theory of competitive advantage: implications for strategy formulation[J]. California Management Review,1991, 33(3):3-23.

[272] GREENLEY G E,FOXALL G R. Multiple stakeholder orientation in UK companies and the implications for company performance[J]. Journal of Management Studies,1997, 34(2):259-284.

[273] GRIFFIN J J, MAHON,JOHN F. The corporate social performance and corporate financial performance debate: twenty five years of incomparable research[J]. Business & Society, 1997, 36(36):5-31.

[274] HANDELMAN J M,ARNOLD S J. The role of marketing actions with a social dimension:appeals to the institutional environment[J]. Journal of Marketing,1999, 63(3):33-48.

[275] HANNAN M T,FREEMAN J. Structural inertia and organizational change[J]. American Sociological Review,Social Science Electronic Publishing, 1984, 49(2):149-164.

[276] HARRIS D B. A scale for measuring attitudes of social responsibility in children[J]. Journal of Abnormal & Social Psychology, 1957 (55): 322-326.

[277] HARRISON R. Corporate social responsibility and the consumer movement[J]. Consumer Policy Review, 2003(4):127-131.

[278] HART S. A natural resource-based view of the firm[J]. Academy of Management Review,1995, 20(20):986-1014.

[279] HAYEK F A,FRIEDMAN M,CLAASSEN E M. The theory of cur-

rency competition[M]. Berlin:Springer Netherlands,1984.

[280] HECKSCHER E F. The effect of foreign trade on the distribution of national income [J]. Ekonomisk Tidskrift,1919,21:1-32.

[281] HESKETT J L. Beyond customer loyalty [J]. Managing Service Quality,2002,12(6):355-357.

[282] Hewitt Associates INC. Employers studies 2013 [R]. Illinois,2014.

[283] HILL C,JONES T M. Stakeholder-agency theory[J]. Journal of Management Studies,1992, 29(2):131-154.

[284] HILLMAN A J,KEIM G D. Shareholder value, stakeholder management, and social issues: what's the bottom line? [J]. Strategic Management Journal,2001, 22(2):125-139.

[285] HMIELESKI K M, CORBETT A C. The contrasting interaction effects of improvisational behavior with entrepreneurial self-efficacy on new venture performance and entrepreneur work satisfaction[J]. Journal of Business Venturing,2008,23(4):482-496.

[286] HOCH S J,HA Y W. Consumer learning: advertising and the ambiguity of product experience[J]. Journal of Consumer Research,1986, 13(2):221-233.

[287] HOLMAN W R, NEW J R,SINGER D. The impact of corporate social responsiveness on shareholder wealth[J]. Research in Corporate Social Performance and Policy,1985(7):147.

[288] IGALENS J, GOND J P. Measuring corporate social performance in France: a critical and empirical analysis of ARESE data[J]. Journal of Business Ethics,2005, 56(2):131-148.

[289] INGRAM RW, FRAZIER KB. Narrative disclosures in annual reports[J]. Journal of Business Research, 1983(3):49-60.

[290] JAGGI B, FREEDMAN M. An analysis of the informational content of pollution disclosures[J]. Financial Review, 1982(9):142-152.

[291] JAMAL K, BOWIE N E. Bowie. Theoretical considerations for a meaningful code of professional ethics[J]. Journal of Business Ethics,1995(9):703-714.

[292] JENSEN M C,MECKLING W H. Theory of the firm: managerial behaviour, agency costs and ownership structure[J]. SSRN Elec-

tronic Journal,1976, 3(4):305-360.

[293] JOSEPH E. Promoting corporate social responsibility: is market based regulation sufficient? [J]. New Economy,2002, 9(2):96-101.

[294] KEFALAS A G,CARROLL A. Perspectives on environmental protection: a survey of the executive viewpoint[J]. Journal of Environmental Systems,1976,6(3):229-242.

[295] KHANKA S S. Motivational orientation of Assamese entrepreneurs in the SME sector[J]. Journal of Entrepreneurship,2009,18(2):209-218.

[296] KLEIN J, DAWAR N. Corporate social responsibility and consumers' attributions and brand evaluations in a product-harm crisis[J]. International Journal of Research in Marketing,2004,21(3):203-217.

[297] LAFFERTY B A,GOLDSMITH R E. Corporate credibilitys' role in consumers attitudes and purchase intentions when a high versus a low credibility endorser is used in the recipients' access to attitude relevant information in memory[J]. Journal of Business Research,1999, 44(2):109-116.

[298] LEWIS W A. Economic development with unlimited supplies of labour [J]. Manchester School,1969,22(2):139-191.

[299] LICHTENSTEIN D R,DRUMWRIGHT M E,BRAIG B M. The effect of corporate social responsibility on customer donations to corporate-supportednonprofits[J]. Journal of Marketing, 2004 , 68(4):16-32.

[300] LINOWES D F. Future of the accounting profession [J]. Accounting Review,1965, 9(4):589-591.

[301] MACRAE C,ROUSE B, YAN J,et al. Editorial: can brand leadership recover local trust and globalresponsibility? [J]. Journal of Brand Management,2003,10(4):268-278.

[302] MAIGNAN I,FERRELL O C. Corporate Social Responsibility and marketing: an integrative framework[J]. Journal of the Academy of Marketing Science,2004, 32 (1):3-19.

[303] MCADAM T W. How to put corporate responsibility into practice [J]. Business and Society Review,1973(6):8-16.

[304] MCGUIRE J B,SCHNEEWEIS T. Corporate social responsibility and firm financial performance[J]. Academy of Management Journal,1988,31(4):854-872.

[305] MCGUIRE J W. Business and Society[M]. New York: McGraw Hill,1963.

[306] MCWILLIAMS A,SIEGEL D. Corporate social responsibility: a theory of the firm perspective[J]. Academy of Management Review, 2001,26(1):117-127.

[307] MITCHELL R K,AGLE B R,WOOD D J. Toward a theory of stakeholder identification and salience: defining the principle of who and what really counts. academy of management review[J]. Academy of Management Review,1997,22(4):853-886.

[308] MOHR L A, WEBB D J, HARRIS K E. Do consumers expect companies to be socially responsible? The impact of corporate social responsibility on buyingbehavior[J]. Journal of Consumer Affairs, 2005, 35(1):45-72.

[309] MOSKOWITZ M. Choosing socially responsible stocks[J]. Business and Society Review, 1972(1): 71-75.

[310] MOSKOWITZ M. Profiles in corporate responsibility: the ten worst and the ten best[J]. Business and Society Review,1975(13):28-42.

[311] NATALISA D, SUBROTO B. Effects of management commitment on service quality to increase customer satisfaction of domestic airlines in Indonesia[J]. Singapore Management Review, 2003(1): 85-104.

[312] O'DWYER B,OWEN D L. Assurance statement practice in environmental, social and sustainability reporting: a critical evaluation [J]. The British Accounting Review,2005, 37(37):205-229.

[313] OHLIN B, TINTNER G. Die beziehung zwischen internationalem handel und internationalen bewegungen von kapital und arbeit [J]. Journal of Economics,1931,2(2):161-199.

[314] OKUN A M. General economic conditions and national elections: comment [J]. American Economic Review,1973,63(2):172-77.

[315] OLIVER R L. A cognitive model of the antecedents and conse-

quences of satisfaction decisions[J]. Journal of Marketing Research,
1980, 17(4):460-469.

[316] OLIVER R L. Customer satisfaction[M]. New York: Wiley International Encyclopedia of Marketing,2010.

[317] OLIVER R L. Satisfaction: a behavioral perspective on the consumer
[J]. Asia Pacific Journal of Management,1997,2(2):285-286.

[318] PETERSON W, NOVAK M, GLEASON P. Concepts of ethnicity:
selections from the Harvard encyclopedia of American ethnic groups
[M]. Cambridge:Harvard University Press,1983.

[319] PETRICK J A,QUINN J F. The challenge of leadership accountability for integrity capacity as a strategic asset[J]. Journal of Business
Ethics,2001, 34(3):331-343.

[320] PFEFFER J,SALANCIK G R. The external control of organizations: a resource dependence perspective [M]. New York: Harper
Row, 1978.

[321] PORTER M E,KRAMER M R. The competitive advantage of corporate philanthropy[J]. Harvard Business Review, 2002, 80 (12):
56-68.

[322] PRESTON L E,O'BANNON D P. The corporate social-financial performance relationship: a typology and analysis[J]. Business & Society,1997,
36(4):419-429.

[323] PRESTON L E,SAPIENZA H J. Stakeholder management and corporate performance [J], Journal of Behavioral Economics, 1990,
19(4):361-375.

[324] REED B. The Business of SocialResponsibility[J]. Dollars and
Sense, 1998(5): 7-9.

[325] ROBBINS S P. Organizational behavior: concept, controversies,
application[M]. Upper Saddle River: Prentice Hall Inc. ,1996.

[326] ROBERTS J A. Profiling levels of socially responsible consumer
behavior:a cluster analytic approach and its implications for marketing[J]. Journal of Marketing Theory & Practice, 2015, 3 (4):
97-117.

[327] ROBINS F. The future of corporate socialresponsibility[J]. Asian

Business & Management,2005, 4(2):95-115.

[328] ROLAND B,JEAN T. Individual and corporate socialresponsibility [J]. Social Science Electronic Publishing,2010, 77(305):1-19.

[329] RUF B M,MURALIDHAR K,BROWN R M,et al. An empirical investigation of the relationship between change in corporate social performance and financial performance:A stakeholder theory perspective [J]. Journal of Business Ethics,1989, 31(1):142-145.

[330] RUSER J W,SMITH R S. The effect of OSHA records-check inspections on reported occupational injuries in manufacturingestablishments[J]. Journal of Risk & Uncertainty,1988,1(4):415-435.

[331] RUSSO A,TENCATI A. Formal vs. informal CSR strategies: evidence from Italian micro small medium-sized and large firms[J]. Journal of Business Ethics,2009, 85(2 Supplement):339-353.

[332] RUSSO M V,FOUTS P A. A resource-based perspective on corporate environmental performance andprofitability [J]. Academy of Management Journal,1997,40(3):534-560.

[333] RYNES S L,BARBER A E. Applicant attraction strategies: an organizational perspective[J]. Academy of Management Review,1990, 15(2):286-310.

[334] SAIIA D H,CARROLL A B,BUCHHOLTZ A K. Philanthropy as strategy when corporate charity "begins at home"[J]. Business & Society,2003, 42(2):169-201.

[335] SCHMIDT J B,SPRENG R A. A proposed model of external consumer information search[J]. Journal of the Academy of Marketing Science,1996,24(3):246-256.

[336] SCHREMPF J. The delimitation of corporate social responsibility: upstream,downstream, and historic CSR[J]. Business & Society, 2012,51(4):690-707.

[337] SCHULER D A,CORDING M. A corporate social performance-corporate financial performance behavioral model for consumers[J]. Academy of Management Review,2006, 31(3):540-558.

[338] SCHWARTZ M S, CARROLL A B. Corporate social responsibility: a three-domain approach [J]. Business Ethics Quarterly, 2003,

13(4):503-530.

[339] SCIENCE M. Asset stock accumulation and sustainability of competitive advantage[J]. Management Science,1989, 35(12):1504-1511.

[340] SEN S, BHATTACHARYA C B. Does doing good always lead to doing better? consumer reactions to corporate socialresponsibility [J]. Journal of Marketing Research, 2001, 38(2):225-243.

[341] SETHI S P. A conceptual framework for environmental analysis of social issues and evaluation of business response patterns[J]. Academy of Management Review,1979,4(1):63-74.

[342] SHAW D,CIARKE I. Belief formation in ethical consumer groups: an exploratory study[J]. Marketing Intelligence & Planning,1999, 17(2):109-120.

[343] SHELDON O. The philosophy of management[C]. London: Sir IsaacPitman and Sons Ltd,1965.

[344] SIMPSON G W,KOHERS T. The link between corporate social and financial performance: evidence from the bank industry[J]. Journal of Business Ethics,2002,35(2):97-109.

[345] SNIDER J,HILL R P,MARTIN D. Corporate social responsibility in the 21st century: a view from the world's most successful firms[J]. Journal of Business Ethics,2003, 48(2):175-187.

[346] SPICER B H. Investors,corporate social performance and information disclosure: an empirical study[J]. Accounting Review, 1978, 53(1):94-111.

[347] STANWICK P A,STANWICK S D. The Relationship between corporate social performance,and organizational size,financial performance,and environmental performance: an empirical examination[J]. Journal of Business Ethics,1998,17(2):195-204(10).

[348] STEINER G A,STEINER J F. Business government & society[M]. New York:Random House,1980.

[349] SUCHMAN M C. Translation costs: a comment on sociology and economics[J]. Oregon Law Review,1995(74):257-265.

[350] SWAN N H J. What can commercial companies learn about CSR within communities from social entrepreneurs in India? A case study

of Aurolab[J]. Sustainability Collection. 2008,(5):75-84.

[351] SWANSON D L. Addressing a theoretical problem by reorienting the corporate social performance model[J]. Academy of Management Review,1995,20(1):43-64.

[352] TEECE D, PISANO G,SHUEN A. Dynamic capabilities and strategic management [J]. Strategic Management Journal, 1997, 8: 509-533.

[353] THOMSON M. Human brands: investigating antecedents to consumers,strong attachments tocelebrities[J]. Journal of Marketing, 2006, 70(3):104-119.

[354] TURBAN D B, GREENING D W. Corporate social performance and organizational attractiveness to prospective Employees[J]. Academy of Management Journal, 1997, 40(3):658-672.

[355] TURNER L,REZAEE Z,RICHSON C. Corporate governance post Sarbanes-Oxley[M]. Hoboken: John Wiley & Sons,Inc. ,2007.

[356] VALLEE G. What is corporate social responsibility? The case of Canada[J]. Managerial Law, 2005(5):20-46.

[357] VANCE S G. Are social responsible corporations good investment risks? [J]. Management Review,1975,64(8):18.

[358] VERSCHOOR C C. Consumers consider the importance of corporate socialresponsibility[J]. Strategic Finance, 2006,88(2):20.

[359] WADDOCK S A,GRAVES SB. The corporate social performance-financial performance link[J]. Strategic Management Journal,1997, 18(4):303-319.

[360] WAGNER M,SCHAHEGGER S. Introduction: how does sustainability performance relate to business competitiveness? [J]. Greener Management International,2003,(44):5-16(12).

[361] WALDEN W D,SCHWARTZ B N. Environmental disclosures and public policy pressure[J]. Journal of Accounting and Public Policy, 1997,16(2):125-154.

[362] WARTICK S L,COCHRAN P L. The evolution of the corporate social performance model[J]. Academy of Management Review,1985, 10(4):758-769.

[363] WELFORD R. Corporate social responsibility in Europe and Asia [J]. Journal of Corporate Citizenship,2004,(13):31-47(17).

[364] WERNERFELB. A resource-based view of the firm[J]. Strategic Management Journal, 2015, 5(2):171-180.

[365] WHEELER D, SILLANPAA M. The stakeholder corporation: a blueprint for maximising stakeholder value[M]. London: Pitman Publishing Ltd. , 1997.

[366] WOOD D J,JONES R E. Stakeholder mismatching: a theoretical problem in empirical research on corporate social performance[J]. International Journal of Organizational Analysis, 1995, 3 (3): 229-267.

[367] World Business Council for Sustainable Development. Corporate social responsibility: making good business sense [R]. Geneva: WBCSD, 2000.

[368] WU M L. Corporate social performance,corporate financial performance,and firm size: a meta-analysis[J]. Journal of American Academy of Business,2006(8):163-171.

[369] ZEGHAL D,AHMED S A. Comparison of social responsibility information disclosure media used by Canadian firms[J]. Accounting Auditing and Accountability Journal,1990, 3(1):38-53.

[370] ZHANG L,MARY A. GOWAN. Corporate social responsibility,applicants individual traits,and organizational attraction: a person-organization fit perspective[J]. Journal of Business & Psychology, 2012,27(3):345-362.

索　引

B

本量利分析法　171

边际贡献　175,176,177

边际贡献率　176,177

变动成本　172,173,174,176,178,180,181,182

C

产品单价　180,182

产品质量效益成本　168

惩戒性措施　69,73,77

D

单位产品固定成本　182

单位产品利润率　182

单位产品效益　182

道德动机　66,92,87

动态效益　180,181,182

调查分析法　169

F

非全日制用工　109,110

非政府组织　6,66,67,73,76,80,100,102,103,203,210

附加值提升比　183

G

格雷欣法则　204

公益福利成本　168

功能性财政政策　208

顾客满意度　30,31,97,199

顾客忠诚度　97

管理系统　70

H

环境成本　167,168

J

集体合同　101,109,110

结社自由和集体谈判权　69

经济动机　66,92,93,95,103

经营责任成本　135

L

劳动力相对成本　146,161,162

劳务派遣　109,110,121,122,154

利益相关者理论　4,5,8,9,16,22,24,30

M

敏感性分析　173,174,184,188

名义工资　146

Q

企业绩效　20,22,23,24,29,30,31,66

企业竞争力　98,99

企业社会责任　1—38,66,76,79,82—84,87—104,134—145,159,
161—165,166—172,190—198,201—205,207—211

企业社会责任报告　18,37,87,91

企业社会责任成本　24—27,29,34,37,38,134—145,159,166,167,
169,171,209

企业社会责任行为 14,15,20,21,22,23,36,37,197,205
企业社会责任认知 18,20,22

R
人本管理思想 195
人工成本 121,184,185,186,119,181,182
人工成本增加比 182
人工成本增量 182
人工成本占比 182

S
社会公正成本法 171
生产守则运动 79,80,202

T
体面工作 130,133,192
替代品评价法 169,171

X
消费者责任成本 135
效益增量 183
新产品价格 183

Y
盈亏平衡点 173,174,175,177,183,187
员工福利成本 135,137,138
员工满意度 96,97,198,199,201
员工责任成本 167

Z
支出成本法 169,171
制度动机 67,94,101,105,193,207

后 记

　　本书是教育部人文社会科学研究一般项目的研究成果。项目组在前期理论分析的基础上，于 2013 年年底至 2014 年年初调查了浙江省 6 个地区的中小企业用工情况，以及《劳动合同法》实施前后企业社会责任成本对企业效益的影响。此后，因作者出国学习等原因，整个书稿到 2015 年才完成。期间，中国经济和浙江省中小企业所处的环境发生了一些变化，但因成书仓促，这些变化未能在书中得以一一呈现，作者会在今后做进一步的分析和探讨。

　　除项目组调查所得的资料外，书中大量数据主要来源于各统计部门，在此深表感谢！在本书的撰写过程中，作者还参考了众多国内外学者的研究成果，受篇幅所限，有些资料未能在参考文献中一一列出，作者谨向这些学者们表达最诚挚的谢意！

作　者

2015 年 10 月